スー・モーター 著
Dr. Sue Morter
エリコ・ロウ 訳
Eriko Rowe

エネルギー・コード

THE ENERGY CODES

The 7-Step System to Awaken Your Spirit, Heal Your Body, and Live Your Best Life

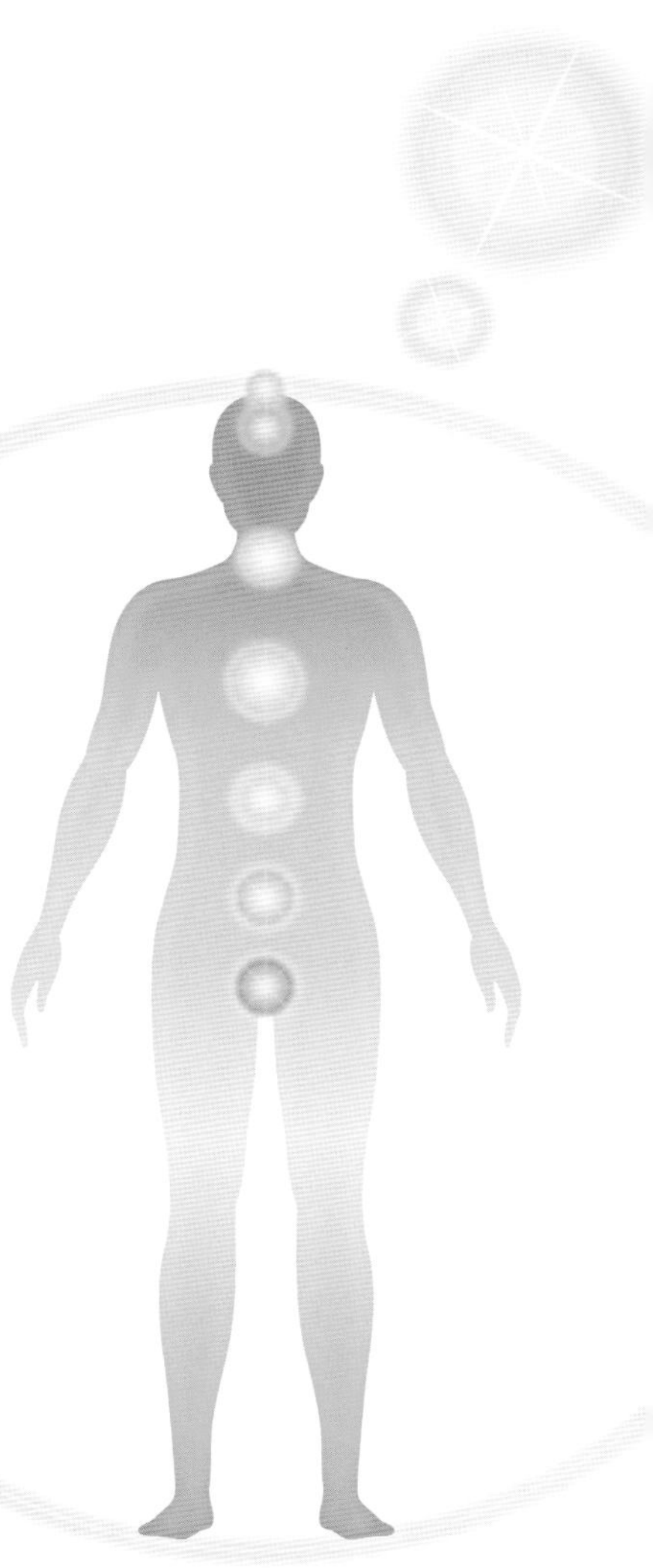

7つのステップで
スピリットを目覚めさせ、
身体を癒し、最高の
人生を生きる!

ナチュラルスピリット

THE ENERGY CODES
by DR. SUE MORTER

Published by arrangement with Atria Books, a Division of Simon & Schuster, Inc.
through Tuttle-Mori Agency, Inc., Tokyo

献辞

私の母と父

マジョリー・ルース・キブラー・モーターとM・T・モーターJr.のために

私の魂の底から感謝します。

そして、私たちの夢が生き続けますように……。

目次

医学的免責事項

本出版物の内容は著者の意見と考えによるもので、本出版物で扱うテーマに関して役立つ情報の提供を意図しています。著者、翻訳者も出版社も本書の販売を通じて医学上、健康上、その他いかなる個人的、専門的サービスを提供するものではありません。読者が本書が示唆するアドバイスに従ったり、本書を参考としたい場合には、事前に医療、健康、その他の有資格者の専門家に相談してください。

本書の内容の利用や応用により直接的または間接的に起きる結果については著者、翻訳者も出版社もすべての個人的その他の法的責任、また損失、危険に関する責任は負いません。

本書の登場人物の名前とそのアイデンティティが分かる特徴は変えてあります。

（原書より）

序文

私はときとして私自身の体験や信条とあまりに共鳴する人生の旅人に出会い、飛び上がって歌を歌いたくなるように感じることがある。ドクター・スーと初めて会ったときには、歌いたくなっただけではなく、幸せを表現するダンスを激しく踊りたくなった。人生や自分の脳との関係について同様の見方をする人の目を見つめることは真の喜びだ。

二〇〇八年に「奇跡の脳」という私の講演がTEDトークとして初めてインターネットで広く拡散された。私の講演に世界中の何百万人という人々が心を打たれた。深刻な脳卒中から完璧に復帰したという体験をもつ私がハーバード大の脳科学者だったということもあるが、神経学的なレベルで科学とスピリチュアリティの関係について学べることに対する人々の関心が強かったからだ。

「幸運は用意された心のみに宿る」とルイ・パストゥールは述べた。私が脳卒中という自分の体験から脳に関する最大の洞察を得るために最適の教育とバックグラウンドを持っていたように、ドクター・スーはエネルギー・メディスン、瞑想、イルミネーション（光明・悟り）、そして体現に関わる驚異的な体験から叡智を引き出すには最適の人物だ。

ドクター・スーの父上のM・T・モーターJr.博士は高名なカイロプラクティックの医師で、バイオエナジェティックス（生体エネルギー学）の科学的分野の基礎となる最先端の原則の多くを探求し、規定した。彼はバイオ・エナジェティック・シンクロニゼーション・テクニック（B・E・S・T）（生体エネルギー同期技術）を開発した。それはからだの自然な治癒力を刺激するものだが、彼は純粋な認知学的、臨床学的な興味からバイオエナジェティックの訓練を追求した。

ドクター・スーは刺激的な会話に囲まれて育ったが、彼女にとってのバイオエナジェティックは単なる知的探求ではなく「知」そのものとなった。既存のカイロプラクティックの教育を受け、数万時間の臨床体験を経たドクター・スーは、生まれたての量子医学の分野の真のリーダーになった。実際に私はそれを体験した。私の傷ついた脳のバランスを回復させ、完璧に回復する手伝いをしてくれたのは彼女だったのだ。ドクター・スーのセッションを受けた後、私は脳卒中から十七年後に初めて自分の家に戻れた気がした。

ありがたいことに私たちの社会ではすべての新たな科学は既成概念に照らし合わせて判断され試される。従来の科学の方法論では、繰り返しテストされ実証できなければ認められないが、現実には説明不能な癒しの奇跡は日常的に起きている。私たちを取り巻く世界は文字通りの法律には従っていないのだ。

いまでは名声ある神経学者もノンリニアー（非線形的）な癒しの手段の基盤となる生物学を、より理解しやすくなるような先進的な方法を利用しはじめている。これは心弾むことだ。

TEDトークの最後の方で私は自分が壊滅的な脳卒中から回復しようという気になったのは、世界は美しく平和で思いやりに満ち、愛すべき人たちで満ちているように見えたからだ、と述べた。この世界でどうやってどんな人間になりたいかを一瞬ごとに選べるパワーが自分にあることを知っている人々がいるのだ。ドクター・スーもその一人で、彼女は他の人々もそれを体現できるように支援することを人生の使命としている。

私の辞書では、平和は思いのほんの先にある。私たちが脳のすべての回路を意識的に動かすことを選べば、より深遠な内なる平和を体験できる。ドクター・スーが本書でそのためのテクニックを紹介してくれる。人類へのこの贈り物に、私は永遠の感謝を捧げる。

あなたが人生をうまく操縦できますように！

ジル・ボルト・テイラー博士

はじめに

照明を消した会場で数百人の瞑想者に囲まれて座っていたときに、私は突然、重力がなくなり地球のはるか上空に浮き上がったように感じ、光の炎で自分が燃えているのではないかと思うほど強烈な光に包まれました。絶対的な無を感じることができました。三百六十度、全方向が見渡せ、最も眩しい砂漠より数十倍眩しい光のなかに私はいました。からだの感覚はなくなり、クリスタルのような光線になっていました。そして、自分の目でその広大さを見て、それが私自身だと知りました。私は宇宙そのもの、宇宙の全体でした。私の存在から輝き出す眩しいすべてを内包する光が私だったのです。私の下方に地球が見えました。それは豆粒大で、私が息をするたびに光が愛の存在となり私から地球に流れ込みました。私は計り知れない存在ですべての創造と一体でした。

そう、この体験が私の世界を完璧に揺さぶったのでした。

私は子供の頃から両親が食卓でエネルギーについて話すのを聞きながら育ちました。すべてがエネルギーで、人はエネルギーでできているのだ、と聞いていたのです。私の父は「エネルギー・メディスン」の先駆者で、世界的に著名な輝かしいカイロプラクターで、その分野では神話的な存在でした。私は彼の影で育ち、常に彼のそばにいて彼に認められることを求めていました。成長してからも若い頃の私は彼と一緒に医療に従事するようになり、彼の人気のセミナーにも出席しました。父の仕事の観察者からやがては積極的なパートナーになり、カイロプラクターとしての認可をとってからも多くの意義深い時間を父と過ごしました。人類に尽くし、患者の助けになるような新しいエネルギー療法を発見することへの喜びを私たちは共に分かち合っていました。

けれど、エネルギーという概念は知っていたものの、私はエネルギーのこの無限の広大さを知ってはいませんでした。この個人的な体験を経て、私の現実は大きく変わりました。エネルギーという概念が突然、もっと深い意味を持つようになったのです。瞬時に私はこれこそが本当の私だと知りました。この純粋で知的なエネルギーは燃えるように息づいていました。安らかで、永遠。時空の外側。私は賢く、絶対でした。私の存在は努力知らずでした。私に欠けているものや欲しい物はなにもなく、私は完全、全体で完璧でした。それは極上の完璧さで、そこが自分の我が家だと私には分かりました。それまで知っていたどんな現実よりもリアルで、私がいたい場所はそこしかありませんでした。

ときには拷問のようにも感じられ、よくしても登り坂のように感じていたそれまでの人生とは比較のしようがありませんでした。すべてにたくさんの努力が必要だったのです。毎日、深いレベルで、私は生命を賭けた戦いの戦場に送られたように感じていました。こうした気持ちから私は子供の頃には極度に内気となり、ときに恐れや自信のなさを感じていました。うまくできないのを恐れるあまり、私はふた夏、ソフトボールに参加できず、まわりで眺めていたほどです。ようやく意を決してバットを握ったら、ホームランを飛ばしたのです。この経験から、私はなにかを始める前にいつも観察して学ばないと失敗するかもしれない、と思うようになりました。中学高校では、「良い人」と他人から認められるように安全な道を選びました。私はチアリーダーで、スポーツもし、成績も素晴らしく、州の演劇コンテストでは「最優秀女優賞」も得て、「最も人気がある」、「最も成功しそう」な生徒にも選ばれました。しかし、そうしたすべての努力や、それによって受けたかなりの評価にもかかわらず、自分はあまりできが良くない、という恐れが消えることはありませんでした。実際、ほとんどのときには私は怯えきっていたのです。

三十代半ばまでの私は完璧主義で他人に与えすぎがちで、良い医師、市民、友人として自分のベストなバージョンになることに消耗しきっていました。仕事や金銭面では成功していましたが、喜び、愛、充足感、そして自己の真実の感覚に欠けていました。肉体的にも苦しんでいました。とくに仕事に行くことはおろか、枕から頭を上げられないような偏頭痛に毎日のように苦しんでいました。それで、「人生って本当にこんなものなの？」と思うことが増えていました。

そんなある日、私のなかのなにかが切れたのです。私の世界観に神が存在したことはなかったのですが、絶望のあまり、私はそれまでの自分のやり方を手放して、助けを求めたのです。その夜、バルコニーに出て天を見上げて、迫るように私は要求しました。「私がうまく生きていないのは明らかだから、ガイダンスをください」

そう身を委ねた瞬間に、なにかが変わりました。軽くなったように感じ、すぐに私の人生は改善しはじめました。偶然のような出来事が立て続けに起きました。人から瞑想のリトリートや意識についての会話、悟りについての勉強に誘われたり、人生への関わり方を全く変えるような本を読んだり指導を受けたりしました。瞑想教室に行きはじめると、すぐに覚醒がおこり、なにがリアルなのかという私の見方が変わりました。その後間もなく、それまでは頻繁に体験していた人生での苦悩や格闘から永遠に抜け出せるような深遠な体験を、瞑想教室でしたのでした。

あなたもなんらかの苦闘や問題の末に消耗しきったことがあり、私の体験に共感できるのではないでしょうか。失恋したり、または永遠に続く愛とは出会っていないかもしれません。病気や痛み、経済的な問題やストレス、失望や幻滅したことがあったかもしれません。

私たちには様々な苦しみがあります。自己評価の低さ、怒り、悲しみ、憤慨や後悔から、または過去を手放し今を生きることができないことから、そして罪や恥の意識、自分の人生で本当に愛せるものをつくりだせないことから、不安、ウツ、損失、虐待から、本当の自分自身を見失うことから、私たちは苦しみます。

あなたがそうした気持ちや状態になったことがあると私が確信しているのは、それが私たちみんなに共通だからです。それは人間に課せられた条件と思いますが、そうでなくなることも可能なのです！　素晴らしい真実をお伝えしましょう。私たち人類はこの状況を超え進化しているのです。私たちはみな人類の意識変革の突破口にいます。私たちは痛ましく矮小《わいしょう》で不安定な見方で生きるしかないと思い込んでいましたが、それが唯一の選択肢ではないのです。もう一つの選択肢を私たちは生まれつきもっているのです。自分の真の偉大さに十全に気づき、別の見方で生きられるよう、私たちは配線されているのです。

報いがずっと大きいこの見方にどう切り替えるかを「エネルギー・コード」でこれからお伝えしていきます。いまここであなたを待つ、より幸せで成功したバージョンのあなたがいることをお見せしましょう。私がその日にダンス会場で体験したバージョンの私と同様に。私がその存在を熟知しているバージョンの私は私の真の現実で、あなたもそうなのです。私にとってのみの真実ではなく、あなたにとっての真実でもあります。それが私たちの真の姿なのです！

最も素晴らしいことに、私たちはときどき瞑想中に突然突破口を得てこの現実を認知できるだけではなく、毎日の生活にその現実を確実に安定させて実際に生きることもできます。私がエネルギー・コードと呼ぶものがそれを約束してくれます。エネルギー・コードを使いはじめてあなたが学ぶのは、ときどき、安堵の瞬間が得られるということではありません。それ自体、心弾むことかもしれませんが、エネルギー・コードはそれよりはるかに素晴らしいものなのです。このワークをすることで、あなたはあなたの世界のすべてをより良くするために、一つのことを変えます。すべての問題を消してくれる一つの解決策を導入するのです。

信じ難いですか？　話がうますぎますか？　それが現実であることは私が確約します。エネルギー・コードで実現した新たな見方で生きれば、あなたの人生は意義深いものになり、それ以上に、充足したものになります。目的意識と情熱で毎日をエネルギッシュに生きられるのです。あなたの健康は劇的に改善し、症状は消え、よりエネルギーを感じ、生き生きと生きる実感が感じられます。痛みや問題が生じたら対処できるシンプルで効果的なツールが持てます。明晰で前向きで、力づけられ、自分自身と残りの人生に深いつながりを感じます。常にこころのなかで自分を愛し、自分の価値を認められます。論理的で条件づけられた自分の分身としてではなく、自分全体で生き、すぐに内なる深遠な叡智が得られ、それに従って物事が選択できます。すべての課題はこころ弾む冒険で、そこではあなたが創造の主役です。あなたがあなたの人生の創造主で、真に愛することを意識的に現実化します。驚異と感嘆、信頼に満ちた魔法のような人生になります。

私はそれが事実であることを知っています。私自身が毎日そのように生き、数千人の人々がそう生きられる手助けをしてきたからです。私は二〇〇一年にダンス会場で意識が覚醒し、高揚した体験の直後から、こうした意義深い成果を体験しはじめました。長い間悩んでいた人生上の問題も突然解決できたのです。実際、もうそれが問題だとも思えなくなったのです。どんな課題も私の進化と覚醒に役立つ最善であることが容易に分かりました。私の人生はそれまでになく、より幸せで健康になりました。突然の癒しが起き、私の偏頭痛はただ消えてしまいました。そして数カ月以内に、痛みを伴う先天性の脊椎側彎症も治りはじめ、いまでは完治しています。それから数年間、両腕の二箇所の圧迫骨折、そして足首のひどい捻挫も従来の固定法なしで、素早く治りました。完璧癖のためにブレーキをかけられることなく、私は人生に起こることに身を任せ、深遠な安らぎを感じるようになりました。私はもう急いでいませんでした。良いタイミングが訪れることを信じていました。なんでもかんでも改善することで自分を証明しようとする必要性は感じなくなり、すべてが生来持つ完璧な美しさに気づくようになりました。成功より充足が人生の目的となりましたが、その副産物として自然に成功できるようになりました。

新たなビジネスを起業しなくても患者は増え、困難な課題となるケースも消えました。人々は癒され、家族や友だちを紹介してくれました。探すことなく素晴らしいスタッフも得られました。認可局（インディアナ州カイロプラクティック認定局）への勤務の誘いが州知事から届き、また学会での講演依頼もきました。私の人生はすべてのレベルで恩寵を受け、容易さをもって拡張していきました。

このポジティブな変化に心踊るあまり、私はその高揚した体験を何度も体験できるようになりたいと思いました。というより、どうしたらその状態でいられるかを知りたかったのです。自分自身のためだけでなく、他の人々もどうやったら真の自分を知り、その素晴らしい恩恵を得られるようになるかを突きとめることが私の人生の使命になりました。その後数年にわたり、私の生活は生きた実験室になり、多くの発見をし、その結果をシェアしはじめました。間もなく、人々も驚異的な結果を得だしました。自分が何か重大なことをしているのを私は知っていました。革命的でさえあります。実際、それは私にとっては、人間としての生涯の目的の成就なのです！

地球上で生きる日々の初めから、私たち人類はスピリチュアルな存在としての真に無限の本質〈私たちの魂、魂で満たされた自己〈ソウルフル・セルフ〉〉を探してきました。そして、人生のほとんどをすごす、せまく限定され、恐れや痛みに満ちた自己（私たちの自我、防衛的性格）を克服しようとしてきました。（この本であなたが学ぶ方法の初期のバージョンを使って）私が他人と働きはじめたら、彼らは私が得た克服方法を彼ら自身の解釈で見つけはじめました。私は、だれもがあけることのできる鍵を見つけるのが、自分の役割であると知ったのです。私が出会った人々からは、瞑想が単なるマインドのリラックスや安らぎを超えて進展し、内なる目で「見て」それまで以上の深い叡智にアクセスできるようになったと言われました。口論に関わることなく、より高みから誰もにとって有益な解決策をみつけられるようになったと人々は報告してくれました。愛し、思いやりの気持ちを持ち、赦すことが容易になり、感情的にも身体的にも人々は癒されはじめたのです。

通常は熱心なヨガの瞑想修行を通してのみ理解できる自分の真の姿に私はたまたま遭遇しましたが、すべての人がそうした状態で生きるべきで、やり方さえ分かればその状態はすべての人にとって可能であることを私は知っていました。

✣エネルギー・コードの発展

幸運なことに私の高揚した体験は私のマインドとからだに忘れられない印象を残しました。その日、ダンス会場で自分のからだに戻っても、私は自分のなかで起きたように感じたことの詳細を覚えており、自分のからだと意識を同じ状態にすれば、それが再現できることを知っていました。マインドを集中させる特定のやり方――ゆっくりとした意図的な呼吸、自分のコアにいるという圧倒的な感覚、真摯な態度、そして親密で優しく愛に満ちた存在が、パズルを完成させるすべての要素でした。私は自分の体験の仔細を再現し、そのニュアンスの創造を試し、その気づきからなにが明らかになるかを観察しました。

夜になると長い間、ときにはひと晩中瞑想し、日中はその前夜に内なる旅路で学んだことを生かして患者やクライアントの相談に乗りました。そうした実験のたびに私は意識が拡張した状態に入ったり近づいたときに自分のからだとマインドに起きたことを注意深く記録し、ついには自分でそれを意のままに再体験できるようになりました。

少しずつ、ワークショップごと、患者ごとに、自分の真の本質に入るために自分や他人の役に立つことを解明していきました。その過程で一連の人生を変える原則やワークが生まれました。そのなかで最も効果的で効率の良いものを選び、魂で満たされた自己として生きられるようになるためのステップをコード化しました。それはすべて、私たちのからだの内側にある本質的なエネルギーを感じ、根付け、増大させることだったので、そのステップを「エネルギー・コード」と名付けました。それ以降、古代の教典や現代科学の研究から私の発見が正しかったことを確かめました。このコードは包括的でホリスティックであるだけでなく、誰もが簡単に使える点が最高です。

私たちはみな、より高次元に目覚め、最高の健康で安定した人生を楽しみながら真の可能性を実現して生きられるのです。実際、そうすることが私たちの人生の目的の一つです。瞑想の静寂に閉じこもらずに、知り、体験し、より重要なこととして毎日の生活を地上の天国で生きられるようになるのです。

あなたにとって必要な知識はあなたの掌中にあります。エネルギー・コードのステップは本書で分かりやすく紹介しています。それが私や他の数千人の人生を変えたように、あなたの人生も変えることでしょう。

✣あなたの偉大さを発見する

私がみなさんにお伝えしたいのは、問題の診断や解決法について私が学校で学んだことではなく、あなたにとってなにが正しく、よくて真実なのかです。病理学にしても予防学にしても、私たちの文化は間違いを探しそれを直すことに集中してきました。私のメッセージは違います。あなたが本当は誰で、なんでできているかについての真実です。もちろん、身体、精神、感情をどう癒せるかも紹介しますが、それよりも大切なのは、あなたがもつ偉大さと、最初からあなたにはなにも間違ったところはなかったのだ、という深遠な真実の受け入れ方を示すことなのです。これをとても深いレベルであなたに体験していただき、それをどう体現して毎日の暮らしに活かすかを学んでほしいのです。

これは、トロフィーや賞をもらったり、記録を破ったり、もっと物を所有したり、体重を減らしたり、昇進を頼んだり実現したりといった外界でなにかを達成することよりずっと重要です。他のなににもまして重要な唯一の内なる達成がこれで、自分の真の本質に目覚めることです。驚異的に見えるかもしれませんが、これこそが人類として私たちの意識の前線で挑戦していることで、まさに画期的なことなのです！

でもこれは目新しいことではありません。聖書、コーラン、トーラー、ウパニシャッド、その他、多くの古代の教典の基盤でもあります。数千年前から世界中の文化圏で、人々はこうした疑問に注目してきたのです。私たちの多くはある時点で私たちが誰でなぜここにいるのかに関心を示すのです。

メディスン（治療）としてエネルギー利用することも記録に残る初期の歴史から行われていました。古代エジプトのヒエログリフにはエネルギーで調子を整え身体を癒す方法が描かれていました。古代キリスト教徒は「手かざし」で奇跡の癒しを起こしました。五千年以上前にインドでは人間の可能性と発達に関する最古の記録であるヴェーダに体内のエネルギーを動かし、私たちの波動を高めて癒しを促進し、より高次な領域に意識を高めることが描かれていました。こうしたワークは想像上の「魔法」ではなく、私たちがエネルギーの存在だという真実に基づいていましたし、いまでも基づいているのです！

現代科学の研究が古代の修行者がとっくに知っていたことを明らかにしてきています。科学が人間のエネルギー・フィールドの存在を証明しだしたのです。このフィールドはリアルで私たちの皮膚同様にセンシティブで、私たちの物理的現実に劇的な影響を与えます。私たちのエネルギー・フィールドを通して、ＤＮＡがその働き方に関する指示を得ていることも発見されています。たとえばスタンフォード大学医学部のブルース・リプトン医学博士は組織に変化を起こさせる遺伝子の活性化は、以前に考えられていたように細胞内の核の遺伝子情報によるものではなく、細胞の表面からの刺激によることを明らかにしました。つまり、私たちの思考や感情の状態を含む細胞環境からのメッセージが、その細胞の次の行動を決める細胞の表面で、特定の性質をもつエネルギーの流れを生み出すのです。この発見がエピジェネティクスと呼ばれる新たな科学部門に甚大な貢献をしました。基本的には健康や私たちのウェルネス（幸せ、福祉）に関する体験や表現にとっては遺伝子の遺伝性よりも環境の方が重要だということなのです。その環境は私たち個人の思考や行動のエネルギーによって生まれ、それが化学分子の生産や動きを導き、それが私たちのＤＮＡと全般的な細胞の機能を活性化させます。言い換えれば、私たちはエネルギーに影響する思考や行動で自分の癒しの可能性を創造するのです！

こうした画期的な発見をみても、私たちのエネルギーの流れを再構築し維持することの重要性はますます明らかです。真の可能性を実現したければ、私たちは意識をもつエネルギー体として生きられるように脳の回路と身体を構築しなければなりません。それができれば私たちは自分自身の隅々まで癒せ、偉大な人生体験を創造しはじめられるのです。

科学にそう語ってもらう必要はありません。しかし、科学に基づいて理解することが重要な家庭で育ったこともあり、私の内なる科学者は自分の体験を確証してくれる科学的証拠が現れるたびに喜びを感じます。私のハートや腸、そして私の内なる深い叡智が自然に理解していたことにマインドが追いつく役に立ってくれます。幸運なことに科学がめざましく先進し、可視の物質世界と、私たちそれぞれが知る前に「知」を得、それを信頼できる不可視の直感、意図、スピリチュアリティの世界の橋渡しをしてくれるようになりました！

今、私たちの目前にある問いは、私たちの真の本質への追求が優先課題となり、その答えを自分たちで出せるようになるには、どれだけ長くかかるか、ということです。真の本質を知り、生きることが最も大事であることが明らかになるのはいつなのでしょう？　その答えを得るには、通常は痛みに耐え難くなり、人生がもっとなにかもたらしてくれないかと周囲を見回すまでかかるでしょう。でも、そうして後回しにするより、いますぐに真の自己として生きることに関心を持つことで、残りの人生をかつてないほどの偉業を達成したと祝って過ごしてはどうでしょうか、と私は提案します。その目標に向かう道を本書で一ステップごとに導いていきます。

✣本著の内容

第一部の「新たな見方――量子の転換」では恐れに基づく限定的な生き方から、あなたの事実である無限で全体的で創造的な存在へのシフトに成功するための基盤をつくります。このセクションではあなたが無限の可能性を開きあなたが真に望む人生を創造するためにどう外界と関わっていくかについての基盤づくりをします。第一部での理解に基づき、第二部の魂で満たされた自己づくりに入ってください。

第二部の「新しい存在の在り方――エネルギー・コード・プログラム」では、魂で満たされた自己としてあなたが生きるために必要な内なる回路、配線を開通する七つのエネルギー・コードについて学びます。このコードはあなたのアンバランスを完全に癒し、あなた自身の真の偉大さに目覚め、そして最も重要なことに、魔法のような人生を生きられるための完全なシステムを提供します。シンプルで直接的な方法で、これらのコードがあなたに自分自身の真実を体現し、真に愛する人生を創造する方法を示してくれます。

あなたにとってエネルギーをメディスン（治療）として使うのが初めてでも、常に使い慣れているとしても、エネルギー・コードの革新的な方法はあなたやあなたが関わる人々の人生を一変させるユニークな洞察と手順を提供します。

第三部の「新しい生き方――体現した人生」では、エネルギー・コードを日常生活に取り入れる方法と、新たな生き方がどう究極的に世界でのあなたの存在感を増幅させ、あなたが世界に寄与できるかについて学びます。

本書は量子物理学、神経生物学とエネルギー・ヒーリングに基づくパワフルな変革へのツールですが、あなたが実際にそれを使えるように私は努力しました。これまでの結果をみれば、あなたは全く新たなバージョンのあなたになれます。いまからたった数カ月か数週間後には、より健康でより幸福で、より力を得られるのです。けれど、それには学んだことを実践しなければなりません！　いずれにしろ時は経過します。ですからしっかりこのワークを受け入れてほしいのです。あなたが感謝することになることを私は確約します。

さあ、準備はいいですか？　では、始めましょう！

第一部

新たな見方

—— 量子の転換

第一章　プロジェクト覚醒　痛みから至福への移行

「すべてはエネルギーです。この演台もです」と私は講演でよく言い、木の演台をペンで叩いてみせます。二つの硬い物質が接触したときにカチっと音がし、聴衆のマインドのなかでなにかが合点するのが私にはわかります。

こうしたセッションで提供できる最も重要な（多くの聴衆がびっくりする）洞察は、形をもつ物理的な私たちのからだの本質は、宇宙の他のすべてと同様に、私たち人間も純粋で知的な意識のエネルギーだということです。

私たちは自分たちが歩く床や使う機器や、会って交流する人々がエネルギーでできているとは考えていません。しかし、そのすべてがエネルギーですし、より重要なことに、私たちもエネルギーなのです。私たちが五感で感じる物理的世界は圧縮され触れられるほど高密度になったエネルギーにすぎません。この圧縮されたエネルギーに私たちは物質というラベルを付けていますが、実際にはそれは光の波、音波や思考といった他のエネルギーとなんの違いもありません。

私はエネルギー・メディスンの先駆者の娘として育ち、私たちの本質がエネルギーであることの現実性を証明する物事をたくさん見聞きしました。私の父、M・T・モーターJr.博士はその長いキャリアのなかでカイロプラクティックスの専門学校二校の校長を務め、また研究者、教育者として世界中の数十万人の患者や施術者と働き、常に先進の最先端にいました。しかし、しばしばびっくりするような発見もあったものの、私が父と長年仕事をしたなかで聞いたことだけでは、私たちがエネルギーの存在であるという現実の全貌とその意味を知り体験する準備にはなりませんでした。自分がエネルギーの存在であることを最も深遠な意味で知り、本当の私は何で、誰で、私たちすべてが誰なのかを知ったのは、私自身がエネルギーの存在であることを感じる深遠な体験をしてからでした。

私たちは**エネルギー**です。私たちの物、マインドや思考もエネルギーです。私たちの筋肉も骨もエネルギーです。私たちは純粋なエネルギーが統合された多次元的な存在なのです。自分自身の真実についてどれだけ知っているかによって、痛みのなかで生きているか至福のなかで生きているかの度合が決まります。

私は自分が覚醒した後になって、私たちが実際には誰で何なのかについて私が新たに理解したことは、父の仕事では触れられていなかったと認識しました。純粋な意識のレベルで自分を知ることや、この不可視の「スピリット」のエネルギーのレベルで人生を徹底的に学ぶことは私にとっては新しい体験でした。そこで私は古代の東洋の伝統やそこで修行した意識のマスターたちに答えを求めました。やがて私は家業を離れ、自分が生きながら体験している深遠な真実を自分で教えるようになりました。父は理解してくれたと思っていました。父もそう言いました。父自身が医療でのキャリアをスタートさせたときに同様に家業から離れたのです。父は私が家族から離れることには失望し、私の選択のいくつかには反対しましたが、全般的には私たちは一つのコインの両面でした。二人とも世界中の人を癒し、力づけることを仕事としていたからです。

　父が亡くなった時、私は四十一歳でした。父が他界する移行の瞬間には枕元で父の手を握っていました。父は私のアイドル、ヒーロー、メンターだったので、逝ってほしくなかったのです。私が毎日臨床で使う基本的なテクニックを開発したのは父でした。隣で仕事はしなくなっても、私たちはとても多くを分かち合っていました。彼なしの人生は想像できませんでした。

　父の私への最後の言葉は「心の底から愛している」でした。私も「お父さん、私も愛している」と囁きました。

　彼の死の二週間後、私は三日間にわたる女性向けリトリートをするためにコロラドにいました。リトリートの最初のセッションをはじめるために舞台に上がる二十分前に、兄弟からのメールが届きました。それにはただ「これがお父さんの遺書だ」とありました。その数年前に母は亡くなっていたので、父の遺産の配分はその遺書が定めていました。

　遺書を読んで私は息が止まる思いがしました。彼の遺産のほとんどは二人の兄弟に相続され、私にはほとんどなにも残されてはいなかったのです。

　お父さんは私を愛するのをやめたの？　と私は思いました。**それほど拒絶されるようなことをなにか私がしたというの？**　目には涙があふれ、私は手近の椅子にしがみつきました。数分間、私はそこに座り、頭を振り続けていました。**どうしてこんなことがありえるの？**　私は打ち砕かれました。数分後に始まるプログラムをこんな気持ちでどう率先したらいいの？

　母のティーカップや彼女の絵さえもらえなかったのは打撃でしたが、私はお金や物が欲しかったわけではなく必要でもありませんでした。父に遺言で無視されたことで、私は想像を絶する最悪のかたちで愛を撤回されたように感じたのです。私たちは共に働き、発見をし、それは多くを一緒に達成しました。若い頃はずっと彼に求められ気づいてもらうことに精一杯でしたし、後に自分の臨床の仕事を差し置いても、父のために、彼のワークを教えるために数千マイルも旅していました。しかし、父の遺書を読んだ瞬間に、私のすべて、私がしたすべてへの支援を彼が却下したように感じたのです。私が感じた痛みは深く、耐え難いものでした。

「ドクター・スー、時間です」という声に意識を部屋に引き戻された私は、その瞬間に舞台に立たなければならないことを思い出しました。**どうしてこんな状態で他人に教えることができるの？**　と私は再び自問しました。すると、私は私がやってきたワーク、私が教えていることの真実を思い出しました。精神的にも感情的にも、さらに重要なことにはエネルギー的にも私はしっかりしなければなりませんでした。私は「砕け散った」エネルギーを整え再統合しなければなりませんでした。自分は完全だと感じ、自分の使命としての仕事を世界で続けられるようにです。そこで私はすぐに、それまで十五年間かけて発見し他人に教えてきたことを実行しました。

エネルギー・コードを使ったのです。

安全と安らぎの感覚に洗礼されると、まず私のからだが落ち着きました。私のマインドがその後を追い、しっかりした自己の感覚にそっと着地しました。私のなかで暖かな光のボールがどんどん大きくなるような感じでした。突然、私はこの顚末から傷ついていないことを知りました。すべては大丈夫。その一瞬前には壊滅的に思えたことが、結局はより大きな、より複雑な構図からみれば有益であることを、私はそれまでの経験から知っていました。

いちばん大切だったのは、父の愛が真実であったことを私は再び感じられたということです。彼の遺書から私が取り残されたのは、結局のところ裏切りではありませんでした。まさに完璧なタイミングでその意味が分かる愛の贈り物として私はそれを体験できたのです。

この新たな見方ができたことに、私は大きく微笑みました。自分の芯から力とエネルギーを感じました。舞台に直ぐ出て、私が一年に二百五十日以上していることをする意欲が湧きました。私たちが本当は誰なのか、より意識的に生きることで、どう私たちは奇跡のようにそのバージョンの自分自身に変身できるのかを伝えるのです。

その週末中、私はエネルギー・コードを利用して、落ち着きと愛に満ちたしっかりとした存在でいられました。その後、数週間、数カ月の間、父についてネガティブな感情が湧き上がるたびにエネルギー・コードを使ってそれに対処できただけではなく、その恩恵も得られました。その状況に関係したすべての人への思いやりと理解を深め、なぜ、そもそもそれが起きたのかに関する、より高次な意味も垣間見ることができました（これについては後で少し紹介します）。

私がスピリチュアルな突破口を経てエネルギー・コードを開発する前に、父の遺書について知らされたら、事態はかなり違っていたでしょう。父の選択を受けた私は「私のどこがいけない？」、「こんな目にあうようなにをしたっていうの？」という自己不信の渦に飲み込まれていたでしょう。怒り傷ついて、家族からも離れ、人間関係を台無しにしていたかもしれません。私のキャリアは父とかなり密接なものだったので、私は生涯の仕事も放棄していたかもしれません。苦しみと痛みの旅路になっていたことは確かです。

どうしてそれが分かるのでしょう？　私たちは誰もが、自分自身のより大きな現実を体験するまでは、自分に不足があった、なにか自分に欠けていた、間違いや壊れたところがあったという視点からしか人生の逆境が見えないからです。実際には私が魂で満たされた自己（ソウルフル・セルフ）と呼ぶ完璧で全体で完全な自分のバージョンを知ることなしでは、不足という古い筋書きの他に参照できるポイントがないからです。

人間として私たちがもつ問題は不足や間違いや故障ではなく、そうだと信じていることにあります。その他のどんな問題や機能不全、痛みの元になるのもこの基本的な誤解です。それが贈り物を重荷に、愛を満たされないニーズに、数少ない逆境を生涯にわたる不安に変えてしまうのです。

けれど、うれしいことに、この虚偽と共に生きる必要はありません。自分が誰で人生でなにが「現実」なのかについての昔ながらの筋書きを自分自身に聞かせ続ける必要はないのです。パワフルなエネルギー体としての素晴らしい自分自身を実現し、受け入れ、そこから創造を開始することが私たちにはできるのです。

それは、自分がエネルギー体であり、エネルギーがすべての鍵だということを思い出すことから可能になります。

❖痛みのなかで生きるか、至福のなかで生きるか

私に変革をもたらした「光線」の体験、瞑想中に自発的に起きた突破口は、無視も否定もできないかたちで、私の真髄がエネルギー体であることを私に示してくれました。輝く光の存在として地球の上に浮き、私はもう一つの現実にいました。人生とそのなかにいる異なるバージョンの自分に目覚め

たのです。それはまるでスキューバダイビングでゴーグルごしに、自分がいまいる水面下の世界の方が地上の世界よりもリアルで真実だと思ってながめているようなものです。自分がそこに永久にいて、けっして去らないように感じました。頭でそれまで考えた「我が家」よりもっと家庭的な感じがしました。それまでの人生でほとんどそうだったように恐れに支配される代わりに、突然、自分が完全に完成していると感じました。どこにも行くべきところはなく、すべきこともなく、私はただその絶対性、すべてとのワンネスのなかにいられたのです。

このすべての感覚を通じた完全さはそれまで自分に対して感じていたこととは正反対でした。大人になってからも父のセミナーで働いていた私は意義や目的意識も感じてはいましたが、ひどい偏頭痛としつこい疲労感に悩まされてもいました。何年も私はランチの休憩時間に昼寝をしていました。常に人を喜ばせ、どんなかたちの衝突も防ぎ、問題解決できるようにしていました。人間関係はときとして大変でしたが、自分に嘘をついてまで、「うまく行かせよう」としていました。カイロプラクティックの専門学校を卒業した後、私はクリニックを立ち上げ、外の世界では大きな成功を収めていましたが、深い内なる喜びや真の充足感はありませんでした。端的にいえば、私は苦しんでいました。「間違ったこと」をしていたからではなく、自分の真の本質に基づかないまま、一連のルールに従って生きていたからです。

私たちが苦悩するのは、私たちに欠点があったり、なにかに値しないからではなく、それらをつくりだしたフォース、すなわちマインドと防衛的人格を使って問題や痛み、挑戦に対処しようとするからなのです。

・防衛的人格の痛ましい見方

自分がエネルギー、またはスピリットであると分かるまでは、私たちは自分が身体と（または）マインドだと信じています。私たちの正体に関するこの一つの誤解が口にされない苦しみや人生に問題の中心になっています。その理由は？　この見方では私たちの真の本質が全然考えられていないからです。なにかが欠けているように感じるので私はなにかが実際に欠けているか、自分のなにかが間違っているか故障していると考えます。そしていたらない感じの埋め合わせにすべての努力と時間を費やします。私が育つ過程や数年にわたるキャリアでそうしていたようにです。ストレス、機能不全や病気はすべてその副産物です。なにかが欠けていると感じて、自分が正しいことや自分には価値があることを証明しようと努め、故障を直そうとします。自分の本当の正体はエネルギーだと認識しなければ、私たちが生来もつ完全さや健全さは感じられません。人生の道先案内になんらかの起点の感覚を得るために、私たちのマインドは自分になにが欠けているか、なにが間違っているか、故障しているかという筋書きを書きはじめます。

そうした筋書きや思考が今度はエネルギーのレベルで影響します（私たちはエネルギーなのですから）。思考のパワーは私たちの現実に影響しますが、こうした内なる筋書きも同様なのです。自分がどう宇宙の一部となり、全たるものにつながっているかをみる代わりに、どう自分が切り離され孤独であるかという筋書きを私たちのマインドが書けば、私たちは自分が切り離され孤独だとみます。孤立感があれば安全とは感じられなくなります。この世界で存在するのは保護が必要だと考えます。常に脅威に対して敏感になり、安全でいるために必要な愛や慈しみ、承認を得られない場所を探して外界全体をスキャンします。心からの望みに従って自分が愛する人生を求める代わりに、自分の生き残りに終始することになるのです。

この恐れに基づき生存競争を中心とするアイデンティティは自我や虚偽の自己と呼ばれることもありますが、私は防衛的人格と呼んでいます。呼び方はともかく、この人生に対する保護的なアプローチが、私たちがやりたいことを制限しているのです。なぜなら、「安全」が最優先されるからです。そのために対人関係にも様々な条件が付けられ、私たちはバランスを失い、ストレスが続き、やがては精神的、感情的、身体的な大きな犠牲を払うことになります。

さらに防衛的人格としての私たちの闘いには希望はありません。なぜなら、それは問題は自分だという単一の破壊的な信条に基づいているからです。私たちはそれぞれ、この信条に向けたツールをもっていたり、ある程度はそれを避けて通ろうとはしますが、誰もこの痛ましい見方による生き方から(少なくともある程度は)逃れられません。しかしそれは人間の一面でしかないのです。繰り返しますが、そうでなくなることもできるのです!

幸いにもエネルギー・コードの最も深遠な目的は、この防衛的人格を私たちの真の本質である魂で満たされた自己と統合させることです。この統合は人生のすべてのレベルで癒しへの無限の可能性をもたらします。ゲームのルールを変えるのです。防衛的人格で生きるしかない、という認識を捨てるのです。より完全に生き、愛し、存在する新たな種族に私たちは進化するのです。

・天地　魂で満たされた自己として生きるために必要な進化

本当は純粋で偉大なエネルギー体として自分を見はじめれば、完全さを体験する旅路が自然に始まります。本当にそれはシンプルなことなのです。

自分はエネルギー体だと分かれば、自分のマインドがつくりだした恐れに基づく生き方を離れ、私たちに与えられたその他の選択肢、魂で満たされた自己としての真に永遠なる本質の考え方で生きはじめられます。常に私たちを傷つけるかもしれない脅威を探して外界をスキャンすることに焦点を置くのではなく、自分の内側や身体をとりまくエネルギーを見つめ、なにが真実なのかをそのエネルギーに見せてもらうのです。愛や自分を広げる機会は自然に訪れます。ただ、「はい」と肯定することを学び、自然な展開を許せばよいのです。私たちはパワフルに愛し、愛に満ちてパワフルになります。すべてと一体で、なにからも切り離されていないことを知り、感じます。ストレスはなく、心配もありません。それは人生のすべてが究極的には私たちの広がりと健全さのために起こることを疑いの余地なく理解しているからです。

この安らかで魅惑的な状態について私は自分自身の体験からお話ししています。魂で満たされた自己としての目覚めに向かう私の旅路は、私が自分を変えざるを得なくなった重要な瞬間からはじまりました。自分のからだが輝き出したように感じました。私のマインドはその過程に従うよりも、それまでの自分に反発したがっていました。自分が誰でなんであるかについて全く新しい見方を得たのです。自分の体験はまだ統合できていませんでしたが（実際、私はふらふらして、横になるために最寄りの家に連れて行かれました）、私は自分の現実が永久に変わってしまったことを知っていました。それはその通りで、その直後から起こったことは、控えめに言ったとしてもとても興味深いものでした！

その夜帰宅してから、私は至福の状態になり、そのままでいたくなりました。何日にもわたって、枕から頭を上げるとエクスタシーから引き戻され、離陸直前で雷のような音を響かせているヘリコプターのプロペラの下に立っているように感じました。からだでもマインドでも理解できない高波動のエネルギーを吸収したように感じました。そして、また寝るか瞑想に入ると、ただちに想像できる限り最も極上の状態に浸かりました。マインドのなかに極彩色の色、形、その他の領域のビジョンが浮かび、それは見たなかで最も美しい光景でした。その次には、様々な真実のメッセージや認識を同時にもたらすイメージが唐草模様のように見えました。そのすべてが壮大で輝き、無垢でした！　ヨガの修行者の伝統ではアーナンダとかサマディーと呼ばれる至福の状態で、決してそこから動きたくありませんでした！

何日も私はベッドにとどまり、ただ純粋で神聖なエネルギーとしての自分を体験していました。私の防衛的人格は私の魂で満たされた自己に融合しはじめました。マインドもハートも解放され、からだはリラックスし、私たちは真に宇宙的な存在なのだという純粋な気づきに驚き感動し続けていました。といっても、この過程は即時に起きたわけではありませんでした。私の微細エネルギーを感じはじめた自分が魂で満たされた自己であるエネルギー体でいることを理解する始まりだったのです。

それから約一週間後に、私は座ったり立ったり歩き回れるほどにその高波動のエネルギーを統合できました。しかし、そうなると、寝室の外の世界は厳しくうるさく感じました。ラジオやテレビといった日常的な音や、私を通り過ぎる人や行き交う車、さらにはレストランを歩き回るウェイターといったスピーディな動きにも極端に敏感になりました。最初はからだがとても軽く、ほとんど感じないほどでした。時がたつにつれ、私は意識的にからだのなかに安定するようになりましたが、そうすると驚異的な強さを感じました。

それでも日常生活に復帰するのは大変でした。「世界の中間」にいるように感じ、そこからどう動いてよいか分からなかったのです。ただ人の顔を見てボディランゲージを読み取りその言葉を信用することはできなくなりました。彼らの表向きの下にあるエネルギーが見えるようになったからです。より現実的で真実だと思えるなにかが明かされるようになりました。ほんの幼い頃の短い期間を除き、以前には認知できなかった別のレベルの現実に惹かれるようになりました。

六歳くらいの頃、私は川辺で遊んでいました。陽光が川の水面に降りそそいでいました。川の浅瀬ではカエルが飛び上がり、夏の空気は完璧でした。水の上にある自分の手を見ると、金色の光が四方に輝き出していました。その頃の私はよくカラーの光の玉が人の周りに見えました。たとえば患者に接していたり教えているときの父の周囲や、絵を描いている時の母の周囲や、学校の校庭にいる子供たちの周囲にです。それが普通で誰でも見えると思っていました。

けれど、自分が見聞きしたことを口にしたことで痛ましい体験をしたり、他の人々はそうしたものを見ていないと聞いてからは、私は他人から変わり者だとして拒否されることを恐れるようになりました。それで八歳くらいのときに、そうした視覚をただ閉じてしまったのでした。けれど、二十代、三十代になってそうした美しい体験を思い出し、また見ようとしましたが、できませんでした。子供がそうするとされているように、すべて自分で「でっちあげていた」のかもしれないと思いました。

けれど、エネルギーの領域への扉を開いた後で、また子供の頃のようにエネルギーが見えるようになっただけではなく、察することや感じることもできるようになりました。それはずっと昔から現実のことだったのです。その光に関して自分で言い聞かせた筋書きのせいで見えなくなっていただけだったのです！

再び私は他人に見えなかったものが認知できるようになりましたが、再び、その能力を居心地悪く感じました。とくに自分が見たことや感じたことを頭では理解できなかったからです。私が見たり察したことを患者に尋ねると、私が感知したことを彼らは認知できていませんでした。悲しみ、恐れ、怒りといった感情の揺れを示す彼らのエネルギーのパターンは私には明白でしたが、彼らは「元気です」、とか「すべて素晴らしいです」などと言っていたのです。

ですが、私は自分の新たな認知力を再び隠そうとはせず、諦めもしませんでした。すると、最初は「なにを言っているのか分からない」といった態度をとった患者が次に会ったときには、私の見方が当たっていた、ただ気づいていなかっただけだ、と告げるのです。たとえば、セシルという患者に会ったときに、彼女のエネルギーの流れが弱いことについて彼女に尋ねました。そのときには彼女の人間関係はすべてうまくいっていると言っていましたが、後に、夫と問題があることを自分で認めようとしていなかった、と言いました。同様に、ブライアンの場合には、彼のエネルギーが周囲に漏れているのが見え、そのことについて尋ねました。彼は旅も仕事も順調だと言いましたが、後に、仕事を変えるべき時かもしれないと気づいた、と言いました。患者が後から戻ってきて、自分の問題を認識していなかったが私とのセッションの後で、「照明がついた」ように気づいた、ということが無数にありました。

本人がその存在に気づく前に、私には人のエネルギー・フィールドにある滞りが察せられるのです。エネルギー・フィールドが欠けているので患者に質問すると、子供の頃の性虐待とか不健康な習癖など、隠れた問題に光があたるのです。患者自身の意識がより大きな構図に光をあてれば、そうした問題は解決できます。自分の洞察が正しいことに私は注目しました。誰かの潜在意識のマインドが見ている下の層に微細な真実の層があり、それが明らかになるには時と注目が必要なようなのです。

もっと厄介な変化も起きました。人のエネルギー・フィールドに気づくようになったのです。誰かと話している最中に自分自身のからだのまわりのエネルギー・フィールドが察せられて見えるのです。突然自分のエネルギーが相手のエネルギーと重なり、実際には距離があるのに、その人の上に乗っかっているように感じるのです。それで自意識が働き、侵入しないように後ずさりすると、相手は普通の距離を保とうと近寄ってくるのです。とても困惑しました！私たちのエネルギーが完全に重なったので、お互いの「なか」にいるように感じたのです。何度も私は後ずさりし、相手は何度も近寄ってきて、しまいには部屋や歩道を横切る「ダンス」を踊ることになるのです（後に、私たちのエネルギーは実際に重なるのだと学びました。神経系がその感覚、「神経回路」を発達させるまで、私たちは気がつかないだけなのです。ですから私たちの間には「なにもない」ように感じるのです。しかし、このエネルギー・フィールドが、実際には私たちみんながお互いとつながり、人類として一体となる最も深遠な方法なのです）。

この新たな在り方をときには奇妙に感じましたが、その世界と関わるたびに、私は**帰ってきた**と感じました。**本当の私**が戻ってきたのです。幼い頃に特別な神秘的な瞬間を体験して以来初めて、より安らかで自分の家にいるように感じたのです。なんの理由もなく歓びを感じ、昼も夜も暖かく、リラックスして、快適でした。呼吸も以前とは変わり、より深くなりました。まるでなんらかの「答え」が浮上したかのように、仕事や私生活でそれまで痛ましく感じていた状況はすべて大丈夫だと分かったのです。

この新たな意識が拡張した本当の私が直面する矛盾を乗り切って行く方法を学ぶ必要があることも分かっていました。自分自身のためだけでなく、医師、友人、また地域社会の多くの偉大なリーダーたちにとって頼りになる存在として、自分の内なる知に従いながら、どう「論理的な」判断をしていくかです。たとえば、大都市のリーダーが高潔に行動していないのが分かったときには、支持し続けるべきか反発すべきかで悩むことなく、自分にとって正しい選択ができました。誰かと話していると、その人が「より小さな」バージョンの自己を保護するために自分の人生の状況をつくりあげていると分かることも多くなりました。まるで偽りの自己として生きることに執着して、騒動や痛みを増加させているようでした。

端的に言えば、私が見られるようになった現実、完全でパワフルなエネルギーの存在である私たち全体にとっての現実は、自分自身に関する他人の見方や生き方と一致しないことが多いのです。私は自分が転機にあることを認識しました。真実を生きるかそうしないか決断が必要でした。至福のなかで生きるか、否定と自己欺瞞、痛みの人生に戻るか？　友人関係、仕事、親しい人間関係といった私が人生でそれまで成し遂げたたくさんのことが、それにかかっていました。けれど、私の新たな現実は他のなによりも重要だったのは明らかでした。私の真実なのですから、それに従わざるを得なかったのです。

私の内側から刻々と湧き上がるエネルギーのメッセージに従い、私は、しばしば論理や人が現実と呼ぶもの以上である至福を選びました。アドバイザーたちに「最新」テクノロジーを臨床に導入するよう強く勧められても、それが自分にとって正しくないように感じたら、私は簡単に「いいえ、結構です」と言えました。するとその数カ月後、数年後には、その機器には宣伝されたほどの効果がなかったという研究発表があるのです。また、表面的にはとても良いチャンスのようにみえる投資やビジネス、会議に誘われても、エネルギーの流れが私の行動を決定してくれ、多くの場合には招待を断りました。すると、ときには数年後に、誘われたビジネスやチャンスが誠実に運営されていなかったことが明らかになるのです。

私が恩寵の波とも呼ぶものが私の人生を導いてくれるようになりました。自分が注目すべき方法を察すると、その数時間後や数日後に、ドキュメンタリー映画への参画やとても重要な会議での講演など、その方向から素晴らしい招待が、私の側からの努力なしで届くのです。何カ月も何年も喋っていなかった誰かとのつながりを感じて私が電話したりメッセージを送ると、ちょうどその日に、私になにか聞きたいとか、相談したいと思っていたところだ、という反応が返ってくることも無数にありました。

以前のように自分の自信のなさを分析したり、内なる矛盾、自己不信なしに私の人生は努力せずに喜びに満ちたやり方で魔法のように展開されるようになりました。ついに私はより高地に着地し、考えることなく意思決定できるバージョンにアクセスできるようになったのです。自分の真実の選択がなんなのかを瞬間的に告げてくれる明白なエネルギーの衝動にただ従い、そうした衝動は奇跡的にすべて正しいものでした。論理的で知識に基づく選択より、ずっと良い選択を勘からできるようになったのです。もはや自分の真のビジョンの目的にはあわなくなったオフィスから引越したり、仕事仲間から離れるのは、自分の芯からの簡単な選択になりました。私を流れるエネルギーが私のコンパスとなり、次第に、自分の意思決定の正しさを外部からのインプットで確認する必要はなくなりました。

こうした内なる知と導きに従っていると、人生の新たな方向が開かれていきました。物事をうまくいかせるために多くの努力をしたり、自分の意志に人生を従わせようとする代わりに、自分の人生にリードを任せたことで、正しい道が明らかになり、拓けていったのです。教育と既成概念で制限された私の見方を超えるより高次の叡智が働き出しました。私はエネルギー・ヒーリングのクラスをもっと教えるようになりました。私のクリニックで開催していたのですが、たちまち満員になり、立ち見も出ることが増えました。また患者や生徒向けの瞑想教室も始め、瞑想最中に私になにが起きたかもシェアするようになりました。

たとえば、ある夜の瞑想では、背骨のコアを通り落ちてきて、骨盤のあたりで旋回するエネルギーを感じました。それと同時に、脳の中心にあかりがともり、私の存在すべてがそのエネルギーを知ることとなったのです。そこでその次のクラスでは同様の過程にグループを導きました。私に起きたことをみんなで実践してみると、どう参加者のエネルギーが反応するかが見えました。私が体験したことをシェアしたことに触発され、自分のエネルギーをシフトさせ管理できるようになりました。そして次々と、彼らの人生に変革が起きていったのです。次のクラスではみんなが前回会った時以降に起きた新たな展開について話したりしているのです。

週を追うごと、月を追うごとに人々は真の変革を体験してきました。たとえばボニーは長い間決めかねていた後に、仕事をやめるべきことが分かりました。ニコルは突破口をみつけ、何年かけても決して到達できずにいた深くリラックスした瞑想状態に入れるようになりました。そしてコートニーはついに瞑想のなかで手放せ、エネルギーが自分のからだを流れるままにでき、それにより二十年以上も続いていた偏頭痛から自由になることができました。こうした結果やその他のたくさんのことが、特別なパターンの呼吸、マインドをリラックスさせること、誘導瞑想の定期的な実践で得られるのです。そうしたすべてを私は観察し記録し、コード化しはじめました。その結果の明確な原則と実践法が本書であなたが学ぶエネルギー・コードです。

新たな人生を始めた私はヘルスケアの一般的な現場で話題になるずっと前から、私がクリニックで教えシェアしだしていたエネルギー・メディスンのやり方を近所の病院に招待されて、紹介するようになりました。関係者からの反応もよく、より大規模なイベントからの招待が相次ぎました。それはすべて素早く努力なしで起きました。私が身を任せ、エネルギーの確かさと私の内側から生まれる叡智を肯定したからです。一つの状況から状況へエネルギーが流れるのが文字通り見えました。

今日では、起きる出来事はすべて私の偉大さに向けての宇宙からのしるしだと理解しています。古びて役立たなくなった人間関係は溶かし、過去には痛みやしがらみさえあったところに愛を見出しました。偏頭痛と脊椎側彎症から完全に癒やされただけではなく、二十年前より若返ったように感じました。いまでは奇跡を信じられるだけではなく、いつも奇跡が起きているのを見ています。いまでは奇跡がどこから来て、どうその場所にアクセスできるのかも分かっているので、他人の人生における奇跡や魔法も常に支援できます。

こうした恩寵に満ちた生き方は可能であるばかりか、私たちがもって生まれた権利です。私たちや私たちの人生は**そうあるべき**なのです。ですから、私に起きたように、あなたにも起きるのです。

実際、防衛的人格から魂で満たされた自己というアイデンティティにシフトするための目覚めこそ、まさに人生の目的なのです。魂が意識に出合えば、人類はその真実に目覚め、私たちは安らぎを知ります。私たちの魂で満たされた自己はエネルギーとしての本質を発見し、肉体をもって真の本質として生きるためにここにいるのです。人間性の内にある神性に目覚めるために私たちはここにいるのです。地上で天国を体験し、天と地とが一つに統合されたスペースを体験するためにです。

こうしたすべては、いまこの瞬間に可能です。どうやって？　それは私たちが実際にはすでに魂で満たされた自己だからです。私が瞑想中に経験したように、瞬時に私たちはその現実を自然に体験できます。いまここで、それは私たちに認識されるのを待っています。魂で満たされた自己になるために行くべき場所やするべきことはなにもありません。資格もハードルもありませんが……私たちはただそれを知らずにいるのです。自分の真の本質を知らずにいることが、防衛的人格でいるということなのです。

エネルギー・コードを使ってあなたの完全性と完璧性、あなたの真の自己、あなたの偉大さに目覚め、日常生活のなかでその真の自己の存在性を高める方法をこれからお教えします。あなたがそれを実行すれば、私と同様にあなたの日常生活も魔法のように変革するでしょう。

防衛的人格から魂で満たされた自己へのシフトは突発的に起こることもありますが（私の場合にはそうだった側面もあり、他にも同様の深遠で変化した体験をした人たちもいます）、多くの場合には魂で満たされた自己の実現には過程があります。いままであなたが覚醒という目標に向けて意図的に努力していたにしろ、いなかったにしろ、実際には、あなたは生涯かけてこの目標に向かっているのです。それがあなたがここにきた目的なのですから。そうです、あなたにいままで起きたことのすべては、あなたが自分の真の本質に覚醒するための動きなのです。ですから、私はこれを覚醒プロジェクトと呼びます。

この覚醒の進み方を理解すれば、意識的に意図的に、よりたやすくスピーディに覚醒できます。その過程を覚醒のモデルとして紹介します。どこから私たちが進化し、どこに行くのかが「見えれば」、魂で満たされた自己をより知ることができ、したがってそう生きられるようマインドがシフトする助けになります。

・覚醒のモデル

覚醒のモデルは私たちが自分の真実を発見し、生きられるよう進化するにしたがって体現する三つの独特の意識のレベルを反映しています。この見本にはコインのように二面あります。この見本の裏面（42ページの図のコインの「尾っぽ」）には防衛的人格を代表する二つの段階があります。この段階では私たちは常に生き残りモードにあり、私たちのシステムのデフォルト設定されており、自分の安全と保護に向けた戦略に全エネルギーを注いでいます。私たちがこの見本の表面（「頭」）に到達できるのは、自分の神経系の反応のパターン、言い換えれば神経回路への執着を手放し、私たちがもつ天才的な創造力、創造者らしさを完全に活性化できる新たな高許容度の回路を構築できた後になります。私たちがもつ真のパワーを自分のものにし、生きる、魂で満たされた自己として意識的に積極的に生きるのはこの見本の表面です。

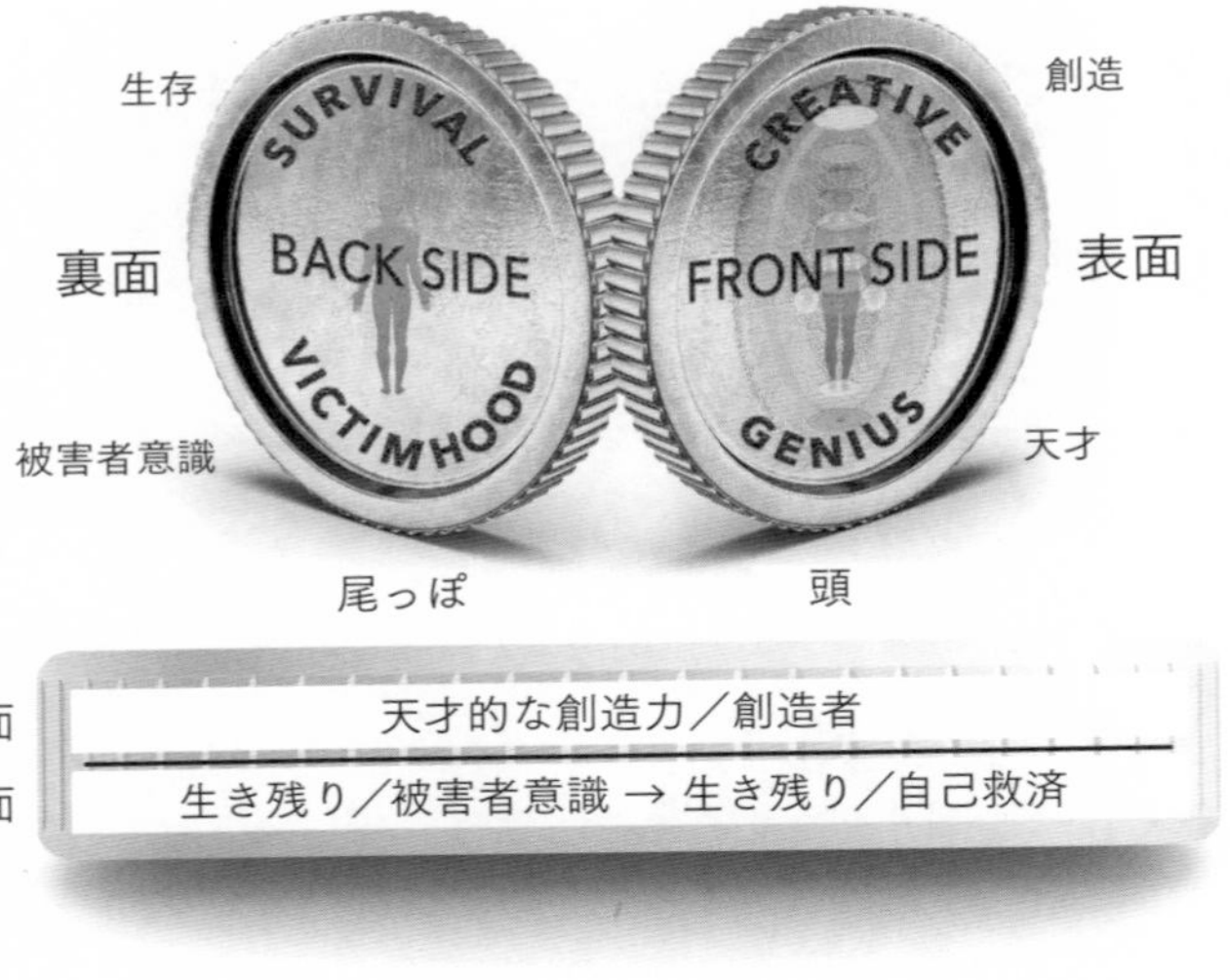

・第一段階　被害者意識

覚醒モデルの裏面の第一段階は図の左下で、生き残り／被害者意識です。端的にいえば、人生は起きるもので私たちにはどうすることもできない、という見方です。自分に影響力や創造力があることには全く気づいておらず、強い運命論的、悲観的な見方をしています。反対勢力が制御不能なほど強いから自分のしたいことができないと信じています。実際、この見本の裏面の彼方にいれば、自分が不幸なことも知らず、他の道があることにも気づいていないかもしれません。人生はそういうものだから仕方がないと思い、ただ人生をやり過ごしているかもしれません。

たとえば、第一段階では、自分の不幸や不満は不運な境遇で生まれたせいだとか、行きたかった大学に行けなかったせいだとか、早く結婚しすぎたからだとか、自分の情熱や望みの仕事を求めなかったからだとか、お金がないからしたいことができない、と思ったりしています（またはそんなことも思いつかなかったり、不満の種も挙げられないかもしれません！）。このパラダイムは怒り、恐れ、失望、絶望、諦め、悲観、生き残りに向けた格闘などで特徴づけられます。その宣伝文句は「人生は私に起きたものだから、私にはどうしようもない。人生はそんなものだ」です。そうした言葉にすらできないかもしれません。見方がまるで事実のように生まれるのです。

・第二段階　自己救済（セルフヘルプ）

現代人の多くはこの段階にいます。第一段階からみれば意識的には大きな成長ですが、まだ覚醒モデルの裏面にいます。魂で満たされた自己としての真のパワーや偉大さを知った上での創造的な生き方ではなく、まだ防衛的人格として、自分は不適合だという見方の潜在意識の反応によって生きているからです。

この段階では私たちはもはや自分の惨めな状態をそれが人生だからとは受容していません。その代わりに自分が痛んでいることを認識し、そうでなくすることも可能なはずだという意識に目覚めています。被害者として諦める代わりに、なにかが変わるべきだ、と気づきます。自分はより幸福に、より健康に、またはより尊重され、尊敬されるようになり得ると思います。そしてそうした変化を起こすためになにができるかを見回しはじめます。

このパラダイムでは、まだ人生は（良きにしろ悪しきにしろ）おおかたは起こるものだと見ていますが、少なくとも（ときには）なにかはできるはずだとみています。改善したり、状況を変えることさえできることも多く、自分の考え方や行動の選択によって、自分の体験がある程度はコントロールできることに気づきます。心のもちようで、悪い状況でも最善は尽くせ、そうすることによって、痛みからなにかを学ぶこともあるかもしれません。この段階の宣伝文句は「人生は起きるけれど、自分は最善を尽くすことを選択する」。その見方は「なにか間違っているけれど、なんとかする。それによって私を台無しにされはしない」といったものです。

私はこれを「自己救済」と呼びます。この段階では、自分や他人が間違っている、欠けている、または故障していると自分が信じていることを癒し、より幸福になろうと努力するからです。私たちの対処法、セラピーのセッション、そして自己啓発の本やプログラムの多くはこのレベルの意識によるものです。問題を診断し、その治療に大忙しになります。私が若い頃にこのパラダイムのおかげで欲しかった物を得たり、自分の痛みのレベルを低めることができたのは確かで、私はとても感謝していますし、それが私の患者の多くに提供してくれた助けにも感謝しています。けれど、これは完全に滞っているよりはずっとましで、数十年にわたって私たちの多くの役に立ってはくれたものの、それは私たちが生きたい進化した意識の段階ではなく、私たちの真の可能性も活かさせてはくれません。「問題」を探し続け、見つけることで、その解決に自分たちの資源を使っていても問題解決がうまくなるだけです。残念なことに、これによって私たちは「自分を知るために」解決すべき問題を必要とするようになってしまいます。痛みと対照せずには喜びや完全性を認知する能力を構築できないのです。これではゲームの先を読むことはできません。より深いレベルでみれば、第二段階でも私たちはまだ人生で物足りないものがあると見ているのです。ただ、それを補うツールがあるだけです。自分がパワフルな創造者だとはまだ考えていないので、このパラダイムは私たちが前進する役には立ちません。

幸運なことに、「与えられた人生で最善を尽くす」をはるかに超越させてくれる意識のレベルを得ることは可能です。それがこの見本の表面で、すべてのパワーと輝きで、私たちの真実が体験できます。私は地球の上に浮き上がった瞬間に、自分自身の輝きを浴び、自分自身、そして私たちみんなの真実を知りました。そうです、あなたの真実もです！

・第三段階　創造者

人生に対して覚醒モデルの表面は裏面とは全く異なる見方をします。創造的な天才、創造主の魂で満たされた自己のモードで生きられるのです。ここでは最善を尽くす必要があったり、「暗雲に光を見出すべき」悪い事態などないことが分かりはじめます。間違いや不足、故障は初めからないのですから。「暗雲に光を見出す」というのは良い概念で、覚醒モデルの裏面にとらわれている時の助けにはなりますが、私たちの創造力の使い方としては全く不完全です。その代わりに、表面では、すべての課題は私たちの役に立ち、魂にとって最高のレベルで、創造における役割を果たしてきたことが分かります。すべての物事には目的があり、それは私たちが自分の真の偉大さに目覚めることなのです。そうです、私たちは自分の目覚めに向けた役割を果たしているのです。私たちの内にあるより偉大な部分がより矮小な部分に溶け込み、私たちが求める完全性を創出するように誘いかけています。

こうした視点に立てば、その瞬間にどう見えたり感じるかにはかかわらず、人生は常に私たちの味方となって展開し、私たちの拡張の役に立ってくれます。例外はありません。私たちの人生で物事が違う方向に行くべきならそうなるだろうと認識すれば、私たちの防衛的人格はこの真実に溶けこんでいきます。私はよくライブのコースで生徒たちにこう聞きます。「それが起こるべきだったことはどうして分かるのですか？」。その答えは「それは起こったからです！」

その状況で「最善を尽くす」というのは、なにか悪いことが起きたのでそれを「良い」ことに変えるよう努力することを意味しますが、その代わりに、それがなんであれその状況はそもそも決して悪くなかった、というのが真実だとしたらどうでしょう？　もちろん、その状況が痛ましいほど、この考え方を受け入れるのは大変です。それでいいのです。この本を読み進めながら、この考え方に関して努力を続けましょう。この段階では、ただ、想ってみてください。あなたの人生で起きる出来事は、結局はあなたのためになるように起こっていることが分かるように、あなたは力づけられたと考えてみてはどうでしょう？　より自由で元気づけられるより偉大な現実に向けて自分自身を目覚めさせるために、あなたはその過程における自分の役柄を務めているのだとあなたが知っているとしたらどうでしょう？　あなたの最大の痛みには最も素晴らしい恵みが隠されているとしたらどうでしょう？　そうした理解で、実際に地球上でのあなたの人生は変わります。もちろん、そのためにあなたはここにきたのです。

あなたが自分の人生にこうした見方ができる力を得たとしたら、すべての出来事は結局はあなたのためになるだけの理由で起きると考えられたら、あなたは自分の人生に協力でき、フロー状態で生きられます。出来事の背後でより大きなプランが進行していることが分かるようになります。どんな損失にもそれ以上の利益があることがより素早く見られるようになります。たとえば、失職したことで、あなたが本当に満足できる仕事が見つかる、といったようにです。怪我でうまく動けなくなったときにはより深いレベルでの自分と思いやりについて学べます。愛する人を失ったことで、そうでなければ知ることがなかったであろう自分のハートのより深いレベルを受け入れることもできるでしょう。人生とその神秘に深く感謝している自分が見出せるでしょう。究極的には、損失を損失とは全くみなくなるのです。どんな出来事が起き、それがどんなに困難でも、その苦しみ以上に得るものは大きいことが分かり、見えてくるでしょう。そう知ることであなたの苦しみは大きく和らぎ、完全に消えてしまうこともあるでしょう。

ここで、一大事が起きてもそもそもそれが痛みや苦しみを生むことは全くなくなるように、自分のからだとマインド、エネルギー・フィールドに働きかけられることを事前に知ったと想像してみてください。それが本著であなたが学ぶ内容です。人生体験の一つひとつが、あなたの完全性、真実、そして宇宙との信頼関係に向けた深遠なステップとなるように、防衛的人格が語る筋書きの下にあるあなたのすべてに意識的に働きかける方法です。

「すべては良いこと」で、**それが起きたとき**に私たちのためになることを知り、人生の出来事を信頼というレンズを通して解釈すれば、やがては、そうした状況に陥ったことで自分や他人を赦したりといった過程を経ずにすむようになります。それが魂で満たされた自己の視点で、その宣伝文句は「私の人生で起きるすべてのことは常に私のためになり、自分自身の偉大さを発見するために自分自身の意識のより高いレベルで創造したこと」なのです。

「すべては良いこと」という視点から人生を見れば、覚醒モデルの表面の敷居にいることになります。けれどこの目覚めは単に自分に関する信条を変えたり、人生の本質についての考え方を変えるだけでは起こりません。なにかバラ色の話を自分に語るといった「スピリチュアルな早道」はないのです。それからはほど遠いものなのです。

古代からの伝統的な信仰では、人は地球上の物質世界で生きるスピリチュアルな存在という考え方を支持しています。この点に関して別の理解の仕方を提供したいと思います。私たちは物質的なエネルギーの世界でスピリチュアルな体験をしているスピリチュアルな存在なのです。そして私たちが本質的な生き方を実現するには、**エネルギー体**として、スピリチュアルな存在として人生のこの物質的な側面で意識的に生きはじめる必要があるのです。

つまり、理知で自分がエネルギーやスピリットだと知るだけではなく、自分のエネルギーとして、スピリチュアルな本質を実際に**体現**しなければなりません。自分のアイデンティティはエネルギーであるとして、身体の内側で文字通り自分のエネルギーを活性化させなければなりません。そうすれば、魂で満たされた自己、そして覚醒モデルの表面への変革は私が量子の転換と呼ぶ突然の激しく総合的なシフトが自動的に起きるのです。

✣量子の転換には悟りだけでなく、体現が必要

量子物理学では「量子の転換」という現象があります。量子の世界の基盤となる要素である原子が、

他の物質のように加速0の状態までスローダウンすることなく突然に方向を変える能力を示します。丘の上に向けて玉を転がすことを考えてみればよいでしょう。リニアな物理学では、玉は少し坂を昇ってからスローダウンし、加速0になります。そしてゆっくり坂を下りだして、次第に速度を増します。しかし、量子物理学のシナリオでは、玉は坂を上り、静止に近づくまでスローダウンすることなく、突如、坂を下りはじめます。一瞬、玉は本質的にはスローダウンや方向を変える過程なしで、同時に新たな方向に転換し、いったんは両方向に動くのです。そうです。玉は反対方向の平等の加速で、二方向を隔てるゼロ加速を通過せずに、二つの安定した動きの状態の間を行き来できるので、それが「量子の転換」となるのです。

覚醒モデルの表面に到達し、魂で満たされた自己になるのもほぼ同様です。一瞬のうちに全く異なる世界が見えはじめ、それに従った選択をするようになるのです。

本質的には常に二つの見方ができ、どちらも真実になる可能性を秘めています。その一方はこの見本の表面に通じ、他方は裏面に至ります。選ぶのは私たちで、量子の宇宙はその選択を完全に支持してくれます。生涯を通じて同じ丘を上ろうとしていようが、それはかまわないのです。私たちが選びさえすれば、私たちの現実は変わるのです。そして、量子の転換が証明するように、方向を変えるために静止する必要はないのです！

マインドは量子の転換に深く関わっています。あなたが学んだかもしれない他の方法とこの方法の違いはマインドを全く異なる方法で、身体とスピリットとの密接なコラボで使うということです。ここで、私が身体を強調したことにお気づきでしょう。結局のところ、私たちはスピリチュアルな存在であり、この三次元の世界に来て、身体をもちました。ですから、過剰反応する恐れに満ちた私たち

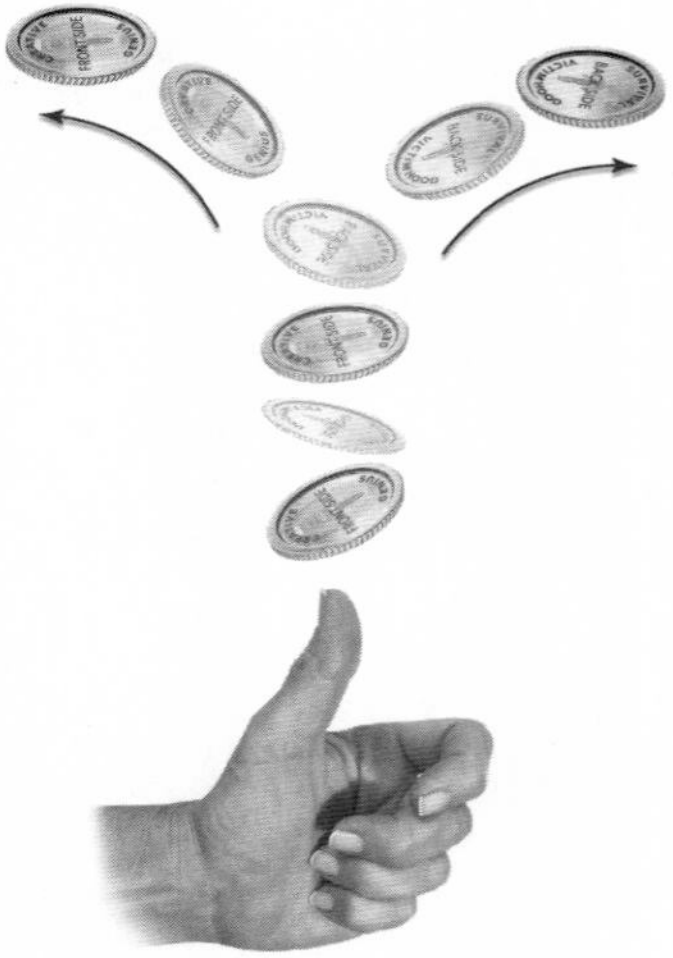

量子の転換
（同時に双方向）

のマインドからの解放に身体はとても大きな役割を果たし、私たちの覚醒のために最大限に活用すべきなのです。おわかりのように、魂で満たされた自己の体現には新たな回路、身体のなかで魂で満たされた自己のエネルギーが流れる回路、身体と脳のなかでマインドがそのエネルギーを認知できるための回路を構築する必要があるのです。魂で満たされた自己として生きるにはこの回路が重要です。真の自分であるエネルギーを身体のなかで感じ、安定させ、活性化させるためのコミュニケーションと感覚の回路をもつ必要があるのです。

　私たちの一人ひとりを都市にたとえれば、私たちの神経システムは電線網のようなものです。回路がないところでは私たちは「見る」ことができません。私たちが意識的にエネルギーを導入し光らせるまで、そのあたりの光は消えたままなのです。そこに意識のエネルギーが流れれば、そこで起きていることを新たな見方で見られるようになります。

このスイッチを入れ、光で満たす状態を達成することが、自分の真の本質に回帰するということなのです。スピリットは**光です**。スピリットの存在として、私たちは文字通り、光という高波動のエネルギーで**できている**のです。脳と脊髄神経のニューロンがお互いに信号を送り合うときにはフォトン（私たちの原子そのものに影響を与えている微小粒子）を生み出し、光を通じコミュニケーションしていることが分かっています。組織のなかのミクロの脈管により流れる光は神経シナプスの働きよりも素早く脳の異なる部位を活性化させられるのです。私たちは真に驚異的で奇跡的な……光のエネルギーの創造物なのです！

私たちが自分自身の神性を知らない理由は、私たちに神性がないからではありません。その神性を**認知する**回路が設定されていないのです。回路がないことで、私たちの真の本質の側面を体験する能力は限られています。私たちの全体性を体現し、知り、感じ、生きるためには「光のスイッチを入れる」ために神経システムのなかに回路を構築し活性化する必要があるのです。そのためにはエネルギー・システムに直接働きかけます。

自分自身も含めてすべてがエネルギーだと本当に分かれば、物理的、物質的なレベルの下にある微細なレベルでの人生が見えるようになります。その人生ではすべては流動的で、物事はシフトし、流れ、変化は起こしやすく、自分が真に愛する人生を創造するためのより偉大なパワーがもてます。

人生をフルにパワフルに体験するための鍵はあなたというエネルギーを体現することにあります。自分がエネルギー体であるという真実に悟りを開くだけではなく、その真実をフルに体現しなければならないのです。次の章から、体現することでどのように自分の直感に直接アクセスできるようになり、理論ではなく直感的なマインドによってあなたのなかにある最も創造的な自己に導かれた人生を実現させられるかを学びます。これは永続する前向きな変化への、効果的で確かな道であるだけではなく、地球上で身体をもちながらあなたの完全性を体験できる最速の道であることが分かるでしょう。

あなたは自分の健康、人間関係、自意識や目的から、この星への貢献まで、あなたの人生体験のすべての側面を変革する生来の創造力の鍵をあけることになります。しかし、この知なしでは、私たちは限定的な見方と苦闘、苦しみと痛みにとらわれた自分自身のバージョンから逃れられません。

では、私たちの真の本質、魂で満たされた自己を感じ、安定、活性化させる回路はどうやったら起動させられるのでしょう？　そのためにあるのがエネルギー・コードです。

✣エネルギー・コードとは？

エネルギー・コードはあなた自身が量子の転換を起こすために自分でできる一連のワークです。困惑、病気、消耗、不満から抜け出し、元気、喜び、明快さ、そして創造表現を自分のものにするのです。エネルギー体としてのあなたの真の本質を支える新たな体内回路の構築の仕方をあなたに教えるワークです。体内に自然なエネルギーの流れを再構築することで、あなたは防衛的人格から魂で満たされた自己に自分のアイデンティティをシフトできるのです。

エネルギー・コードは、あなたの人生のすべてがエネルギーであることを身体、マインドとスピリットで感じ、知るためのツールを提供します。マインドとそれがつくりだす筋書きより深いレベル、ドラマや痛みから離れたあなたのコアで生きられるようになります。より深く豊かな視点から人生を見ることであなたが関わるほぼすべての意味が変わります。意識的な気づきを身体にもたらすエネルギー・コードには驚異的なグラウンディング効果があり、より高い意識から物事が見えるようになることが分かるでしょう。木がより高く成長するために根をより深く広げるようなものです。

あなたの本質であるエネルギー体として生きることにより、ためらいや疑いなく世界へのあなたの真の恵みを体現できます。たとえば、年老いた母親と向き合うことに心を痛め苦闘していたジェミーはエネルギー・コードを学ぶことで、みごとにその役割を果たせるようになりました。エネルギー・コードを使って薬物依存、摂食障害や自分を「感じる」ために自分をナイフで傷つけたりする自傷行為をやめ、世界における自分の立場を見出した十代の子もたくさんいます。集団に従ったり自分と他人を比べるのをやめ、自分自身が創造のエネルギーでできており自然なリーダーであることが分かり体験できれば、周囲に合わせたり帰属しなければならないと感じるニーズは消えます。自分自身が創造者だという新たな知識をもてば、かつてない忍耐力や存在感が生まれ、自分がそうなるとは想像もしていなかったリーダーとしての人生が踏みだせるのです。

エネルギー・コードは実践するだけで気持ちがよいのも確かです！　これから呼吸法や簡単で効果的な動作や瞑想、特別なヨガなどを紹介します。あなたが真のバージョンの自分を体験する妨げとなり、滞りや痛みを生じているあなたの身体のあちこち、そして人生のエネルギーを動かす助けとなります。エネルギーの流れが回復されれば、すぐに多くの前向きな変化が分かります。精神的、感情的、身体的な不全や病気が改善、または癒され、エネルギーは増加し、やる気、明快さ、人生のあらゆる側面におけるバランスと健全さが得られ、あなたの真の本質を認識して神性な目的意識で生きられるようになります。

たとえば、メリーは人生の充足感が感じられるような仕事に就いていないと感じていました。やる気がなく一日中文句や否定的なことばかり話しているような人々に囲まれていました。彼女はその仕事を辞め、自分の希望を支え、育て、進化させてくれるようなキャリアに就きたいと思っていました。が、エネルギー・コードを実践するようになって、彼女はいまの仕事のなかにスピリチュアルな修行が見出せ、日中にそれを実践するたびに深い充足感が感じられることに気づきました。いまでは彼女は自分の人生のすべてが自分自身の覚醒に向かっていることを知っています。見方を変えたことで、見るものへの解釈も変わり、考えることやすることも変わったのです。

スピリットはパワーです。自然な最大のフォースで、あなたはそのスピリットなのです。エネルギー・コードはあなたをあなたではないなにかに変えるのではなく、あなたがすでに自分のなかにもつ、未開の偉大さを表現する助けをするだけなのです。

エネルギー・コードはエネルギーに働きかけるので、鍼灸、カイロプラクティックス、クラニオセイクラルセラピー、オステオパシー、レイキ、指圧、ローフィング、リフレクソロジー、筋膜リリース、マッサージといった他のエネルギーに基づくセラピーにとっても素晴らしい恩恵があります。私の患者や、私の生徒である医師、看護師、エネルギー心理学者やそうした方法のプラクティショナーの報告から分かっているのです。けれど、私の目的はただあなたの健康や健全さを改善するだけではありません。あなたの人生で欠けているか故障しているように見えるものを「直す」だけのものでないのは確かです。エネルギー・コードはそれ以上で、量子の転換の引き金を引き、あなたを覚醒モデルの表面に移行させ、意識的で覚醒したエネルギー体として生きさせ、そうした新たな生き方を維持させる役に立つのです。

言い換えれば、本書はマインドを使って私たちについて筋書きのレベルで理解するためのものではありません。あなたの本質である創造の天才のエネルギー体として体現し、生きるための本で、あなたの人生のすべての側面をどう体験し創造するかを大きく変えるものなのです。

あなたのエネルギーの状態はあなたの見方や人生の状態に直接影響しています。自分が生きてきた過程から、そして他人の人生を見ても、それが私には明らかに分かっています。あなたにとってもそれは真実かもしれません。覚醒モデルの表面への量子の転換や魂で満たされた自己として生きることはマインドのみ、理知のみでは起きませんが、異なる現実と新たな世界観にオープンになることはその過程の一部となります。私たちは第一章で良いスタートを切りました。では第二章に進むことにしましょう。

第二章　あなたの人生創造における、あなたの役割

第一章であなたはエネルギーであることを学びました。そのエネルギーがあなたの真の本質です。あなたは本当はエネルギー体なのです。そして、自分がエネルギーであり、**それを知り生きること**で、人生で体験する痛みや至福の量が決定されることも学びました。この章ではそれが本当である理由をご紹介しましょう。どうしたらエネルギー体としてのあなたがあなた自身の人生体験の唯一の創造者になれるのか、そして自分の「筋書き」の心理的な側面、レベルにとらわれずにエネルギーのレベルで人生に対処できるようになれば、真に愛すべき人生が創造できることをみていきます。

防衛的人格から魂で満たされた自己（ソウルフル・セルフ）への量子の転換を実現するには、まず自分が魂で満たされた自己だと**認識する**ことが必要です。そのためには、あなたの人生の筋書きのより奥深くにはエネルギーとしての現実があることを認識しなければなりません。第二章では、より深い現実に対してマインドをオープンにして実際に量子の転換に向かう準備ができるよう、私がこれまでに得た洞察とすべての基礎となる真実をお伝えしましょう。

私たちはふだん気づいている以上に偉大な真実、偉大な存在の一部なのです。これは時の始めから

教えられてきたことで、多くの先住民の文化ではこの真実に基づいて生きていますが、現代の宗教、文化、社会構造では、スピリチュアルなエネルギーの世界とのつながりはなくなっています。けれど、私たちがお互いとも、地球とも、また物質世界ともつながっていることをいまでは量子科学が証明し、この「知」を支えています。いま、私たちの文化やスピリチュアリティの分野がこの科学に追いつこうとしています。それは、すべての存在はエネルギーだという深い知とともに真のエネルギー体として生きることなのです。多くの点で、この認識こそ私たちの多くが探し続けていた「失われたリンク」なのです。幸いなことに、この真実を知った上で生きられる時がきました。

背後にある科学は複雑なのでごく簡単に触れるだけにして、ここでは最も重要な原則をエネルギー・コードに関する五つの真実として集約しました。私がエネルギー体としての自分の真の本質を探し発見する過程で、長年役に立ってくれたものです。これらがあなたが本当のあなたになれる役に立つことも望んでいます。

下記が五つの真実です。

1　すべてがエネルギーです
2　あなたの人生はあなたのエネルギーの反映です
3　あなたがあなたの人生の創造者です
4　あなたの人生はあなた自身が創造したもので、広がり続けています
5　あなたの人生の目的は、あなたの創造性を発見することです

では、これらについて詳細にみていくことにしましょう。

❖真実1　すべてがエネルギーです

宇宙全体をつくっているのは、様々な波長、周波数をもつエネルギーにすぎません。最高の周波数は純粋な光で、肉眼で見えるものも見えないものもあります。音の波動は同じエネルギーの密度が少し増したバージョンです。私たちの思考や感情も異なる周波数の波動にすぎず、身体の形でさえ、圧縮されたエネルギー以外の何物でもありません。私たちが体験する「肯定的」な思考はよりオープンで広がりのあるエネルギーのパターンで、「否定的」な思考のエネルギーのパターンはより高密度です。人生の帰結を管理するためにこうした各パターンをどう使えるかは後で学びます。

私たちの物質的な身体は無限の異なる周波数からできています。呼吸、分泌系、免疫、循環器、消化器という身体の五つの主な循環システムは、エネルギーのスペクトラムのなかではユニークな周波数として存在し、個別の臓器とはまた異なる周波数をもっています。

組織全体のレベルから身体の様々なシステム、そうしたシステムを構成している臓器や腺、臓器の細胞、分子、原子、素粒子まで、生命体のすべてのレベルに固有のエネルギー・フィールドが存在します。ですから、繰り返しになりますが、見えるものから見えないものまで、私たちの世界のすべてが独自の周波数、波長で振動しているのです。

すべてがエネルギーなら、エネルギーではないものはなにもないことになります。**つまり、孤立し**

ているものはなにもないのです。物の間には分離はないのです。私の同僚で生物物理学の研究者であるジェームズ・オシュマン博士が自著の"Energy Medicine：The Scientific Basis"（邦訳『エネルギー医学の原理』産学社、二〇一五年）でリビング・マトリックスと呼ぶ、相互関係の層にすべてが存在するのです。最も現実的で真実であるレベルでは、すべては大きな統合領域のなかでつながっているのです。

　こうしたエネルギーの各層は伝達経路でつながっているので、どの層も他の層が「している」ことを知っているという点が、**最も驚異的**だと私は思います。私たちは一つのエネルギーの統合システムで、本書では表面下にある共通の周波数に接触することを学び、同じ微細エネルギーでできている宇宙全体とつながり、自分もその一部をなしている、という偉大な事実に目覚めます。

　私たちは自分たちの存在や活動は独自で、自分がすることは他のなにものにも誰にも影響しないと考えがちです。が、実際にはすべてがこのマトリックス、ウェブ、言い換えれば統合領域によりつながり、**すべてが他のすべてに影響しています**。私たちの存在の最も根本的なレベルでは、私たちはみな一つなのです。つまり、私たち各人が**すること**が重要で、私たちが自分の人生のある領域ですることは、**すべての**人生の領域に影響し、私たちがすることのすべてが誰にも、なににでもある程度影響するということなのです。私たちのマインドは独自で自立していると信じたくても、私たちがもつリソースにはあなたが想像していた以上に幅広い影響力があるともいえるのです。

　この相互関係は何年も前に科学で証明されています。このテーマを理解する上での私自身の最も画期的な体験は、カリフォルニア大学ロサンゼルス校生理学部のヴァレリー・ハント名誉教授の研究を紹介したビデオを私の父のセミナーで見たことでした。彼の研究はキルリアンとも呼ばれる電子写真法で人のバイオフィールドと呼ばれる体内外のエネルギー・フィールドがその人の思考や行動に反応してパターンや周波数を変えることを示していました。たとえば野菜やフルーツなど生き生きとして完全でヘルシーな食べ物を食べれば、その人のフィールドは大きく活性化しますが、ジャンクフードを食べるとその人のフィールドは検知できないくらいに小さくなってしまいます。被験者の飼い犬が部屋に入ってくると、その人のフィールドは大きくなり、エネルギーは駆け寄って来る犬を追いかけました。また被験者が「オーム」と唱えると、その人のフィールドは十倍になりました。このビデオは、個人のエネルギー・フィールドが特定の振動周波数で流れており、その周波数は私たちの内なる活動（思考、感情、態度その他）と外界の環境との接触により変わることを見せてくれました。私たちを構成し私たちのなかにあふれているエネルギーと呼ばれる存在をさらに詳細に監視し計測できるＥＥＧやＳＱＵＩＤ（超伝導量子干渉計）、その他のテクノロジーや電磁場療法の装置が開発されたことにより、こうした発見やその後の継続的な研究の成果は再確認され、より理解されるようになりました。

エネルギーの影響や交換は双方向に働きます。つまり私たちのエネルギー、私たちの存在は私たち自身にも外界にも影響するのです。ハートマス研究所の友人や同僚たちは、私たちのＤＮＡ（私たちのシステムの一つの要素、振動周波数）は感情（私たちのシステム内の異なる振動周波数）によって変化させられることを研究で証明しました。怒りや激怒、憎しみを感じるとＤＮＡの分子の長さが縮まります。愛、思いやり、喜びでは伸びます。だから、私たちの感情の振動周波数は私たちの身体や健康全般に直接影響するのです。

一九九〇年代にロシアの物理学者、ウラジミール・ポポニンが示した別の例もあります。私たちの

ＤＮＡは存在するだけで周辺の環境に影響を与えているのです。ガラスのチューブから空気を抜き、ランダムに置かれたいくつかのフォトン（私たちの物質世界の物質／エネルギーのなかで最小の粒子）以外なにもない真空状態をつくり、そのなかに人のＤＮＡを置くと、ＤＮＡの分子に反応してフォトンが整列するのです。後にＤＮＡが真空から取り除かれてもフォトンはそのままの位置にとどまります。これは、私たちはここにいるだけで世界に影響していることを示しているのです。人類はこのようにして、大昔からフォトンの配置を通じて「現実」を創造してきたのです。

ですから、エネルギーは常に交換しあうことでお互いに影響し続けています。あるエネルギー・フィールドの波動はそのレベルで波動するすべてに影響します。たとえば、調弦を同じにした二台のギターを部屋の両端に起き、一台のＧの弦を鳴らせば、もう一台のＧも振動します。これと同じことが人体でも起きるのです。また、それは私たちの内なる別の側面である波動でも起こります。エネルギー・コードはあなたがあなたの健康のために各生態系が互いにサポートしながら、様々な側面で集団天才となり共働する方法を学ぶ助けになります。

私たちのバイオフィールドと健康の関係を最初に発見したのはカリフォルニア大学ロサンゼルス校のヴァレリー・ハント博士で、彼女は身体の問題は実はエネルギー・フィールドから始まると確定しました。「いままで人の病気の多くは『病理学的には不明』とされてきました。言い換えれば病気の原因は特定できなかったということで、したがって治療としてできることは症状の緩和だけでした。しかし、生理学的な症状はフィールドの障害により現れるのです。このフィールドの障害を是正すれば、症状は消え、癒えます。症状だけを治療しているならば、問題の源である不整合のエネルギーがまた悪化したときには、病気の状態に戻ってしまいます」

バイオフィールドは実際には身体で起きることを決定するエネルギーのテンプレートなのです。エネルギー・フィールドにおける干渉が怪我に先立つ、または怪我を予測する、というエビデンスもあります。つまり、エネルギー・フィールドが阻害された後に、たとえばその人が足を踏み外して足首を骨折したりするわけです。さらには「事故」は単なる偶然の出来事ではないともいえるのです。こうした科学のすべてが、私が生涯を通じて携えてきた深い「知」に呼応します。その知はあなたも携えてきたものなのです。

これまでの話をまとめれば、すべてはエネルギーとしてつながっているということになります。私たちが選択する思考や感情は自分自身のＤＮＡや細胞の働きに直接影響します。私たちのＤＮＡは私たちを囲む世界に影響します。つまり、私たちは自分が住む現実に影響しているのです。私たちは思考や感情が放つ振動周波数でこの現実を創造しているのです。これは信じがたいことかもしれませんが、あなたが自分の最も深い知に到達できれば、納得がいくことなのです。

✣真実２　あなたの人生はあなたのエネルギーの反映です

人生は自分自身の意識の反映です。言い換えれば、私たちは自分が探しているものをみつけているのです。患者の態度や彼らの症状のパターンに接することで、私はこれを深く理解できました。

いままでは私は表面下で進行している微細なエネルギーの現実をしっかり認知できるので、人々のエネルギー・フィールドが日常活動に応じて異なる振動の仕方をすることが興味深く観察できます。患者のエネルギー・フィールドで私が気づいた乱れが症状と一致するかを私は観察しました。一日十時間で五十人から六十人の患者を診ていたので、意味ある情報を系統的に収集できました。

私たちが思考や感情の異なる波動をもつ知的で敏感なエネルギーであることを、私が見て感じたすべてが肯定していました。たとえば、自分たちが話していた内容に触発されれば、その人のエネルギー・フィールドは生き生きとして明るくなります。誰かが「自分がしなければならないこと」を話していれば、その人のエネルギーは目立たなく小さくなります。また、誰かが神経質になっていたり、本当はそう感じていないことを言っているのも私には分かるようになりました。その人のエネルギー・フィールドが「揺れる」からです。こうしたすべてはボディ・ランゲージや声のトーンや変化から察したのではありません。その人のエネルギー・フィールドで波動がシフトし、色や波のパターンが変わるのが文字通り見えたのです。

こうした経験を積むことで、私はエネルギーの特定のパターンに気づくようになりました。たとえば、自分の状況にとらわれ「被害者」となり、自分の人生や人間関係は変えられないという見方をしている人のエネルギー・フィールドは薄っぺらで、身体の表面から約六十センチほどで消えています。これは、本当に自信をもち自分のパワーで率先して行動する決意をした人が厚く生き生きとしたエネルギー・フィールドを周囲一メートル以上に広げているのとまさに対照的です。あまり頻繁には見かけませんが、三つ目のパターンは、幸せで喜びに満ちハートがオープンで触発されているように見える人のエネルギー・フィールドで、巨大でパワフルに旋回しているエネルギー・システムをもっています。そうした人たちのエネルギー・フィールドは身体のコアを中心として、ときには部屋の天井を超えるほどの高さまで広がり、周囲の人のフィールドと重なっています。身体としてのその人を通り越してその人の真の真髄が見え、彼らが自分の人生に対してもっている見方も実際に見えるようでした。

この三つの一般的なパターンを繰り返し観察することで、私はエネルギーのパターンのスペクトラムとそれに呼応する人生への考え方に気づきました。それで「覚醒モデル」を発見したのです。その人のエネルギーが拡散し、フィールドの表面にあっても、またはそれとは対照的にエネルギーが統合され、流れ、コアを中心としていても、その人が見本の裏面、または表面で生きているかの直接的な反映なのです（そして後に、その**決定要素**であることも認識しました）。言い換えれば、より統合されたエネルギー・フィールドがその人のコアにあるほど、その人は自分の真の本質とパワーに目覚めているのです。

これは防衛的人格から魂で満たされた自己へのシフトに必要なものを私が理解する上で、とても心弾む転機となりました。拡散から統合に**意識的**にエネルギーのパターンをシフトさせられれば、魂で満たされた自己としての自分を体験するための回路を**意識的**に構築できるのです。

分散したエネルギーはスムーズには、またはパワフルには流れていないエネルギーです。流れの早い小川に石をたくさん投げたとしたら、水はあらゆる方向に「飛び散り」ます。主流の外に水溜りさえ残すかもしれません。この拡散は水の全体的な勢いを弱めます。障害物のまわりの流れは滞り、素早く流れる代わりに小川にダムのような状況をつくります。邪魔になる石はあなたのエネルギー・フィールドの「停滞」、「密度」、「阻害物」や「障害物」のようなものです。こうしたものが低下し停滞気味なエネルギーの流れの副産物として「干渉」することで、私たちは身体や生活に、健康やバイタリティを保つための十分なエネルギーの流れを維持できなくなります。これは阻害された流れのあたりの回路が不足している例でもあります。

そうした状態を好転させるための味方になってくれるのが自然です。私たちのエネルギーは水よりは水銀や液体の金属に近い流体です。化学の教室の実験で水銀を試験管からこぼしたと想像してみましょう。水銀はあらゆる方向に飛び散り、小さな玉になります。けれど、その水銀の玉を寄せ集めれば、すぐに一つの大きな水銀として溜まります。水銀のように私たちのエネルギーは自分の分身を再びみつけたがっており、「自分を統合しよう」という私たちの試みにすぐに協力してくれるのです。

次に水銀が集められ濃い液体として勢い良く流れている様子を想像してください。私たちのエネルギー・システムも同様に流れるようにできていますが、正しい方向に導かれないと水銀の雫が元に戻れないように、私たちのエネルギーも従うべき外形、道筋を必要としています。あなたのエネルギー・フィールドが一つの統合された流れに戻るように感じ、指揮するための道筋、回路の創造をあなたはこれから学びます（これについては身体のエネルギー・システムを旅する第三章で詳しくお伝えします）。

私たちのエネルギーの「飛散」や分散は私たちがトラウマ、恐れ、評価や拒絶を体験したときに起こります。私たちは出来事やなにかの結果、その他の人生に関する物事が気に入らないと意識するか、または潜在意識で拒絶されたと感じます。自分で理解できる以上のこと、圧倒されるなにかが起きたり、極めて慌てたり恐れるような事態に晒されたときや、人生の流れを受け入れ処理し流れさせ続けることができないときには、私たちのエネルギーはいつも飛散します。突然石だらけになった小川のように、私たちはそれまでの過程を継続できなくなるのです。私たちのマインドはストップし、エネルギーは流れなくなります。通常は思考や感情の形をとるこうした抵抗や拒絶反応は私たちのシステムのなかでより低い波動のエネルギーの密な状態をつくります。私たちのエネルギーが私たちの人生のテンプレートなので、この密度が高まると、私たちの意識と物質世界に停滞と機能不全を生じさせます。こうした密度はエネルギーの流れのなかで飛散をもたらす「石」のように現れるかもしれませんが（そうみたほうが分かりやすいでしょう）、それは実際には私たちの意識のなかの盲点で、そこでは私たちはまだ魂で満たされた自己に目覚めていません。こうした盲点に注目し、エネルギー・コードのなかのツールを利用することによって私たちは自分自身のそうした分散した部分を全体のフィールドに統合させることができるのです。

次のシンプルなエネルギー人のイラストは私が患者に接しているときに見えるエネルギー・フィールドを示しています。これがこのコンセプトの理解に役立つでしょう。

・エネルギー人

人のシステムはエネルギーの帯域の様々なバリエーションからできています。ここではその層のなかの次の主な五つのレベルをみていきましょう。外側から内側に向かって身体に近づいていきます。

1　スピリチュアル体　　私たちの基本的な本質、純粋なエネルギーです
2　メンタル体　　私たちの思考や信条などでできています
3　感情体　私たちが察し、感じる周波数です
4　エーテル体のテンプレート　　ここにチャクラが存在します

5　身体　地球上での私たちの乗り物です

ヨガの哲学では、これらの層はタイッティリーヤ・ウパニシャッドで描かれているコーシャ、「殻」に（逆の順番で）呼応しています。こうしたエネルギーに働きかけはじめた当時の私はこの伝統的な構造は認識していませんでしたが、うれしいことに、数年後に、古代の教典が私の発見したことや私が開発したワークの正しさを証明していることを知りました。

こうしたエネルギーはだんだん密度を増し（または濃くなり）、その波長は短くなり、各層がその下の層に影響しています。注目すべきは、第一の層であるスピリチュアルで純粋なエネルギー体はその他のすべての下の層とそれらの層を通じて存在しており、システム全体に究極的に影響していることです。高密度の身体でさえスピリチュアル体が圧縮されたバージョンにすぎないのです。したがって、私たちがスピリチュアル体のエネルギーを目覚めさせはじめれば、システム全体が影響を受けます。私たちが読んだり聞いたりする病気の自然消滅や奇跡的な癒しを活性化するわけで、これが私たちの微細エネルギーの構造に直接的に働きかけることを学ぶ目的と焦点なのです。

この図では目的は外側の層、意識的なエネルギーのより高い波動にあります。魂で満たされた自己として私たちの真の真髄が完全に目覚めて私たちの身体に入り、私たちのコアに意識のエネルギー体を創造するのです。これが体現で、私たちはそれが身体となり、魂で満たされた自己として生きられるようになるまで、私たちの真髄、神性をより密な形に凝縮します。メンタルや感情の層でときとして起きるエネルギー的な干渉や閉塞、障害物は出来事に対する拒絶や抵抗や人生の状況を処理する能力不足によるもので、存在の基盤となる純粋なエネルギーがその旅路を終える邪魔をします。この障

エネルギー人

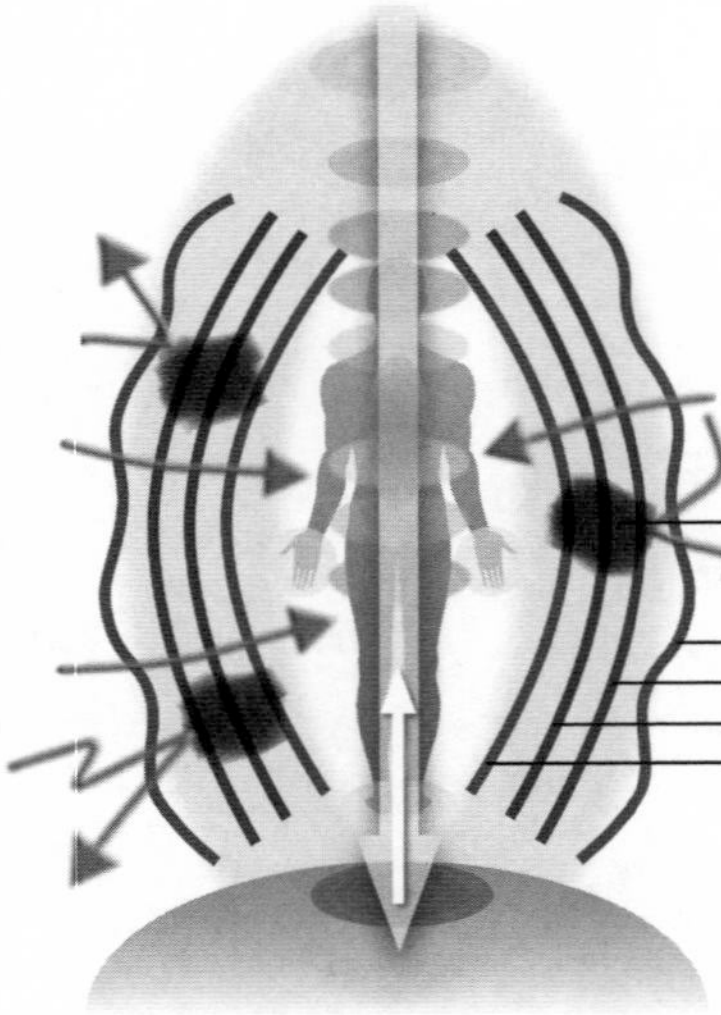

害物（高密度なエネルギーでできた閉塞）は私たちのマインドが私たちの真の本質を認知できないときに起こります。

閉塞は魂で満たされた自己として目覚めていない私たちの部分で起きます。この「飛散性」が防衛的人格なのです。私たちのエネルギーがより分散するほど、私たちのシステムは高密度になり、自分の感覚や自己、全体性を外界に探しがちになります。それでは恐れやストレスを生むだけです。一方、私たちのシステムのなかでエネルギーがより統合され一体化されるほど、たとえば、人生で起きていることをただ受け入れるようになれば、あなたは外部の状況にかかわらず、自分の完全性を生来のものとして体験でき、安らぎ、調和と恩寵を感じながら生きられるのです。

・インドでの驚き

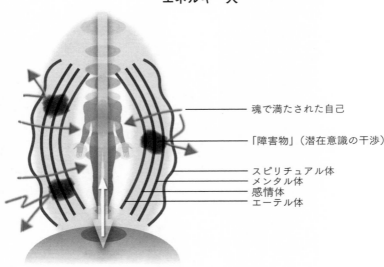

インドへの初めての旅で、私はこの真実を意外な形で見せられました。最初の覚醒を体験した直後に、私は個人的なガイドと一緒に体験した多次元の体験を、見つけたばかりだった瞑想会の先生に話しました。その別世界では、色が私たちの世界とは異なるように見え、自分の身体の「内側」の組織が見え、脳は輝いて見えるようになりました。そして物の周囲が表面から躍り上がっているかのように、ほぼ透視できるほど外界への視力が深くなる体験をしたことを私は先生に説明しました。また、意識がかなり高くなった状態で見えるレンズを通した現実の景色も体験しました。私は後にブルー・パールとして知られている現象だと学びました。そんな話をしていたので、私は、グルのサティヤ・サイババの家やアシュラムもあるインドの小さな街、プッタパルティにある彼女の家を少人数のグループの一員として訪ねるようその会のリーダーから誘われたのです。私は喜んで受け入れました。世界の反対側への冒険でなにか大きなことが待っているのが私には分かっていました。

その旅に出る際に、私は私がもつ癒しの知識で出会った人の役に立つことができ、同時に私に向けて開かれた新たな領域から学べることをすべて学びたいと思っていました。けれど、極めて驚いたことには、私の方で助けるつもりだった人々は、私がまだ完全にはもっていないなにかを有していました。プッタパルティの村人のほとんどは物質的な価値があるものはなにももっていませんでした。そして、彼らはなにも欲しがってもいないようでした。けれど誰もが深く開かれた魂をもっていたのです。

小さな店で働く人々や、誰かを訪ねたり食べ物や生活必需品を買いに行く途中で見かけた道を歩く人々は、それは美しく暖かく存在感のある真髄の輝きを見せていました。それを目撃するのはとても上質な体験でした。彼らの真っすぐで揺るぎない目と目をあわせることによる心と心のつながりは米国では何日も何週間も出会えないものでしたが、そこではそこらじゅうで見つかりました。彼らは最も重要なことにつながっていました。真の自己で生きるということです。そのため、そうでないように感じる理由が彼らにあったとしても、彼らのエネルギー・フィールドは障害物で滞ったりはしないのです。彼らはスピリチュアルな存在として生きながら、自然とまだ共鳴しあっていました。外界では基本的な物質を欠いていたとしても、彼らは安らかでした。彼らの存在が偉大な恵みであることを私は認識し、有頂天で体験したその波動を自分の覚醒モデルとしました。やり方さえ覚えていれば、私たち誰もが体験できる波動です。

　魂で満たされた自己には、エネルギー的な障害物や停滞はありません。私たちの真の状態では自分が完璧で完全で完成していることを私たちのマインドも充分に認識しています。そして私たちのエネルギーが魂で満たされた自己のパターンにあるときには、メンタル、感情、身体のレベルで完全性を体験し続けられるのです。

「問題」が生じたり人生が停滞したと感じるときには、いつもその層に干渉や障害物があります。たとえば障害物がメンタルまたは感情の層にあれば、自分が見本の裏面にいるかのように、動機や出来事を解釈します。自分が「正しい」と感じたことで口論になり、相手と親密な関係が保てなくなったりします。世界がなぜそんなに不親切で鈍感なのかに困惑し、傷ついたり失望したり幻滅して焦燥感を感じたりします。痛みを感じるのです。一つの層への干渉はその下のすべての層にも影響するので、メンタルや感情のレベルの障害物は身体的な怪我、障害、病気などとして身体の層の問題にもつながります。ハント博士が研究で指摘したのもこのことで、マインドと身体のつながりの現実を確認しています。

どこに「問題」があるにしろ、どこで私たちのエネルギーが分散しているかを認識することが癒しへの鍵となります。第二部では得られる限りの絶対的な健全さをあなたが体験できるように、問題を発見し分散したエネルギーを統合するためのツールを提供します。

けれど、まずここでは、あなたのエネルギーが分散すればするほど、人生体験は困窮し、困惑し、痛みが大きくなるという考え方をしっかり認識してほしいのです。逆にあなたのエネルギーがより統合され一体化するほど、人生の手綱は取りやすくなり、人生を安らかに楽しめるようになります。そして、分散したエネルギーをコアに近づければ近づけるほど、自分としてのパワーも大きくなるのです。

まず知っていただきたいのは、自分のシステム内で分散したエネルギーを統合し癒す能力が間違いなくあなた自身にあることです。これには次の真実が関係しています。

❖真実3　あなたがあなたの人生の創造者です

私はある日、私の診察室で患者のカレンと施術前に話していました。彼女は自動車事故にあったばかりで首と肩に激痛があると言いました。彼女はもともとストレスを溜めるタイプで、彼女自身の言葉によれば、「これで限界を超えた」のです。彼女が話すにつれて、彼女のエネルギーが身体を離れて分散し、どこにもつながっていないようにみえました。トラックが衝突してくるのを見たときにどれだけ怖かったか、彼女は泣きながら語りました。私はそっと彼女の肩に手を置きました。すると彼女のエネルギー・フィールドは少し落ち着きはじめました。それを見て、私は問診をやめて治療台の上に横たわるよう彼女に指示しました。

どこで彼女のエネルギーが流れていないか、どこで分散しているか、停滞しているかを見て、私は彼女の心臓と胃の上に手を置きました。するとエネルギーがシフトしはじめました。彼女が私の手に意識を向けると、その部分のエネルギーが強まりました。よりおだやかな気分になったと彼女は言い、私も彼女のシステムが落ち着くのを感じました。私が手を離し、再び事故について尋ねると、彼女のエネルギーはたちまち飛散のパターンになりました。そこで私は彼女に、私が彼女の心臓と胃の上に手を置いたときの感じを思い出し、再現するように言いました。そうすることにより、彼女は自分でエネルギーを自分のコアに引き戻せました。

自分の体内のエネルギーの流れに仕え、管理し、より統合する能力は誰もがもっています。そのやり方をエネルギー・コードがお教えします。私たちは食べ物や考え、他人への態度、人間関係などにより無意識のうちに自分のエネルギーを分散してしまう能力ももっています。自分のすることをすべてエネルギー的に「創造」するのは私たち自身ですが、それでも私たちの体験は私たちのエネルギーに影響を与えます。私たちが自分の現実を創造しているのです。人生の創造者は自分自身なのです。これは最も重要な考え方の一つで、これを受け入れれば、素晴らしい解放感とパワーが得られます。

次に私たちのエネルギー・システムのシンプルな一つの側面についてお話ししましょう。量子の世界で最小の粒子と考えられているフォトンについてですが、フォトンは実際、小さすぎて実体をもたないと考えられています。エネルギーと物質のパワフルな敷居だとも考えられています。それは文字通りエネルギーだと考えられていますが、量子エネルギーの粒子としても計測できます。物質としての実体があるかテストすると、そのような結果が出ます。エネルギーかどうかテストすると、そのような振る舞いをします。私たちの予測、思考、顕在意識と潜在意識の両方に反応するのです。

・フォトンの密度と量子のコア

エネルギーのパターンについて語るときには、私たちは実際には人間として私たちがもつシステム、つまりバイオフィールド内のフォトンの配置について語っています。私たちには自分のエネルギーに仕えたり管理する能力がある、という意味は、私たちのフィールド内の配置を変えるようにフォトンやフォトンが影響を与える電子を動かす能力が私たちにはあるということです。私たちの身体は自分のフォトンと電子のパターンの反映になるのです。

そのやり方の一つがマインドの注意力を使うことです。フォーカスが現実を創造するのだと聞いたことがあるかもしれません。その仕組みは次のようなものです。私たちがなにかにフォーカスするとフォトンの密度が高まるのです。言い換えれば、私たちが自分のマインドでなにかに注意する、または気づけば、私たちの注意がエネルギーのレベルでフォトンを配置し直すのです。これにより私たちの意図はより「リアル」になります。つまりそのフォーカスされた考えに従ってフォトンやその他の亜原子の粒子が配置された結果が、物質世界の存在となるのです。したがって、どこに私たちが注意するかによって、どこにエネルギーを集めまとめるかが決定されます。言い換えれば、私たちは自己感覚やフィードバックのために外界に依存するようになるのです。私たちが深いコアのスペースをもっと育成すれば、自分がずっとより安全で健全だと察し、感じられます。

ちなみにこれはあなたの思考、感情、言葉、行動が人生に同様のエネルギーを引き寄せる、とする形而上学の原則、「引き寄せの法則」をもたらす現象です。こうしたことを実現させる上で見逃されがちなのは、私たちの意識がフォーカスする（考えていることに気づいている、または注意を向けている）ことだけではなく、潜在意識のなかで起きていること（定義通り、私たちが認識していないこと）によってもフォトンと電子が配置され、それが私たちの創造の成果になるということです。これについては後でもう少し詳しく説明します。

いまのところは次のように考えておきましょう。私たちが自分の完全性、真の本質や健全性を感じていなければ、私たちのフォーカスはその起点と保護を外に求めます。外にあるものを認知する能力は構築しますが、分散しています。自分の完全性、真の本質や健全性を得るには自分のコアに注意を向け、よりフォーカスし、より高密度な量子のパターンをコアに引き寄せなければなりません。そのように自分のエネルギーを集中させれば、感覚神経系は私たちの深いコアの叡智がある場所に自分の真の存在があることに気づきます。そうすれば、私たちは自分が完全だと再び感じられるのです。

先に紹介した私の患者のカレンの話はその好例です。彼女が事故の記憶にフォーカスし、自分が感じた恐れを蘇らせると、彼女のエネルギーは散りはじめ、彼女のフィールドの端の方に分散したのです。私が彼女の身体の上に手を置きそこにフォーカスするように指示すると、彼女の身体のコアでフォトンの密度が増したかのようでした。自分のエネルギーが「うちへ帰ってくる」のを感覚神経系で認知できたので、彼女はおだやかになれました。いったんどこに注意を向けるかを知ったら、彼女は自分だけでそれができました。

これによっても防衛的人格と魂で満たされた自己のエネルギーのパターンの主な違いが分かります。

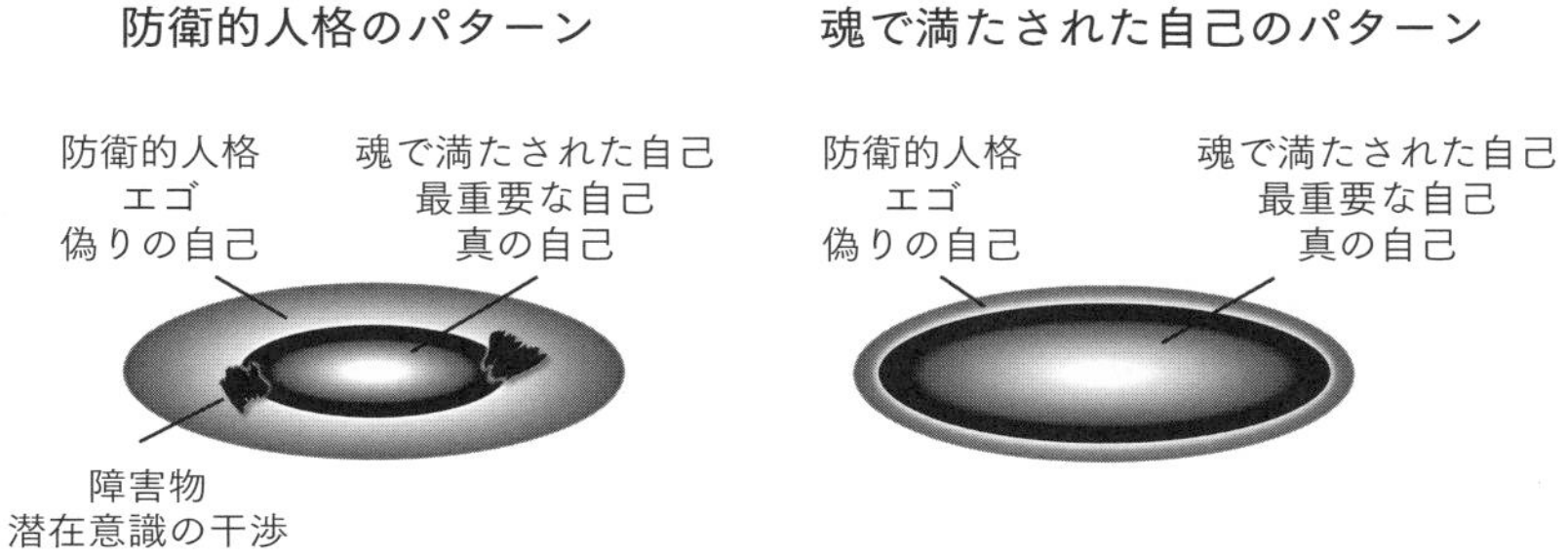

防衛的人格は「不足」に基づいているので自分の全体性を感じたり知ることができず、自分が完成しているとも安全だとも感じません。この視点にあるマインドは恐れに満ち、常に外界の不足や恐れを警戒しています。そのマインドの焦点は外向きなので、エネルギーは外向きに分散し、自分のコアから離れてしまいます。魂で満たされた自己で生きれば、私たちのエネルギーは内向きにフォーカスしコアに集中でき、そこでは私たちは自分自身がエネルギー体で、完全で完成しているとみています。

私たちの**人生**で魂で満たされた自己の気づきを増やすには、自分の**身体とバイオフィールド**においてその気づきを増加させなければなりません。だから、自分のコアにマインドの注意を向けることにより、魂で満たされた自己のフォトンの密度を増加させる必要があるのです。焦点を向ける先を外側から内側に変え、つまり、他人がどう自分を見ているかを**感じる**ために自分の外側を見るのではなく、自分の内側を見て自分が本当は誰なのかを察し、感じる必要があるのです。それができて初めて私たちは本当の自分に目覚め、本当の自分になれるのです。

上のシンプルな図を見れば分かりやすいでしょう。人のバイオフィールドの断面で、外の層には様々な異なる量のエネルギー的障害物があり、内側のコアは私たちの真の真髄です。私たちが外側にフォーカスするほど、私たちは自分の真髄のエネルギーを自分の存在の表面に向けて動かすことになり、障害物が溜まり密度が高まるにつれて、外側の層は厚くなります。私たちの外側の層が厚くなるほど、魂で満たされた自己の居場所である私たちのコアは小さくなります。ですから、私たちには二重の目標があり、それらは外層の障害物を解消し密度を低めることと、私たちのコアのエネルギーを強めて層を厚くすることです。

防衛的人格がもたらす恐れに満ちた状態から、魂で満たされた自己の恩寵に満ち痛みのない人生に移行する覚醒を進めるにはこうした見方もあるのです。より私たちが分散し、より多くの障害物をもつほど、私たちの自分の真の本質が分からなくなり、それが自己だとは認めにくくなり、人生の苦闘は増えます。エネルギー的に私たちの真の本質の存在が大きいほどエネルギーの分散は少なく、障害や痛みの症状は少なくなります。

エネルギー・コードを使えば自分の存在のコアの密度を増加させ、確実性と本物らしさの感覚をもっと生み出し、防衛的人格によって分散したエネルギーを統合させられます。このようにバイオフィールドを変えることで、私たちは自分の見方、生理、人生の実体験を変えられるのです。

私たちの誰もが、魂で満たされた自己としての真の本質にもっと目覚めていく過程にあります。私たちはエネルギー的には常にもっと統合し一体化するか、もっと分散し続けているかのいずれかなのです。人生がこの考え方とは矛盾することもあることを私は知っています！　けれど、これは事実だと保証します。それを真実4と5で説明していきましょう。

✣真実4　あなたの人生はあなた自身が創造したもので、広がり続けています

物理的な宇宙が成長している証拠があります。あなたの人生はあなたの意識と同様にその宇宙の創造の一部で、共に成長し続けています。それは私たちが常に進化しているからだ、と解釈する科学者もいて、私も同感です。私たちは常に目覚めているのです。つまり、あなたの人生の出来事はすべて、その成長の役に立っています。ですから、あなたの人生の出来事はすべてあなたの味方であり、よいことなのです。いつもそうは感じられないことも私は知っていますが、第二部の練習を実践すれば、それが事実であることが察せられるでしょう。

私たちは自分に起きる多くのことを決して意識的に選びはせず、その意味を理解するのに苦闘します。けれど、「苦闘」と私たちが言うときには、それは私たちの内側にある停滞の場所、私たちにとって必須の生命エネルギーが分散し、継続して流れるために必要な勢いを欠いてしまった場所を意味しています。エネルギー・コードは、人生で起きたことに関して苦闘したり、それを拒絶する（それにより、エネルギーを停滞させたままになる）ことを私たちのマインドがやめる助けになります。それは起きたことへの解釈を一新することでもあります。私はこの新たな解釈をバス停の会話と呼んでいます。

・自分の偉大さを発見したエリー

私の生徒のエリーは賢く強く愛すべき四十歳の女性で、過去には影響されずに生きられると考えていましたが、私が会ったときの彼女はひどい偏頭痛とその他の健康上の心配を抱えていました。彼女は子供の頃に吐き気、便秘や下痢といった胃腸障害で入院したことがあり、そうした問題は大人になってからも続いていました。体重も増え、彼女は恋愛関係で親密になったり自分をさらけ出したりするのは難しいと感じていました。

二十代、三十代の頃のエリーは「普通の生活」をするために必要なことはすべてしていると感じていました。仕事ではがんばり屋で、自分自身について惨めに感じないために常に成功を追いかけていました。ただつながりを感じたいために男性に誘いかけるような態度をとり、セックスに関して妥協的な状況によく陥っていました。愛と人生への帰属感を生むのになぜそんなに努力しているのかを尋ねると、四歳の頃から父親に性的な悪戯をされるようになったと語りだしました。彼女の小児科医は彼女の怪我は自転車の乗り方が乱暴だったせいだとしました。こうした体験の結果、彼女は真実とそうでないことの違いを知らずに育ちました。彼女の内なる防衛的人格は、長年にわたって蓄積された罪と恥の意識を隠すのに慣れていました。彼女自身の言葉で「蛇の下の土よりも低級な人間」のように感じた自画像を秘密として守ってきたのです。

彼女は二十歳のとき、未婚のまま、付き合っていた若い男により妊娠させられました。彼女は自分の子供を彼女の父親から守るには、甥や姪も守らなければいけないと考え、父親に何度も悪戯されたという真実を家族に言う必要があると感じました。しかし、恐れた通り、彼女の家族は彼女の告白が真実だとは信じなかったどころか、父親に対してそんな不穏な糾弾をした彼女を施設に送り込むと脅したのです。

エリーは妊娠中、完全に孤独を感じながら両親と暮らしました。自分の父親から守るために彼女は自分の子供を養子に出すことを選びました。彼女はセラピーを受けはじめ、大丈夫になるように努力しました。結局はエリーの姪がエリーの父親に悪戯され、それを学校のカウンセラーに語ったことからエリーの父親は児童養護局に訴えられ、刑務所行きになりました。けれどエリーは自分の過去と現在の内なる葛藤に痛みを感じ続けていました。彼女は四十歳の女性が身体的にも苦しみ、感情も抑圧し、不健康な恋愛関係の連続にも耐え、防衛的人格で生きるとどうなるかの完璧な例となったのです。彼女は自分の人生に新たな見方を必要としていました。

あるとき、私が教えていたクラスで、一人の男性がこう尋ねました。「とてもたくさんのトラウマや放置を目撃しながら、すべてが『よい』などとどうしたら言えるのですか？」その瞬間に私の口から出た説明は瞑想のなかで得た一連の印象の反映でした。それはバス停での会話でした。その見方がエリーを助け、私の他の生徒たちも助けました。それは次のようなことです。

エネルギーは創造することも破壊することもできないので、私たち自身は純粋なエネルギーとして**いつも存在し、存在し続ける**ことを私たちはすでに知っています。いま私たちは物質世界の地球の次元で身体をもって存在していますが、身体性が私たちの全体像ではありません。私たちのエネルギー、スピリットが本当の私たちの姿です。この宇宙的な見地から自分たちを見たときには次の疑問が浮かびます。**この身体でこの星にいる私たちの存在が単なる偶然の出来事ではなく、魂で満たされた自己として存在するというより大きな現実を体験するための意図的な手段だとしたら、どうでしょう？**

もしそうであるなら、いままでの自分の人生体験をどう説明しますか？　そこでバス停の会話が登場するのです。

・バス停の会話

あなたは宇宙のバス停にいると想像してみてください。あなたや他の人々がこの物質世界の旅の間に小休止する場所です。次のバスを待っている間にあなたは他の魂と地球での人生の計画や課題などについておしゃべりできます。あなたがなにを学び、どう成長し、エネルギー体として、自分の人生の創造者としての神なる本質をもつ真の自分自身を明らかにしていくための方法としてなにを体験したいのかをあなたは語ります。

「自分にある叡智について学びたい」と他の魂が言います。

「私は勇気を学ぶつもり」と他の魂が宣言します。

「無条件に愛することを学ぶ」と三人目の魂が言います。

「あなたはなにをしに行くの？」と誰かがあなたに聞きます。

「そうね」とあなたは言うかもしれません。

「自分自身を目覚めさせる体験をたくさんするために。そして自分には赦せる能力があることを学ぶ。そう。赦しのレベル十の体験を選ぶ。レベル三や四ではなく。今回は本当にそのために行く！」

「レベル十の赦し？　凄い！　でも、どうやって実行するの？」と他の魂が聞きます。

「そうね、はっきりは分からないけど、たぶん、誰かがなにか、私に対してとても赦しがたいことをする必要がある」

あなたの仲間の一人が、当たり前の質問をします。「それにはどうすればよいの？」

あなたは思いついた筋書きを話します。

「そうね、たとえば、誰かがハッピーアワーに飲みすぎて車を運転し、中央分離帯を超えて私の車に衝突するとか。それで私の家族の生命を奪うか、私を身体障害者にする。それは避けられたはずのことだから、全くもって無責任でしょう。それを赦せない自分のせいもあって私は長年、傷つき怒り苦しんだ末に、自分のハートの内側に届き、他の状況では知り得なかった自分自身のより深い層を発見する。そして相手を赦す」

バス停では他の人々に自分が地球の人生からの望みを成し遂げるために助けを頼めることを思い出し、あなたは一瞬、そこで言葉をとめます。

「私のために、誰かその運転手になってくれる？」とあなたは聞きます。誰も手を挙げません。

「いいじゃない？」とあなたは頼みます。「こうして自分を進化させられるチャンスをそれは長い間私は待っていたのよ。私がもつすべてをさらしてお願いするわ。誰かこのチャンスを私にくれない？」

結局、誰かが名乗りあげます。「私がやってあげる。あなたにどれだけ役立つか分かるから。それに、私自身の自分を赦す使命にも役立つし」

「素晴らしい！　どうもありがとう。あなたがやってくれるなんて、とてもうれしい。じゃあ、地球で会いましょう！」そしてあなたは自分に託した大仕事の準備を整え、地球に生まれてくるのです。

このバス停の会話はもちろん、自分は孤立した存在だという錯覚を解くためにあなた自身のエネルギーが働いている、ということを分かっていただくためのたとえ話です。私たちが人生の自然な流れを邪魔しがちな自分の性向を癒すためには、置かれた状況を狭い個人の視点からではなく、つながりを再び許すためのプロジェクトとしてみる必要があります。より大きな視野で人生を見れば、自分自身が望んだ成長と、自分の深部にある美、強さ、親切心、勇気、愛といったもの、言い換えればあなたの偉大さの様々な側面を発見するためにまさに必要なことを自分で創造していることが分かり、とても驚きます。

こうみれば、あなたの人生をより元気づけられる方法で理解できることがお分かりでしょうか？　自分自身の体験が、いかにして覚醒モデルの裏面の被害者意識を取り除いてくれるのかが分かりますか？　私はここで少し劇的な例を出しましたが、それはそのようにして世界中で私のクラスの数万人の生徒たちが自己変革できたからです。エネルギー的にみれば、癒しに向けたバス停の会話にあなた自身のハートをオープンにするスペースがもてるのです。

私たちは自分の人生を新たな方法で見はじめられるのです。「分かったわ。私はただ悪い状況で最善を尽くしているのではなく、実際になにかに目覚めるためにその状況を自分で創出したのだとしたら？　本当の私についてもっと分かるなにかを？　以前は気づいていなかった美しくパワフルで偉大な自分の部分を探索できるように、なんらかのより高次のレベルでこの体験を**リクエスト**したのだとしたら？」

こうした洞察ができればうれしい驚きで、元気も得られます。ここで一息ついてから、啓発に満ちた真実5を探索しましょう。

❖真実5　あなたの人生の目的は、あなたの創造性を発見することです

自分が創造者だと知り、魂で満たされた自己としての真実の本質に踏み込んだからといって、出来事があなたにとって困難でなくなるとか、痛ましい感情はもう決して経験しなくなるということではありません。しかし、人生の見方を変えて、出来事が自分の役に立ってくれていることを認識すれば、自分が感じてきた痛みにさらに不必要な苦しみを加える必要はないことが発見できます。起きたことを否定的にみたり、それにより自分や他人や世界が制限されてしまった、と自己中心的に考えずにすむようになります。自分の人生はいいものだと分かり、自分こそが計画通りに完璧に人生を進めさせるパワフルな創造者だとみれば、そうではない見地から行動して、迷いや停滞の原因となる密な状態や障害物はつくりださなくなります。ただバス停の会話を信じるだけで、痛ましい体験も喜ばしい体験も最も力づけられる見方にでき、最も前向きな方法で前に進めるよう解放されます。

こうした新たな解釈によるシフトを実現した好例がエリーです。自分の人生の状況や課題が自分自身の真の声をみつけるために直面したもので、魂で満たされた自己に進化するための完璧な助けになってくれたことを知り、エリーは体験した出来事の展開に感謝するようになりました。そして、同時に自分が存在することの偉大さも見出しはじめました。彼女は彼女自身が自分のすべての人生体験の創造者だと知ったことで、以前には痛みにつきまとわれたようなことに関しても、覚醒モデルの表面

に自分を置けるようになりました。私たちが「赦し」と考えている、自分を傷つけたようにみえる他人への怒りや敵意を手放すことも、スムーズに自然にできるようになりました。自分の人生の出来事が果たす意味を知ったことで、意識的に解釈を変える過程は不要になったのです。

このひらめきの後、エリーは過去の体験が残したすべての問題を解消し、より魂で満たされた自己として生きるために、エネルギー・コード（第二部で紹介します）をより積極的に実践するようになりました。その結果、彼女は人生のあらゆる面で癒しを体験しました。頭痛と消化器の問題はなくなり、約二十三キロも痩せ、まだ痩せ続けており、いまでは自分の家族や他の人たちとの間で愛に満ちた信頼関係を楽しんでいます。

私自身が子供の頃に何年にもわたって家族に性的虐待を受けたので、どうエリーをエネルギー・コードに導けばよいか正確に分かっていました。こうした幼い頃の体験から私は信頼、愛、外界とのつながりについて困惑していました。誰かに言ったら私にとってとても悪い結果になるとその犯人から脅されたので、私は数十年にわたって自分の人生の多くについて真実を語る能力を奪われていました。後に私はエネルギー・コードの原則によってその体験を恵みに変え、人々に教えることができたのです。こうしたこともあって、私はエネルギー・コードが本当に役立つと確信しているのです。実際、私は家族が犯した恐ろしい行動に感謝しています。それにより私には赦すことができる能力があり、私には善を見出すことへの深い関心があることが明らかになったからです。以前の人生や環境で私に与えられた試練を超越する答えを求める推進力にもなったという点で、私の人生の大きな側面として役に立ちました。そのために私は探索に乗り出したのですから、究極的にはコードの開発、本著の執筆に貢献してくれたことにもなります。

覚醒モデルの表面、つまり統合されたいまの私の立ち位置から全人生を振り返ってみれば、その後は異なる見方で自分の人生を生きてきたことが分かります。自分が置かれた状況の被害者になりきっていた瞬間から、完全に解放され力づけられた存在に私は移行しました。この新たな場所では、私は外界から押し寄せる波にはコントロールはされていません。いまではすべての人生体験は私を通じて起きたこと、究極的には私から起きたもので、私のために起きたことが分かっているからです。小さく孤立した私が、創造者としてのより偉大な自分自身を発見できるように、道に迷わないためのパンくずを落としながら歩くように、自分でそこに置いた出来事だったことが私には明らかになったのです。

バス停の会話を理解したことで、私は父の遺書に関して父を許すことができました。愛を込めてそのことから先に進め、それによってさらに彼の仕事に貢献できました。最初はとても痛ましく感じましたが、その体験のすべてが自分自身の能力と個人としてのパワーについて学ぶ最大のチャンスとなりました。自分の最も偉大なバージョンを察し、生きることに外部からの確認はいらないことを発見したのです。外側でなにが起きようと、私の内には魂で満たされた自己がどの層にもパワフルに存在しています。私は父を深く愛しましたし、愛し続け、私を遺産相続から除外した彼の行動も私自身の価値、パワーと創造性を揺るがすことはできませんでした。このことを知り、真に生きることには、深遠で超越的な意味があります。

自分にとっての加害者は、実は自分の人生の創造者である自分が、自分自身の究極の解放と成長に向けた補佐役として次の人生で自分と関わってくれるようバス停で自分が依頼した相手なのだと理解してその行為を赦すことができれば、私たちは覚醒モデルの表面から人生をみることができます。かといって、多大なる痛みやトラウマに関して自分を責めろ、ということではありませんが、それは私たちの真の偉大さを示してくれているということなのです。あなたが探していた支援が得られなかったのなら、その必要がなかったからなのでしょう。あなたが欲しかった物やそれがあれば人生が楽になっていた物が得られなかったのなら、それらはあなたが自身で創造できるほどあなたがパワフルだということなのでしょう。また、信じがたいほど痛ましいことが起きたら、それはもしかしたら、あなたの偉大さを示すためだったのかもしれません。あなた自身が宇宙であり、あなたより大きなことは起こり得ないのですから。もしかしたら、それに目覚めるためにあなたはここに来たのかもしれません。

少しだけこのことについて考えてみてください。私にとっては人生を恒久的に変えたことなのです。バス停での依頼では詳細は決めていなかったことも認識しておかなければなりません。自分が求めたチャンスがどう現実化するかは分からないのです。レベル十の赦しを求めるというバス停の会話も単なるたとえとして、どう**起こり得る**かを述べただけですし、それが**起こる**とは限りません。私たちは自分の意図通りに成長するために必要なことをここに来るときに常に提供されますが、ほとんどの場合は意識的に選んだようには起こらないのです。私に会いに来たエリーの場合にも、バス停で自分が虐待されることを頼んだり創造したりしたわけではありません。彼女はレベル十の赦しを自分が体験できるチャンスを創造しましたが、彼女の目的は自分や他者を無条件に愛せるパワーを自分の内に発見することでした。

バス停の会話で依頼する内容は、自分の支えになってくれない家族や難しい上司をもつといったこと以上に強烈な場合もあります。どうして、私たちのなかには多大なる損失や虐待や病気などで辛い体験をする人がいるのでしょうか？　それは、**大きな存在は本当に大きなプロジェクトに乗り出し、**

すぐに取り掛かりたいと考えるからです。大きな存在はバス停で次の自分の人生では大きな出来事が起きるように依頼します。人生の小さな出来事では古い魂の「大きさ」に見合わないからです。むしろ、すでに地球での体験をかなり積んできた自分を存在の基盤から揺るがすような、大きな揺れを起こすなにかに、真の挑戦をしたいのです。大きな存在より小さな課題ならためらいなく対処できるので、自分の偉大さをフルに発見できるような深い穴に落ちることができるように、エリーのような「筋書き」を依頼するのです。

・筋書きよりもエネルギーのレベルで働く

物質世界における人生体験のスピリチュアル、エネルギーの次元を理解するまでは、私たちは表面下に潜む私たちの宇宙的な課題には気づかず、ただ人生の外側、表面で起きるドラマを信じて、その筋書き通りに人生を生きています。この筋書きを私はバンパー・カーのような生き方と呼びます。人生は常に成長し、私たちの覚醒に仕えてくれていますが、私たちは自分発見の手段として、心理的な痛みや困難から教訓を得るという轍を通して成長します。自分が誰かを発見するために、自分自身にとって真実ではないことの体験に多くの時間を費やしているのです。遊園地のバンパー・カーのように、私たちはなにかにぶつかると後退して方向を変え、他のなにかにぶつかります。排除の過程からなにが真実かを理解するのです。

しかし、いったんバス停の会話を本当に理解したら、私たちは驚異的で新しい方法で人生に対処する勇気が得られます。自分が人生の創造者で意識的にその役を演じているのだと認識することで、車の後部座席に座るか、運転席の上の天井から苦心して運転しようとする代わりに、パワーと権限をもつ新たなポジションに移れるのです。そうなれば、何カ月も何年もの停滞や痛みを経て、筋書きレベルで無意識のうちに物事をうまくいかせようとする代わりに、意識的に全体性に向けて進化しやすくなり、移行にたった数分、数時間、または数日しかかからないエネルギーのレベルに直行できるのです。これから続けてみていきますが、このエネルギーのレベルにこそ、効果的で持続可能な変化を素早くもたらすパワーがあるのです。

あなた自身がバス停の会話に「到達する」体験をしたときに、受容と認識の瞬間があり、そこから真に自分を恐れや認識不足から解放し、意識的に自分の人生の目的を達成する過程が始まります。こうしたトラウマやその他の困難がつくりだす密な状態を解消し、あなたの真の自己について明かされることを探りはじめられるのです。最も素晴らしいことに、あなたは真のイルミネーションが起こる波動の周辺に自分を置くことができるのです。三次元の視点から自分を引き出し、神性な多次元のスペースで自分を測り、体験できるのです。

筋書きのレベルは症状のレベルで、人生で起きていることの実際の原因のレベルは表面下のエネルギーの流れにあることを思い出せば、変化を起こす最も偉大な能力があるのはそのエネルギーのレベルであることがしっかり分かります。筋書きをたどる道の方が常に困難なのです。その理由は？　マインドはいったん筋書きを書いたらそれに執着してしまい、その筋書きを「正しい」か「間違っている」かにするからです。それに別のエネルギーのレベルがつき、解決をさらに困難にします。そうした筋書きがなければ、エネルギーの流れに効率よく持続可能な変化が起こせ、新たでフレッシュな生命力のエネルギーが生み出せます。

もうすぐ、その実践法をお教えしますが、いまはまず、自分の人生には問題はなく、生き残りに向けて反応する要素はないという見方をすることからはじめてください。その代わりにすべての「問題」をプロジェクトとしてみるのです。どんな問題点も癒したり直す必要がある「故障」ではなく、答えをあなたの内側の深いところから解放し、顕在意識に浮上させるべき問いかけなのです。あなたのシステムにあるエネルギーの流れが密なところはすべて、ポケットに隠れているあなたの偉大さの一部です。自分自身の内側、そして世界でよりくつろげるようになるためのあなたの完全性の特別な部分は密な部分にあるのです。究極的にはそうしたポケットが開かれ、あなたの内なる流れが再度つながれば、あなたの最も深いところにある豊かさがあなたの人生の意識に昇り、インスピレーション、高揚、創造力、感嘆、畏敬を伴う最も魔法のような人生を明らかにしてくれます。

あなたの人生を変えるためにエネルギーのレベルで働きかけはじめる前に、自分のエネルギーのシステムについてもう少し知る必要があります。それがどのようにみえ、どんな働きをし、前向きで持続可能な変化を起こすにはどんなツールで働きかける必要があるのか、といったことです。そこで第三章では、バイオエネルギーの基本を素早くみていきましょう。それから第二部でエネルギー・コードのプログラムに入り、理論を超えて魂で満たされた自己としてのあなたの真の真髄を体現しはじめましょう。

第三章　見えないあなた　バイオエネルギーの基本

あなたがエネルギー体としてこの世界に来ることを想像してみましょう。バス停での会話を終えてバスに乗ったところです。そして地球に荒々しく着地したあなたのエネルギーは飛沫のように四方に拡散し、新たな世界を導いてくれる術をすべて失い、本来の自分のかけらになります。「宇宙の記憶喪失」のために、自分が本当は誰なのかが分からなくなります。自分の真の正体が分からないので、あなたは物質世界で出会うものを起点とするしかなく、新たな、または偽りの自己を成長させます。自分がいま経験している人生の辻褄を合わせるために、あなたのマインドは自分が喪失感を感じる理由や誰がそんな気にさせたのか、自分の状況にどんな意味があるのかといった筋書きを書き出します。マインドの信条となるそうした筋書きは、あなたの真の真髄の本質と比べると、限定的です。

すべての人間がこのエネルギーの飛散によるアイデンティティの喪失を体験します。飛散したエネルギーを集め、宇宙の記憶喪失から目覚めて、自分が本当は誰なのかを「思い出す」ことが私たちに共通の運命なのです。

だから私は人生を「覚醒プロジェクト」と呼ぶのです。人生の目的は魂で満たされた自己（ソウルフル・セルフ）が持つより高波動のエネルギーを活性化させ続け、スピリチュアルな自己のすべてを備えた身体に入り、地球上での私たちの全体性を知り体験することなのです。拡散したエネルギーのかけらを自分のシステムに統合することで私たちは新たな回路を構築でき、自分自身をより偉大な体験に向けて成長させられるのです。自分のエネルギーを一体化できれば自分が本当は誰なのかが分かり、自分はなにか間違っているとか故障している、またはなにかが欠けているというように感じる存在論的痛みはなくなります。自分は完全に完全だと感じるのです。

✣あなたのシステムは癒えるようにできている

朗報があります。あなたはすでにその完全性に向かっているのです。あなたのシステムはこの統合に向かうようにできており、自分が拡散しているという状態に気づいて注意を向けられるヒントとして、様々な症状を提供してくれています。あなたのマインドはこうした症状を困難、問題、または人間関係の邪魔になる不健全な態度のパターン、反対することによる責任回避、親密な関係の拒否などと考えるかもしれません。失業を繰り返したり、常に経済的に困窮していたり、身体的な痛みが何度も再発するといったことがあれば、誰もがバランスを欠いていることに気づきます。他の症状として慢性的な、またはしつこい頭痛、腰痛、胃腸障害なども起きます。そうしたすべては、自分で受け入れている以上の人生があなたにとって可能であることのヒントです。

こうした症状はなんらかの形で私たちが問題解決するまで痛みを生み出し続けます。痛みは通常、症状が果たす目的を私たちが知っているときに起きます。私たちがそうしたことを解消できれば、勇気、赦し、慈愛、愛、創造力、受容や喜びといった、私たちの真の本質のより高い波動にアクセスできます。困難な状況を経ることで、私たちはエネルギー体としての真の表現を増大していけるのです。

内なるエネルギーのレベルにも兆しや症状は出ています。たぶんそうとは気づかずに生涯を通じて私たちは経験しているのです。こうしたものは批判、将来の出来事や過去のことや誰かについて考えたときに体感するみぞおちや喉のつかえ、アゴのきつさといった身体的感覚に表れます。自分に用意ができていないことをするように頼まれれば背筋が寒くなる、鳥肌が立つ、脚が震えるといったこともあるでしょう。

こうした身体感覚やエネルギーのレベルで人生に対処することに私たちはあまり馴染みがありませんが、実際にはそれが最も簡単に素早く自分を癒し、全体性を取り戻す道なのです。エネルギーのレベルでは移行が始まる前にどうしたら問題が解決できるかを知る必要はありません。ここでは論理、理屈、戦略、思考するマインド以上に高度な理知が働き、私たちを癒しと全体性に導いてくれます。本当は自分のシステムがどう働くかをマインドが意識的に知る必要もないのです。

その意味がご理解いただけるよう、私自身の体験をご紹介しましょう。

・プッタパルティでもう一つ驚いたこと

グルのサイババの本拠地で彼のアシュラムがある小さな村、プッタパルティでは他にもいくつか劇的な驚異を体験しました。毎日、私と旅仲間はアシュラムに行き、硬い大理石の床に何時間も座り、サイババの到着を待つ数万人の人々と一緒に瞑想していました。瞑想にもスピリチュアルな生活にも慣れていなかった私にとってはとても居心地が悪い日々でした。通りや人々はホコリだらけで汚く、食べ物にも慣れておらず、強く鼻をつくような匂いも気になりました。インドに行く前、瞑想中に素晴らしい体験をしたから、またインドが私の家から遠く離れていたので滞在していましたが、そうでなければ数日中にその場を離れていたのは確かでしょう。けれど、何かがそこに私を留めていました。

ある日、アシュラムに行って座る代わりに、私は旅仲間と一緒に、アシュラムの壁のすぐ上にあり、窓からサイババが毎日ゆっくり歩いてホールに向かう中庭が見える私たちの先生のアパートにいました。その日はアシュラムの女性たちの祝日で、サイババはいつもの道筋を通る代わりに私たちが三階で立って彼を見ているすぐ下のあたりまで歩いてきました。彼のために敷かれた赤い絨毯のほぼ端、数千人の女性がいるところで立ち止まって、彼は手を挙げ、祝福しました。

私はそういった大げさな畏敬や崇拝のすべてに少し懐疑的な気持ちでそれを見ていました。すると最も奇妙なことが起こったのです。サイババが自分のからだの前で手を挙げると、私の手も挙がったのです！　私のマインドや意志以外のなにかによってです。それと同時に、胸に火がついたようになりました。私のなかで神々しい充足感が広がり、私は羽のように軽く感じました。その一瞬後にエネルギーの波が圧倒的なフォースで私の胸を押し、私はバランスを崩して後ろに倒れました。私たちのグループにいたもう一人の女性でパワフルなヒーラーのジュリアも同じ反応を起こしていました。私たちは後ろに倒れながら、信じられないという目でお互いを見つめたのです。

突然、私は熱くなり、ほてりを感じました。ジュリアに助けられ、私はアパートの壁に寄りかかって座りました。数秒後にはまるで巨大な赤信号がついたように部屋全体が眩しい赤色になり、何も見えなくなりました。するとそれがオレンジ、黄、青、藍、紫、そして最後は白に変わりました。後で気づいたのですが、新たな色を体験するごとに私の内側では感情も沸き起こっていました。部屋が赤く染まったときには、深い帰属感を感じていました。オレンジ色に包まれたときには感覚は心地よさ、賢さ、つながり、そして知に変わりました。その次に部屋が黄色くなると、素早さと明快さの感覚がありました。

それから部屋の空間はそうした色の組み合わせで輝き、最も美しい暖かさと不思議な感覚に溶けました。「愛」のピンクっぽいオレンジ色の輝きが、ゴールドに、そして緑の色相に変わり、次に私は愛に暖かく包まれたように感じました。私の周囲がその愛の存在に落ち着くと、その光は強さを増しました。望遠鏡を反対側から見ているかのように、自分の内なる視野が凝縮され、焦点が誇張されたのです。「因果」、生起、創造の感覚が私の存在に満ちました。それは加速し、私はそれを数百万回繰り返してきたように感じました。それから空間は明るいコバルト・ブルーになりました。私の頭の中心は同時に冷たくなり、熱くなりました。空間は何光年もわたり広がっているかのようでした。私は自分の存在の境界をみつけられませんでした。その後、紫の光が点滅し、私はしばらくボイドの中で座っていました。やがて私はかなり長い間、広大な白のなかに消え、永遠にそこにいられるような、すべてに通じた至福の状態で波動していました。私のなかのなにかが全体性に向けて私に息を吹きかけているように感じました。

私が目を開けると部屋には誰もいませんでした。私の仲間は私がその過程を経ることができるように、気を遣って私を一人にしてくれたのです。家にいたときに開きはじめた私の内なるとても深遠な領域が開き続けていることが、この出来事によって私や他の何人かにとっては明らかになりました。

私は全く新たな方法で、この畏敬すべきエネルギーの世界にいました。エネルギーが動き、まるでそれしか存在しないかのように私の意識はそれを追いました。実際、私はエネルギーそのものだったのです。この状態への扉は意識的に開けられ、自分の存在の根底にあるこの驚異的なマトリックスを通じて他人とつながることもできることを後に私は知りました。さらに後になって、それが誰にでも可能なことも知りました。

けれど、これは一瞬の出来事で、私が創造したものではなく、練習しようとしたことではありませんでした。この体験や他の開眼は、私のマインドによる努力なしで突然に起きました。このメンタルな努力の欠如が結局は、数万人の人を助ける私の仕事の重要な一部となったのですが、そのときにはただそれを楽しんでいました。

・夜のヨガ

インドから帰ってきてからエネルギーの領域への私の旅路は加速しました。昼も夜も新たな「ハプニング」が起き続けました。実際、いつも自分がエネルギーのレベルから生きていることを私は発見しました。自分の思考が明らかになる前にエネルギーで見て感じているのです。そうしようと努めていたわけではありませんでした。ただ観察していたのです。自分の通常の論理的な思考のマインドの完全に外側で起きていたことでした。たとえば、夜中に、後には再現できないような奇妙な姿勢で寝ていた自分を発見しました。自分の内側には未知のエネルギーのパターンや形があり、睡眠中に自分自身のシステムがそのように整列したかのようでした。これは不思議ですが素晴らしいことでもありました。生まれつきだった脊椎側彎症が自然に治り、ストレスと曲がった背骨のせいだと思っていた偏頭痛も消えたからです。

こうした夜の出来事が続き、私はそのエネルギーのパターンがヨガのポーズとして知られる神聖幾何学の表現であることに気づきました。夜に私の身体が自然にしたことを、私は昼間に再現することができました。ヨガは知っていましたが、この突発的な出来事により、癒しと統合の新たな領域への大きな一歩を踏み出すことができました。ヨガという古代からの修行に埋め込まれている偉大な癒しの叡智を私は再発見し、新たに解釈しました。ヨガの真の目的と可能性を理解したことに触発されて、私はボディアウェイク・ヨガと呼ぶ教育プログラムを開発しました。それ以降、このシステムは、ヨガマットの上、そしてそれ以外でも数千人の人々を奇跡と啓示に導きました。ヨガはエネルギー・コードの実践にとって絶好の補足になるので、あなたが自分の身体によりしっかりグラウンディングし、そこで意識を目覚めさせていけるように、第二部の各章で基本的なポーズ（アーサナ）を紹介します。

この夜のヨガに加えて、睡眠中にも私の身体の内側から様々な体験を受け取っていることを私は発見しました。実際には半分眠っている状態、瞑想に似た覚醒夢の状態で、それは私にとっては夜中に自然に起きました。まるでなにかが解けるか緩むように、私のエネルギーがからだの中で「なにかを解決している」のを感じることができました。エネルギーが私の身体を超えた私の頭の上から引き込まれ、私の全身を動き、身体の構造をシフトさせながら、足から出ていくのが感じられました。筋肉はリラックスし、それまで自分で体験したことがない自分のからだの部分に滑り込み、その部分を広げ、リラックスさせているような感じでした。この深い内なるエネルギーの動きを学び、それに従っていると、背骨の関節が動き、お腹や上半身の組織が緊張を解き、からだが内側から自動的にストレッチしているようでした（古代人はこれをクンダリーニ・エネルギーの覚醒、そして内側に強く集中した状態のサマディと呼びました）。

自分の気づきでその感覚に従い、影響を受けているあたりをそっと締め上げると、起きていることに「協力」でき、エネルギーの流れの道を感じやすくなってなぞることができ、組織は整列し直し、落ち着き、静まりました。ときにはそうしたエネルギーのシフトに感情も伴い、なんの理由もなく突然、涙があふれたり、大きな喜びを感じたりしました。それは驚異的で、また神聖でもありました。

感情的に圧倒されるトラウマが起こると、私たちはそれを充分には体験できず、情報処理されなかった出来事がマインドとからだに分散されてエネルギー・フィールドに記憶されることを、身体心理学が明らかにしています。私たちのマインド&ボディ・システムからトラウマを解消するにはなにが分散されたのかに意識的に気づき、自分の完全な「筋書き」を取り戻さなければなりません。私は自分のクリニックで長年これに成功していましたが、それとは異なるなにかが私に起きていました。私は自分のマインドのレベルで未解決の傷を解消するために人生や出来事の「筋書き」に働きかけていたわけではありませんでした。実際、思考のマインドは全く使っていませんでした。私のマインドはただエネルギーを観察し、それを追っていたのです。このようにして、私は筋書きの下、より深い内側にある生のエネルギーのレベルに働きかけていたのです。この体験中に存在していたのは私自身の気づきだけでした。エネルギーが私のからだ中を動いていることと、その動きによるエネルギーの効果と起きている変化に関する気づきだけでした。実際、起きていることに対してより柔軟になると、私自身がエネルギーで、からだの組織の中を通って内側から閉塞を解消していることを感じはじめました。これは全く革新的な体験でした。

エネルギーの流れを私は見て感じて、以前には意識していなかった古い感情のパターンを解放していました。その結果は、私にとっても私がこのワークを紹介した人々にとっても確かに分かるものでした。デスは彼女の冒険レースで記録を破りました。不妊だと言われていたジェニーは不妊に関わる問題を乗り越え、何人も子供を産むことができました。デビッドは妻を失った十年前からのウツ病から抜け出せました。エネルギーの世界は現実で、それが私たちの解放と幸福への道なのです。

私たちの存在のこのレベル、メンタル体、感情体の思考と感情を超えたレベルで人生の症状や問題として表れたものに働きかけることを私はお勧めしているのです。こうしたレベルで問題が生まれ、エネルギーが飛散し、分裂し、分散しているからです。エネルギーのレベルで人生を癒すには論理的なマインドによるコントロールを捨てなければなりません。**エネルギーにリードを任せ、マインドはそれを追う**ようにするのです。エネルギーこそが真の私たちで、決して失敗しません。そうするには、外界を参照するのではなく内側を向き、向かうべき方向や答えをからだの中のエネルギーの流れに従うのです。このように自分自身のエネルギーを参照することで、魂で満たされた自己として生きるための気づきを構築していく基盤ができます。

古代の東洋のヴェーダ（知識）の原則によれば、私たちが学ぶべき八つの最も重要なことの一つは、私たちの感覚を外界から戻し内側の世界に向け、自分が書いた筋書きの相対的現実からその下にあるエネルギーの絶対的現実にシフトすることです。私自身の体現の過程ではこうした知識はなかったのですが、私もそれは確かだと思います。私たちが覚醒を望むなら、真に自分の人生をマスターしたいなら、深い内側のエネルギーの叡智である真の自分自身と融合して自分自身を参照できるようになることをマインドに教えなければなりません。その目標は外界により良く対応できるようになることではなく、自分の思考、行動と表現をより創造的に生み出せるようになることです。真実から、自分の真実から行動を起こしたいからです。そうすることでのみ、私たちは真の幸福、輝くばかりの健康と完全な健全さで人生を体験できるのです。

エネルギー・コードを使えば自己を参照する体系ができ、自分のコアのエネルギーとして生きられるようになります。けれど、それをフルに利用できるようになるためには、自分のエネルギーのシステムがどのように見え、どう機能し、目標とする統合がどう起きるのかをもう少し学ぶ必要があります。

❖すべては流れについてです

様々なエネルギー・ヒーリングのセラピーの実践者も語っているように、私たちのエネルギー・システムはダイナミックですが、決まった構造で流れています。左記のトーラスの人のイラストが、人というシステムの中でのエネルギーの動きを示しています。身体の内側や周囲には一定の通り道があり、自然に発生したチャクラと呼ばれる集結地、センターがあります。トーラスは光とパワーを屈折させるレンズで、トーラスの男の周囲には等辺の三次元のエネルギーのパワーが身体のまわりをまわっています。

トーラスの人

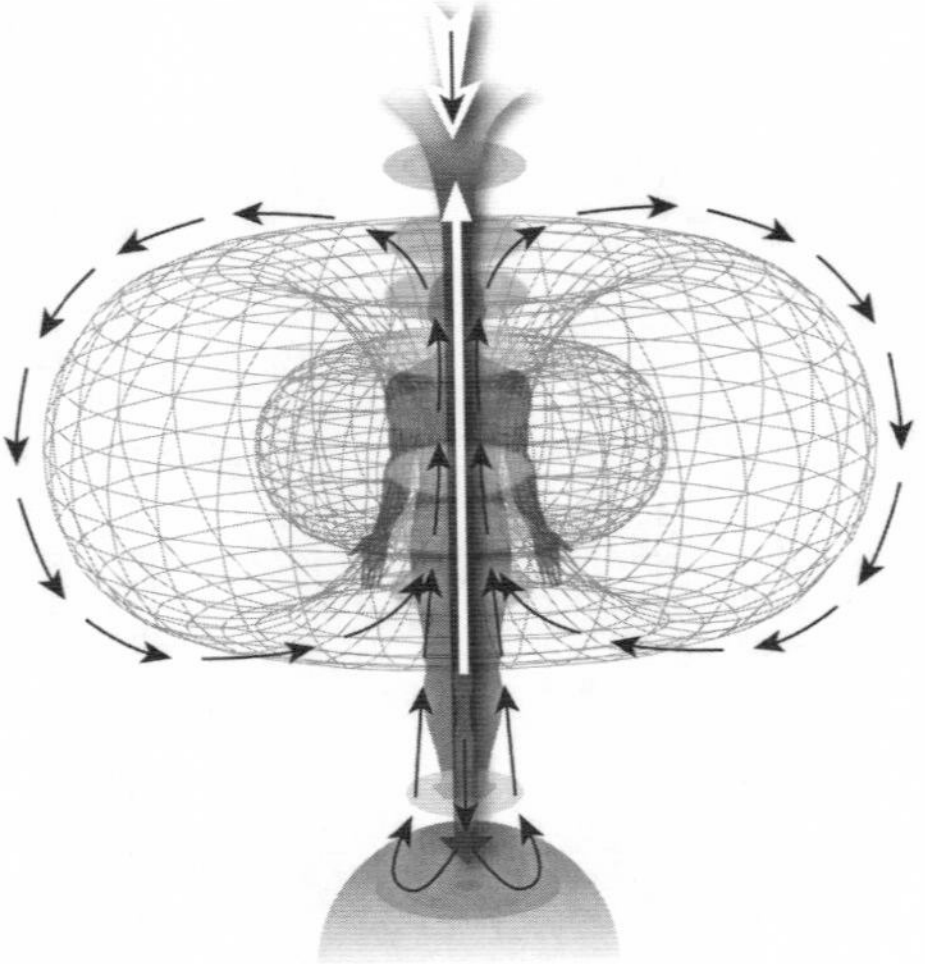

・トーラスの人

この図は地球上に立つ人のシステムと周囲をエネルギーが流れ、ドーナツ形のグリッドであるトーラス・フィールドになっていることを示しています。より小さなフィールドは心臓のあたりを中心としていて、そこには驚くほどのエネルギーが集中しています。人の頭頂に向かう矢印は身体を超越したところ、普遍の宇宙からの高波動のエネルギーで、人の中央脈管を通して流れ、足から出て、地球の奥深くに到達しています。トーラスの男を通過するこのエネルギーが私たちの真の本質、真髄である純粋なスピリットのエネルギー、純粋な意識です。それが本当の**あなた**なのです。**あなた**は地球の中に注ぎ込み、跳ね返って、あなたの身体として知られるエネルギーの流れを創っています。

この宇宙のエネルギーが地球にぶつかり、

グラウディングすることで魂で満たされた自己の高波動のエネルギーが落ち着き、人体で利用できるようになります。つまり、意識的な進化に向けて自分を認識し働きかけられるようになるのです。それは途中にあるエネルギーのセンターを活性化させながら、身体の中央脈管を上昇します。物質世界に着いたときに起きた大規模な飛散のために、（それが可能になるまでは）自分の真の本質を思い出せないにもかかわらず、このエネルギーは純粋な真実の本質であり光明です。それが魂、私たちの真の正体なのです。そしてそれは身体をつくり、再生させるだけでなく、私たちが物質世界での人生で体験することもすべて創造しているのです。

私たちのエネルギーと現実の創造の仕組みの主な要素が、古代サンスクリット語で「車輪」を意味するチャクラです。人には主なエネルギーの脈管である背骨沿いに、七つの回転するエネルギーのセンターがあります。

・チャクラ

人のからだのエネルギーのセンターにはラジオ局のようにそれぞれ独自の波動の周波数があり、それらが持つ光のスペクトラムにおける周波数も異なるので、特定のカラーと関連づけられています。サイババのアシュラムの上のアパートで私が見たカラーは、私のシステムの中央脈管で私の真髄のエネルギーが覚醒し上昇した結果でした。エネルギーが各チャクラを一つずつ通過するたびに、私は各チャクラの独自の波動、クオリティと容量を自覚するという体験をしました。

トーラスのフィールドは図の矢印が示しているように流れています。足の下の矢印から分かるように、いったん真髄のエネルギーがからだの中央脈管を下って地球の中に入ると、循環して中央脈管に戻ります。その上昇の過程で、からだの電磁場が回転するエネルギーの渦であるチャクラに出合います。こうしたホイールは高波動の光のエネルギーであるフォトンを私たちのからだの特定の部分に動かします。こうしたエネルギーをどれだけ上手に統合できるかによって、私たちの意識のレベルが決まるのです。

エネルギーの各センターが開いていてその流れが最適化されていれば、エネルギーは干渉されることなくからだの中を上昇できます。イラストではエネルギーは中央脈管を上昇しきって頭頂のクラウン・チャクラに入ン・チャクラから飛び出しています。そして噴水のように全方向に下り、背骨のベースのルート・チャクラに入ります。ります。エネルギーはこのパターンで絶え間なく循環し、トーラスの流れをつくり、常に頭上からエネルギーを補給しています。繰り返しますが、このエネルギーがあなたなのです。このように働き完璧な健康と健全さを示せるように人のシステムはできています。そして、私たちはからだの中を流れるエネルギー、スピリットの純粋な創造のエネルギーであり、知性なので、物質世界での人生に完全に統合し全体性を保つには、その流れは邪魔されてはなりません。この最適な流れに少しでも不足があれば、なんらかの形で自分が飛散している、分散しているように感じて、考え方が歪んでしまいます。

チャクラのどれかがエネルギーの障害物で詰まったり滞ったりすれば、そうした阻害やぐらつきが流れを邪魔し、エネルギーは純粋な直線上に中央脈管を上昇できず、障害物を回避して動かなければならなくなります。エネルギーがぐらつけばエネルギー・フィールドが歪み、私たちの現実認識も歪みます。可能性や愛、豊かさがないと誤解するようになるのです。１０３ページの図はフィールドが

歪み、ぐらついたトーラスの人

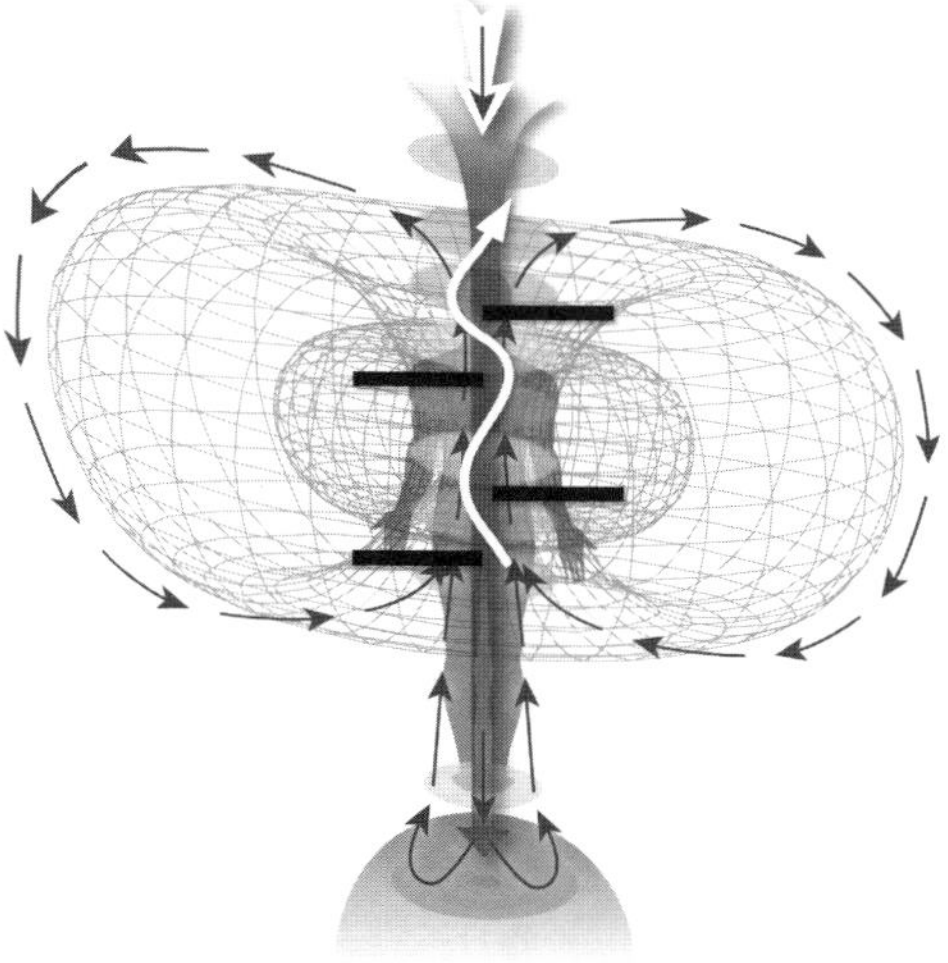

ぐらつき歪んだトーラスの男のイメージです。

エネルギー・コードの真実2――あなたの**人生はあなたのエネルギーの反映です**――に戻れば、トーラス・フィールドがあなたの現実を創造することが分かります。あなたが世界を見れば、あなたの見方はこのフィールドの働きに従います。ラジオ局のようなチャクラを結ぶ回路にギャップや干渉や粘着物があれば、それらがエネルギー・フィールドをぐらつかせ、あなたは歪んだフィルターを通して物事を見ることになります。防衛的人格によって人生は不親切だと思ったり、何か不足があると錯覚するようになるのです。

エネルギーはもっぱらチャクラを通して物質的な現実になります。私たちの意識の様々な側面に直接関係しているからです。チャクラにおけるエネルギーの状態が、そのチャクラに関係する人生の領域における私たちの見方と働きを決定します。チャクラのエネルギ

実践法	呼吸法	統合を促進するヨガのポーズ
• あなたの瞑想スタイルを見つける • 中央脈管呼吸をしながら自然の中を歩く • マインドフルで思考レスな存在 • 魂で満たされた自己に関わるためのエネルギーのパターンの融合	中央脈管呼吸法	• 屍体のポーズ（シャバーサナ） • ヘッドスタンド（シールシャーサナ） • ウサギのポーズ（ササンガサナ） • 立位の開脚前屈ポーズ（プラサーリタ・パドッタナーサナ）
• アルカリ灰栄養摂取プログラム • 意識的なエクササイズ • 思考による化学 • エネルギー・コードの脳のヨガ	ビジョナリーの呼吸法	• 下向きの犬のポーズ(アド・ムカ・シュヴァナーサナ) • ショルダースタンド・肩立ち（サーランド・サルヴァンガーサナ） • 子供のポーズ（バーラ・アーサナ） • 高貴な戦士（第4の戦士）のポーズ（ヴィパリータ・ヴィラバドラーサナ） • バランシング・ポーズ
• 第1—第7のチャクラの呼吸 • 千の微小なストローの呼吸 • シダの葉の呼吸 • 癒しのための呼吸のパターン	実現の呼吸法	• コブラのポーズ（ブジャンガーサナ） • 鋤のポーズ（ハラーサナ） • 橋のポーズ（セツ・バンダーサナ） • 音によるトーンニング（オー、マー、ハー）
• 愛の存在の創出 • 愛される選択 • 愛することの判定 • すべてを愛とみる（「すべてが私の見方」）	ハートの整合性の呼吸法	• 三角のポーズ（トリコーナアーサナ） • 針の穴のポーズ（スチランダラーサナ） • 魚のポーズ（マツヤアーサナ） • 仰向けでねじるポーズ（スプタ・マツェンドラーサナ）
• モーター・マーチ • mパワー・ステップ • B.E.S.T リリース	太陽神経叢の呼吸法	• ラクダのポーズ　（ウシュトラアーサナ） • 弓のポーズ　（ダヌラーサナ） • 体の前側を強く伸ばすポーズ（プルヴォッタナーサナ） • 三日月のポーズ（アンジャネーヤーサナ） • 頭蓋骨を輝かせる呼吸（カパラバティ・プラーナヤーマ）
• からだにもっていく • 名前を付けずに、それを感じる • 内側に片目を置く • 欲するのではなく、得ている	壺の呼吸法（仏陀のお腹の呼吸法）	• 舟のポーズ（ナヴァーサナ） • 一本足の鳩の王のポーズ（エーカ・パーダ・ラージャカポタアーサナ） • 自転車こぎのポーズ（ドゥイ・チャクリカーサナ） • 半魚王のポーズ（アルダ・マッツェンドラーサナ） • 頭蓋骨を輝かせる呼吸（カパラバティ・プラーナヤーマ）
• 主体—対象—主体 • 中央脈管に安定させる • 中央脈管呼吸 • 保留と通過	中央脈管呼吸	• 椅子のポーズ（ウトゥカターサナ） • 戦士のポーズ1　（ヴィラバドラーサナ） • ピラミッド　（パールシュヴォッターナーサナ） • 木のポーズ（ヴルクシャーサナ） • 立位の前屈ポーズ（ウッタナーサナ）

チャクラ

	影響を受ける身体部位	「裏面」の症状	「表面」の特長
7 **クラウン(頭頂)** 音楽のコード:B 光／紫、白 頭頂	頭蓋骨上部、皮膚、大脳皮質、右目、右脳、中枢神経系、松果体	ウツ、強迫観念、混乱、化学物質過敏症、慢性疲労、癲癇、アルツハイマー病	神聖な人格、磁力、奇跡的な業績、超越、自分に対する安心感、高次の目的とのコラボ、内なるビジョン、「私は神聖な存在」、「私がそれ」、「人生は私というすべての反映」
6 **第三の目** 音楽のコード:A 意識／藍色 額のまんなか、脳の中心に向かう内側、眉と眉の間の少し上	目、頭蓋骨の基底部、耳、鼻、左目、左脳、副鼻腔、脳下垂体と松果体	悪夢、幻覚、頭痛、学習障害、視力低下、神経障害、緑内障	カリスマ、高度の直感力、健康的な視点、執着からの解放、洞察に満ちた創造、超能力、「物事の背後」を見通す能力、「私は目の裏側の存在」
5 **喉** 音楽のコード:G 音／青 ハートと喉の中間:首の底部の中心	口、喉、耳、首、声、肺、胸、顎、気道、うなじ、腕、甲状腺、副甲状腺	完璧主義、感情を表現できない、創造力が抑制、喉の痛み、甲状腺疾患、首の痛み、耳鳴り、喘息	コミュニケーションが上手、瞑想が容易、芸術的なインスピレーション、聞くことができる、「私は愛と思いやりで真実を聞き、話せる」、「私はここで完全に体現する」、「人生は私のすべてを反映している」
4 **ハート** 音楽のコード:F 空気／緑、ピンク 胸のまんなか、胸骨の下	心臓、胸、循環器、腕、手、肺の下部、肋骨、皮膚、背中、胸腺	裏切りを恐れる、相互依存、メランコリー、呼吸が浅い、高血圧、ガン、愛を認識したり受け入れられない	思いやり、無条件の愛、意識的なな愛の行為の希求、「すべての人に充分」、「ここにいるのは一人だけ――私たちは一つ」、「すべては神性の反映で、私の見方」
3 **太陽神経叢** 音楽のコード:E 火／黄色 おへそから約7.5センチ上、胸骨の基底部	消化器、筋肉、胃、肝臓、横隔膜、胆嚢、腰、自律神経系のトラップ・ドア、脾臓、膵臓	批判に過敏、支配欲、自尊心が低い、胃潰瘍、消化器疾患、慢性疲労、アレルギー、糖尿病	自分や他人の尊重、個人の力、柔軟性、高い自尊心、奔放さ、制約にとらわれない、「自分には我道を、他人には他人の道を許す」、「可能性に対してオープン」
2 **仙骨** 音楽のコード:D 水／オレンジ おへそのすぐ下	膀胱、前立腺、子宮、骨盤、神経系、腰、体液の機能、副腎、性器	性欲のアンバランス、感情の不安定、孤立感、勃起障害、不感症、膀胱や前立腺の障害、腰痛	内なる知、信頼、表現力、感情への同調、創造力、「自分の人生の道筋を察し、感じる」、「あなたに求めるものはない。私はただ分かち合うためにここにいる」、「私は自分の勘に従う」
1 **ルート** 音楽のコード:C 地／赤 背骨の基底部	骨、骨格、臀部、脚、足、性器、背骨の基底部、腎臓、からだの生命力、歯、爪、血液、細胞の構築、副腎	精神的な無力感、空想癖、内なる静謐が保てない、変形性関節症、病弱、生命力の欠如	自制心、高度な身体的エネルギー、グラウンディングしている感じ、生き生きと健康、「私は源としてここにいる」という認識、「これが私の役目」、「私はここに属する」、「私は自分で選んだ経験を自分にもたらす」

ーの流れの不足や障害は、そのチャクラが支配する人生の側面の機能障害を生じさせます。各チャクラは分泌系にも関係しているので、チャクラを通る流れやバランスは、分泌腺からの分泌を促すことで生体化学にも影響します（第九章では、新たな科学が光、エネルギーと化学との結びつきにより、いかに私たちが驚異的な生き物であるかを描こうとしている新たな方法を探訪しましょう）。

たとえば背骨のベースにあるルート・チャクラの流れが滞れば、落ち着きを失い、素晴らしい人生を送る権利とパワーと恵みをこの人生では平等に得られていないと感じるようになります。エネルギーは下から上昇するので、このルートのぐらつきはその上のチャクラにも影響することになります。第二のチャクラに影響が及べば、人間関係に問題が生じたり、創造力が低下したり、セクシャルなエネルギーのバランスを失いかねません。第三のチャクラが影響を受ければ、自尊心と世界を明快に見る力が減り、自己防衛的になり痛みを生じます。

１０４～１０５ページの表はチャクラ・システムの様々なエネルギーとそれらが代表する意識のレベルについてのまとめです。私たちの現実に及ぼす各チャクラの影響は第二部のエネルギー・コードでさらに詳しくみていきましょう。

魂で満たされた自己に向けて量子の転換を成し遂げ、より安らかでよどみなく喜びに満ちた人生を送るには、エネルギー・フィールドにあるギャップ、密な部分や干渉を排除し、エネルギーの流れを最適な状態に戻さなければなりません。私がよく言うように、「あなたの人生がうまく流れていないなら、それはあなたのからだの中がうまく流れていないのです！」そして、「あなたのからだの中でうまく流れていなければ、人生はうまく流れません！」

エネルギーを再びうまく流れさせられれば、チャクラは活性化します。チャクラがより活性化され、エネルギーがチャクラを通過して中央脈管を流れれば、私たちの真のパワーと可能性を示すことができるようになります。たとえば、太陽神経叢とも呼ばれメンタルな活動も司る第三のチャクラの流れが健全な人は、自分にパワーと自信、確証を感じることができます。ハートのチャクラ、第四チャクラが滞りなく健全に流れている人は、真摯に愛に満ち、親切です。この二つのチャクラの間の流れが健全な人は愛に満ちたやり方で自分のパワーを示せます。

ですから、繰り返しますが、私たちのシステムがよく流れ、統合されているほど、私たちは魂で満たされた自己表現を体現できるのです。そのため、この中央脈管の流れの健全さを促進することが私たちの仕事の大半になります。全体性、真の自己から私たちを遠ざけている障害物を除去するために、私たちは生命エネルギーの全スペクトルに働きかけていきます。

密な部分の取り除き方に移る前に、エネルギーの流れの働きに関する別の見方をご紹介しておきます。閉塞を障害物としてではなく隙間とみてほしいのです。

❖魂で満たされた自己を認知するための回路の構築

私たちは通常、支障を障害物とみて「なにが邪魔しているのか突きとめなければ」などと言います。実際にはそうした「障害物」はないのです。それは誤解です。閉塞、密な部分、干渉やエネルギーの障害物は、意識的で生き生きとした生命力の欠如、と理解する方が見方として強力です。実際にそうなのですが、もしすべてがエネルギーなら、エネルギーが流れていないところはエネルギーを流す能力がない部分なのです！　生気がなくエネルギーを動かす意識がないところなのです。そこではスピリットは生きて活動していませんが、それは、そこに存在しないからではなく、マインドが目覚めていないか、そこに存在することを認知していないからです。言い方を換えれば、その部分ではまだマインドが自分の真の本質、私たちの真髄、偉大さに気づいていないのです。

体現とは実は**覚醒**のことで、魂で満たされた自己の体内でマインドを目覚めさせる、つまり意識を存在させることなのです。そのようにして私たちは魂で満たされた自己に身体としての生命を与えるのです。スイッチを入れる、オンラインにする、ということです。回路にたとえれば最も分かりやすいかもしれません。先に少し触れましたが、ここではより深くみてみることにしましょう。

魂で満たされた自己は電磁波の回路です。東洋では古代からナーディのネットワークとか、からだ中に走る経絡と呼び、そのスイッチが入り活性化されると、エネルギーが体内に入り、魂で満たされた自己の見方ができるようになるとされてきました。この回路が私たち中枢神経系を活性化するのです。**バイオエナジェティックス**を通じて魂で満たされた自己の微細エネルギーを認知できるように中枢神経を開発することができるのです。そこで私たちの生体のエネルギーの層が魂のエネルギーの層とつながり、地球上での生命を創造するのです。

私はエネルギー・フィールドで回路がオフになっている部分を表現するのに**障壁**、**閉塞**といった用語を使うこともあります。それは単にその方が人々にとって理解しやすいからで、実際には閉塞や障壁はなく、ただ魂で満たされた自己の回路が欠けているのです。

では、どうしてからだの部分がオフラインになり、エネルギーが分散してしまうのでしょうか？

通常は、感情的、精神的にどうしてよいか分からない状況になると私たちは横道にそれ、置かれた状況下で生き残ったり耐えるために考えつくことをします。しっかりとした真の自分の感覚で状況に直面しなくなるのです。直接の回路が活性化されていれば、私たちは真の自分の本質に完全に気づき、目覚めています。一方、回路のパワーが足りなければ、真の自分の本質を認知できません。私たちのエネルギー・フィールドがぐらつき、歪むと、私たちの見方もぼやけ、身体の健康を害し、人生の他の要素も揺さぶられます。自分自身に対する正しい見方や、親密な関係における問題、精神的、感情的な衝突、慢性痛といった状況を突き抜けるのに必要な回路が活性化されていないのです。

アンジェラの逸話がこれをよく物語っています。カルトに関わった家族で育った彼女は、十六歳に家に帰らないという手段を思いつくまで、精神的にも感情的にも性的にも虐待され続けたせいでトラウマになっていました。彼女は三つの仕事を持ち、学校ではボランティアをし、夏には州外で働くなど、生き残りに必死でした。両親ともが精神障害者だったので、彼女は自分が抱えこんだ恐ろしいトラウマについて相談する相手も見つけられず、彼女が助けを得られる場所もありませんでした。私が会うまで、彼女は誰にもその詳細は話していませんでした。彼女は生き残るために回路を閉じていたのです。彼女は誰かを信頼し愛するために自分をオープンにすることを恐れ、人生そのものを恐れていました。エネルギー・コードを使ったワークで彼女は自分のイメージを完全に変え、自分の深遠な真実を明かす能力を高めました。ずっと彼女が悩んでいた貧血、慢性鼻炎、鼓膜の裂傷、膀胱炎、深刻なウツ、身体の激痛、ＰＴＳＤとてんかんの症状はかなり緩和されました。彼女は乳がんの診断も受けていましたが、エネルギー・コードとその他の自然療法のおかげで寛解したとしています。今日、アンジェラは幸福で絵を描いたり旅をしたり、親しい関係を楽しんだり、とても前向きな生き方をしています。彼女は安全を期して迂回するのではなく、人生体験にしっかり関われるための回路を引き続き開発し続けています。

オフラインになっていた回路のスイッチを入れて活性化させれば、そのチャクラのスピリットの意識的な気づきを起こすことができます。身体的、精神的、感情的な癒しはチャクラに関連する人生の側面で起こります。私たちの存在に全体性を少しずつ思い出させ、眠っている部分に生命力を取り戻すことで、生き生きとした健康が自動的に戻ってきます。癒しとは「問題を直す」こと、機能不全や病気を治療することだと考えられがちですが、実はそうではありません。私たちが真に癒されるときには、問題はただ消えてしまうのです。それは私たちがすべてを包括する健康な状態を創造したからです。自分の真髄たる生命力を存在させるということは完璧な健康であるということなので、機能不全や病気はそこには共存できないのです。

サラの逸話は回路がオンラインになることによって成功した例です。彼女が私のレベル1のコースを受講しだしたときには、自分の内なる真実を他人に表現することができずにいました。彼女は強い感情的不安を感じて自分を閉じてしまい、何時間も教室から出なければなりませんでした。自分の存在に関する真実を口にしたり、それにスポットを当てると考えただけで、「自分のコアまで揺さぶられる」ように感じることを彼女は発見しました。そうすることを促されたり、それが心地よくできるほど安全に感じたことがそれまで全くなかったからです。その抵抗が彼女のシステム全体にエネルギーとして影響を及ぼしていました。

一緒にワークをしていくなかで、彼女は各チャクラのエネルギーの「スイッチを入れる」ことを学び、真の自分を体現しはじめました。彼女は数多くの驚異的な方法で癒されました。彼女の説明によれば「完全に消えていた（骨から骨まで）第一仙骨の椎間板が再生されました。極度の過敏性腸症候群がなくなりました！　乾癬（膝の下と手と顔）がなくなりました！　足首、足、手首と手のひどい関節痛がなくなりました！　異常だったマンモグラフィと子宮頸がん検診の結果もいまでは正常です。偏頭痛もなくなりました！　足底筋膜炎もなくなりました。深い恐れと悲しみも、全部消えました！」彼女はいまでは喜びに満ち、他の人も癒されるようにエネルギー・コードを教えています。

ですから、大きな意味では、エネルギー・コードの目標は一部の（古代と現代の）エネルギー・メディスンのアプローチでもしているように問題を解決することではなく、むしろ、あなたの最も真実の、最も完全な自分自身を体現することなのです。その副産物として人生のすべての領域での癒しが創造されるのです。私たちの人生における癒しの力はスピリットなのです。というのは、すべての回路内でエネルギーの存在（真の私たち）が活性化したときに癒しは起こるので、エネルギーの存在、言い換えればスピリットが内なるヒーラーというわけなのです。

では、魂で満たされた自己として自分の体内の微細エネルギーを認知できるようになるために感覚神経の回路のスイッチを入れて活性化するにはどうしたらよいのでしょうか？　外側からではなく内側から癒せるように、エネルギーのレベルで自分たちを「思い出し」（ふたたび寄せ集めて）、エネルギーの流れをつなぎ直すにはどうしたらよいのでしょうか？　そのためには単に考え方を変えたり、マインドを新たな方法で使う以上のことが必要です。マインドと身体とスピリットを協力させるホリスティックなアプローチが必要なのです。

❖マインドと身体とスピリット（呼吸）を一体化させることによる統合

トーラスの人のようにエネルギーの流れを最適化できるよう私たちのシステムを完全に統合するには二つの段階があります。私たちを分割させ、防衛的人格で行動させている潜在意識の干渉や未解決の課題のエネルギーを統合します。そして持って生まれたのに使用したことがない、魂で満たされた自己の高波動のエネルギーを活性化させます。これは私たちの身体、マインドと呼吸という自分全体に関わることなので、実際には一つのコインの両面といえます。

では、このすべてに関するからだの一般的な役割からみていきましょう。

・からだの役割

私たちが分裂し防衛的な人格でいる間は、自分の理論的なマインドが自分のアイデンティティだと考えています。スピリチュアルな傾向がある人なら、自分はからだとスピリットまたは魂を持っていると信じています。けれど実際にはすでに学んだように、私たちは魂というエネルギー体がからだとマインドを持った存在なのです。からだとマインドはこの地球上で最善で最も幸せな人生を送るためのツールにすぎません。しかし、私たちはそれらが本来つくられ、意図されたようには利用できていません。

私たちは単に物質的、言い換えれば地球的な体験を持つスピリチュアルな存在ではありません。エネルギーのスペクトラムでいえば物質的な端っこでスピリチュアルな体験を経ているスピリチュアルな存在なのです。この両者にはとても大きな違いがあります。防衛的な人格で生きるか、魂で満たされた自己で生きるかの違いです。この違いに大きな役割を果たすのがからだです。

からだは物質的な人生を体験するための乗り物だと私たちはよく考えています。しかし、からだは私たちを三次元に置き、身体を持ち物質と関われるようにしてくれてはいますが、それはスピリチュアルな次元に関わるためのツールでもあるのです。実際、それが主な魂のコミュニケーションのツールで、意識的なマインドの仲介役、つまり「話すための」通訳になっているのです。

身体レベルで起きていることはすべて、まずはエネルギーのレベルで起きています。身体的な感覚はエネルギー体で起きるエネルギーのシフトで、そのシフトを身体で感じるのです。ですから、からだは私たちの人生のエネルギーの領域への大切な入り口なのです。私たちのエネルギー・フィールドの状態を明らかにする微細なエネルギーのシフトを、マインドはからだを通して感じます。マインドがからだを通してそのフィールドに関われ、人生で異なる結果を得られるようにエネルギーを導くことによってそのパターンを変えているのです。

では、次にマインドの役割についてみてみましょう。

・マインドの役割

防衛的な人格では、マインドは私たちを守ること――身体も個人としてのアイデンティティ、自己の感覚も守ることにフォーカスしています。ここでは思考するマインドが責任者で、人類の発達の初期段階からあった脳をして身体生理の反応部分を使用します。常に警戒を怠らず、危険の脅威を過去や未来に探しては、常に身体を通じてストレスの信号を送り、様々なレベルで闘うか逃げるか凍てつくかの反応を起こさせているのです。

魂で満たされた自己として目覚めるためには、私たちは常に自分のマインドがエネルギー体で起きていることを察し、分散を発見し、エネルギーの統合を指示できように、観察し目撃者となるようにしなければなりません。脳の古くなった反応部分ではそれができません。それはより高度に進化した、創造力と直感の中心である、魂で満たされた自己の部位の仕事です。中枢神経の感覚機能を担当させるのです。こうしたものは私たちがずっと持っていながら、使ってこなかったものです。アルベルト・アインシュタインはこれに関して次のように言ったそうです。「直感的なマインドは聖なる恵みで、理論的なマインドは忠実な執事だ。私たちはその恵みを忘れ、執事を称える社会をつくりだした」。

別の言い方をすれば、思考し反応するあなたのマインドは高速で回転する天井の扇風機のようなものです。私たちはその反対側になにがあるのかを感じようと指を突っ込んだりはしません。アザや傷になるかもしれないからです。思考するマインドも同様です。フルな可能性を目覚めさせようとするあなたの真髄のエネルギーのスムーズで自然な流れを、その高速の動きがストップさせてしまうのです。そこはあなたの真髄のエネルギー、魂で満たされた自己が偽りの信条や防衛的人格による反射的な反応で制限されています。

私たちが自分の可能性をフルに体験するために接触しなければならない人生のバージョンが、扇風機の羽のように回転している思考するマインドを超えたところに存在しています。それに実際に触れるどころか、垣間見るためには、反対側に行けるようにその回転を緩めなければなりません。エネルギー・コードはマインドと身体と呼吸により、それをパワフルに実施します。コードを使うときのようにマインドをからだにつなぎとめ、観察者とガイドとしてマインドを最大限利用すれば、回転は遅くなります。マインドだけの場合と比べるとからだはよりゆっくりな振動数で振動するからです。いったんマインドが気づきを通じてからだにつながれば、地球の自然の周波数に近づきます（これがすでにお聞きになっているかもしれない脳のアルファ波の状態です）。突然、私たち（私たちがそうである純粋な気づき）は異なる、より恩寵に満ちた見方から人生を認知することができるようになるのです。

マインドとからだをつなげば、自分の思考の過程、そして常に自分の安全を確認する活動をスローダウンさせる役に立ちます。エネルギー・コードはマインドが意図された役割、すなわち集中力、注意、意思を使い、私たちの身体内にある真髄のエネルギーを察し、落ち着かせ、活性化できるようにします。私たちは実際に、魂で満たされた自己、自分自身のより深いバージョンと接触が保てるよう、脳を再訓練し、神経回路を強化します。恐れや防衛から動かされるのではなく叡智と愛に動かされ、魂で満たされたメッセージと指示は、私たちを進化の過程で素早く痛みを伴わずに前に進めるようにします。

マインドのからだのつながりをつくり、天井の扇風機の回転を遅くする基本は呼吸にあります。

・呼吸の役割

呼吸の大切さは誰もが知っています。私たちのからだにとって最も重要な働きです。何日も何週間も水や食べ物なしで人は生き残れますが、たった一分間呼吸をしなければ、私たちはからだとのつながりを失い、この物質の世界を離れてしまいます。呼吸はほとんどの瞑想でも大きな要素とされています。呼吸が浅く速いと、脳のなかで原始的で生き残りに向けた部位が作動し、マインドは反応的に防衛的に機能し（扇風機の回転のスピードを上げるようなもの）、闘うか逃げるかフリーズするかの反応をからだに引き起こします。これはゆっくり意図的に肺の奥深くから呼吸しているときとは異なります。深い呼吸は肺の奥にある無数の副交感神経の末端を刺激し、からだとマインドをただちに沈静化してくれるので、私たちはサバイバル・モードからより創造的な状態にシフトできます。意識的で意図的な深い呼吸は私たちを人生の表面から引き離し、内側に導いてくれるのです。

これは自分でも分かることです。これを読みながらよりゆっくり深く、鼻から呼吸してみましょう。そうした呼吸によっていまこの瞬間に集中でき、読んでいる内容がより良く理解できるのが分かるでしょう。短く浅い呼吸はあなたのシステムを苛立たせ、あなたのエネルギーを分散させます。とくにストレス下にあるときにはそれが顕著になります。

呼吸は生命維持という目的に役立つだけではなく、人生を変える力も持っています。呼吸は実際、「身体」の形をとったスピリットなのです。生き生きとした生命力なのです。呼吸が止まるのは、スピリットが最後に完全にからだから離れるからです。生命力が欠けているところに生命力を取り戻させ、エネルギーの通り道であるナーディを活性化させ、まだオンラインになっていない私たちのシステム内の回路を活性化させる鍵となるのが呼吸だというのも理にかなっています。

このようにして、呼吸は私たちの内側で分散してしまったエネルギーを統合する助けになってくれます。魂で満たされた自己の高波動のエネルギーを私たちのシステム内の低波動になっている部分に注入することで波動を高め、その部分の意識を目覚めさせ、そこの回路をオンにしてくれるのです。からだを構成する細胞、細胞を構成する分子、分子を構成する原子、原子を構成する粒子間の隙間から、呼吸は私たちのエネルギー体、身体に、そしてすべての創造の源である知性のエネルギーに文字通り息を吹き込んでいます。

からだ、マインド、スピリット、つまり呼吸という三つの生命を支える要素がダンスを踊り統一が起こります。第二部ではこの統一に向けた特別なダンスのステップをお教えします。それは実際にはとてもシンプルです。魂がからだに語りかけ、からだがマインドのために翻訳するのです。からだが語ることをマインドが聞かないときに、切断が生じるのです！　からだが魂で満たされた自己として語ることを聞き、感じ、目覚めに向けたメッセージに従える程度に扇風機の回転を緩められるようなるために、マインドに聞き方を教えてあげることにしましょう。

❖このワークではあなたの想像力を使います

エネルギー・システムに働きかけるには想像力を要します。量子科学によればすべては物質世界で起こる前にエネルギーのレベルで起きています。私たちは意識的に考えることによって素粒子を特定のパターンに配列して、物事を顕現させているのです。エネルギーのパターンをシフトさせるツールが想像力ですが、だからといって、私たちがすることが「現実」ではないということではありません。ただ、習慣的、反応的な、または条件付けられた思考ではなく、生成的で独自に触発されたものだというだけのことです。私はこれをアルファ思考と呼びます。脳のアルファ波を使うからです。あなたの想像力は真のあなたの残りの部分にあなたをつなぎ直してくれます。

では、本書であなたが学ぶ方法を使って私の生徒の一人がもたらした結果について、少しお話ししましょう。

・人生に音楽を取り戻したジェラリン

覚醒の旅の初めにペルーのクスコで私が瞑想をリードし終わると、小さな写真を抱えた女性が近づいてきました。

彼女は私の前でひざまずき、震える手でその写真を私に差し出しました。

「これが私の息子のディランです。彼はいつもマチュピチュに行きたがっていました。でも彼は逝ってしまいました。ですから、私は彼のためにこの旅に出ると彼に言いました」

私は頷き、彼女に話を続けてもらいました。

「私はインターネットで『マチュピチュへの聖なる旅』を探しました。そしてあなたの写真に出会いました。私はペルーのシャーマンに会いたかったのですが、ディランがあなたに会いに行くようにと言ったので、ここに私はいるのです」

ディランはこの旅のたった三カ月前に、自分で命を絶っていました。それでジェラリンの心は引き裂かれたのです。私は彼女が心の安らぎを取り戻せるようみんなで応援すると言って彼女を安心させましたが、彼女の話を取り巻くエネルギーの強さからして、彼女はこの旅でそれ以上の発見をするだろうと分かっていました。

私はその写真をバックパックに入れ、次の二日間で、ジェラリンについてより多くを知りました。彼女が虐待の加害者だった伴侶と離婚したものの、まだお金をめぐる法廷闘争の最中だったときに、ディランはこの星を去ったのでした。私たちが会ってからの日々、彼女は遠くを見るような目つきでペルーの聖なる渓谷の寺院を歩いていました。グループの人たちが彼女を抱きかかえるようにずっと世話をやいていても、彼女は孤立していました。こうしたことから、計画にあったフヤナピチュの山頂まで登る少人数のグループに彼女が参加しないと言ったことに私は驚きませんでした。彼女は圧倒されていたのです。

私は「分かりました、あなたのことを思いながら登ります」と彼女に言いました。

山頂で私は生命のスピリットに留まるための儀式をし、私たちの視点からの景色をディランに「見せ」ました。グループの一員のグレッグが、ディランの写真をかかえている私の写真を撮りました。山を降りてから、彼の母親に見せるためにです。

その夜、ホテルに戻る途中、グレッグが電車で私の隣に座りました。山頂で撮った写真を私に見せながら、彼は涙を流していました。まるで神聖なる存在からディランの唇に矢が刺しているように、天からの光が彼の顔の真ん中を照らしていました。私の目からも涙があふれ、私はグレッグと顔を見合わせました。なにかとても深遠なことが起きたのが分かったのです。ディランが母親に、自分がまだ彼女のためにそこに留まっていることを知らせていたのです。

この間違えようのないしるしを見て、ジェラリンはエネルギー・コードの基本に没頭し、彼女の不動の悼みを呼吸で突破しだしました。すぐに彼女は精神的、感情的な安らぎを感じました。次の数カ月間、彼女は魂で満たされた自己として生きるためにできることのすべてを学びました。世界中の私のイベントに来て、「私への答えがここにあるのが分かります。それが毎日私のなかで働いているのを感じます」と言いました。

ジェラリンはプロとして訓練を受けたオペラ歌手で、音楽を深くとても特別に愛していました。エネルギー・コードのワークでは自分の真の真髄に触れることにもフォーカスするので、彼女の回復には音楽という道もあると私は思っていましたが、それ以上の結果になりました。

エネルギー・コードの実践とバス停の会話を取り入れることで、ジェラリンは彼女にとって最大の痛みのなかに素晴らしい恵みがあることに気づきはじめました。彼女は自分の呼吸、自分のコアの存在を発見したのです。彼女は自分のすぐれた才能を新たな表現にする方法を見つけ、彼女の音楽を癒しに利用しはじめました。それが彼女を癒す役に立ったからです。彼女は舞台で演奏するための訓練は受けていましたが、いまでは、彼女の自分の内なる別のところから歌い、音を出し、音楽を創造しています。音色も変わりましたが、より重要なのはフィーリングも変わったことです。彼女を心地よくさせるリズムが棲むお腹から息をして自分のコアにしっかり落ち着くことを学び、私たちのコースで学んだ練習を実践することで、彼女は新たな人生を感じはじめました。そうしたツールにより、彼女は自分の悼み、痛みと幻滅を感じ、それを消滅させることができました。

オフラインになっていた自分の部分をオンラインにすることで、ジェラリンは彼女を取り巻いていた痛みと困惑を突破して、かつて感じたことがなかった新しくて圧倒的な明晰さと確信を感じました。この新たな安らぎと強さの境地から、彼女は子供を亡くした他の親たちに話しかけはじめました。またガン患者のためにサウンド・ヒーリングのコンサートも開き、そこに来た観客は痛みが減り生命感が蘇る深遠な体験をしました。彼女は自分がそうしたように、他の人々が悼みを克服できる道を探す助けをするようになりました。

この目覚めは彼女が息子を亡くしてから一年後にすべて起きたことで、私たちのコミュニティ以外では誰もそうした完璧な変革はみたことがありません。子供を亡くした家族を支援する国際団体、コンパッショネイト・フレンズのＣＥＯは、彼の十五年間のＣＥＯとしての経験のなかで、ジェラリンほど素早く変革できた人はいないとし、「彼女はなにをしていたのですか?」と尋ねました。

量子の転換ができたおかげで、ジェラリンは毎日、息子を感じることができました。ある種の神聖なコラボで、息子は彼女を導きもしました。彼女は自分のコアに落ち、自分の魂で満たされた自己の場所に安定し、グラウンディングして生きられるので、それが分かっているのです。そこでは彼女は分離のない世界、個人の天国でもある地球の暮らしを体験できます。もちろん、いまでもジェラリンはときには身体をもったディランを失った喪失感は感じます。そんなときには、彼女はエネルギー・コードを実践し、魂で満たされた自己として自分のコアに深く根を下ろしなおします。そこでは彼女は息子の不在を悲しまずにすむのです。なぜなら、彼がすぐそばにいて、神聖な自己の永遠のエネルギーを通して彼女とつながっているのを感じられるからです。

・生徒や患者からのその他の逸話

コードの利用によって起こせる変革は、次のような実話からも分かります。

マイクはウツと極度の不安に対処するため、私とのセッションを予約しました。彼はそうした症状のために処方された薬七種類を服用中で、途中で起きずに朝まで眠ることのできない状態が七年間も続いていました。彼は統合失調症の診断を受けたこともあり、大きな精神的、感情的、身体的な痛みを抱えていました。けれど、エネルギー・コードとバイオエナジェティックスのワークを始めてから数カ月で、一種類の処方薬だけで普通に暮らせるようになり、その後すぐに、かかりつけの医師はその処方もやめました。

コリーンは困難な子供時代を過ごしました。彼女が十一歳のときに父親が亡くなり、一人で彼女を育てようとした母親を、過干渉で心配性の祖母が邪魔していました。コリーンには会話、認知、身体的な発達障害があり、十九歳で糖尿病と診断され、インシュリンを処方されました。祖母との関係は険悪で、人間関係がうまく結べなくなっていました。エネルギー・コードのワークを始めてから、彼女は身体と感情面の健全さに劇的な変化を感じました。祖母に対して思いやりをもって接しられるようになり、その死をうまく見送れただけではなく、初めてよい友人関係も築けました。それから六年たったいま、彼女は糖尿病もなくなり、血糖値を薬でコントロールする必要もなくなりました。彼女の視力も大きく変化し、乱視はなくなりました（そして近視のレンズの処方も七から三・五に減りました）。彼女は全く異なる視点から人生を生きているように感じ、彼女が新たな能力やスキルを発見できたのはエネルギー・コードのおかげだとしています。

私はまたアレルギー、喘息、慢性的な怪我やあらゆる痛みや病気のパターンが、いったんその根底にあるエネルギーの問題に対処し、解消することで改善できたり、癒された無数の例をみてきています。エネルギー・コードの利用でもたらされた癒しや人生すべてが健全なものになる実例は本書を通じてさらにご紹介していきます。

✣七つのエネルギー・コード

七つのエネルギー・コードは魂で満たされた自己として生きるための道標です。第二部のガイダンスに従えば、自分自身でその原則と方法が実践できます。それらが精神的、感情的、身体的な機能不全を癒し、あなたの人生のすべての側面にバランスと健全性を創造し、あなたが真の本質となり神聖な目的に向けて生きる助けとなります。

七つのエネルギー・コードはそれぞれ、あなたの背骨のベースから頭頂まで通じる主要なエネルギーのセンター、チャクラに呼応しています。コードはお互いの上に構築されているので、順番通りにアプローチするのが理想的です。

下記が七つのエネルギー・コードの概要です。

1　安定させるコード　あなたのからだに戻る

私たちは自分の本質はマインドでただそれだけの存在だと信じて生きています。その結果、よりよい生き方を考えようとします。けれど、私たちの体内を流れる生のエネルギーは私たちの真の本質についての全く異なる現実を示しています。体内に注意を向け直し、そこに自分の気づきをグラウンディングさせれば、私たちのフォーカスを外界から私たちの真の真髄に移し、魂で満たされた自己――真髄として自己認識するための第一歩へ安定させるコードが導いてくれます。

2　感じるコード　魂の言語

からだのコアに意識を安定させたら、次に私たちの感覚神経系を目覚めさせ、その認知力を高めるよう訓練します。体内のエネルギーのシフトを察し感じられれば、真の自己——魂とマインドの間で神聖な対話を始めることができます。これにより革新的な方法で人生の出来事を理解し、それに対応し、同時に魂で満たされた自己としての存在を構築できます。

3　クリアリングのコード　潜在意識の癒しのパワー

ほとんどの人が人生で起きた大きな出来事にまつわる感情的な負担から、顕在意識と潜在意識の間のマインドのコミュニケーションは断絶しています。そのために、自分で気づいていない未解決の問題に引きずられ、自分が望む人生への足がかりをつかめなくなっています。クリアリングのコードでは、どうやって私たちの潜在意識への扉を開け、そこに捉えられている過去の体験の残骸を解消し、そこに留まっていたエネルギーを私たちのシステムの流れに再統合させるかを学びます。同時に魂で満たされた自己として自分の全体性で生き、自分の願いや望みを実現するのに必要なエネルギーの強さと整合性も得られます。

4　ハートのコード　普遍の溶媒

私たちが愛として体験する周波数の波動は魂で満たされた自己のエネルギーです。このエネルギーは私たちの真の本質で、私たちが身体として体験できる最も高い波動です、それはまた普遍の溶媒でもあります。すべての閉塞を溶解し、すべての干渉を解消し、すべての傷を癒します。ハートのコードでは、意図的に畏敬を生み人を触発する波動を私たちの内側で生み出します。これまで私たちは他人から愛を受け取る、または見つける必要があると信じていましたが、実際には自分の内側で最もパワフルに体験できるのです。次にそれを利用して防衛的人格の低波動のエネルギーをなくし、魂で満たされた自己を認知し、活性化させ、動かすための感覚神経回路をよりたくさん創造します。

5　呼吸のコード　生命そのもののパワー

実現することとは物質的な現実にもたらすことを意味します。ここではエネルギー、言い換えればスピリットを身体の形で実現させるための最もパワフルなツールである呼吸について学びます。呼吸はエネルギー、バイタリティ、生命力で、それ自体が生命そのものです。私たちの真髄たるエネルギーをエネルギーの密度が高い部分に意識的に息を吹き込めば、防衛的な人格をより軽く、少なくできます。身体のコアに息を吹き込めば、魂で満たされた自己にエネルギーを与え、より生き生きさせられます。これまでのコードでこれは行ってきましたが、呼吸のコードでは、特定の身体的な問題を癒し、私たちの最高の意識の覚醒と可能性の広がりに役立つより多くの、より高度な呼吸法を学びます。

6　化学のコード　体現の錬金術

私たちは外界の環境に対したときには、愛する生命の内側から積極的に対応するよりは、反応的に対処しがちです。その結果、私たちの見方と身体はサバイバル・モードになり、闘うか逃げるかフリーズするかのストレスに基づく化学反応を起こします。化学のコードは、「脅されている」から「安全」に私たちの生理をすばやく効果的にシフトさせ、さらに防衛的な人格から魂で満たされた自己への変革を助ける鍵を与えてくれます。魂で満たされた自己の存在を増加させるために最適な身体環境、「住処」の創造の仕方を教えてくれます。

7　スピリットのコード　多くが一つになるところ

マインドとして自己を認識することで、私たちは自分をすべてから切り離しています。お互いから、自然から、そして自分自身のエネルギー——真のスピリチュアルな自己からもです。けれど私たちのシステムは、エネルギーのレベルではつながりとワンネスが真実であることを体験できるようにつくられています。このコードに至るまでには、それまで分散していたエネルギーは充分に統合でき、闘うか逃げるかフリーズするかの反応「以上」の生き方ができるようにより高次脳の機能を活性化させているので、私たちは自動的に異なる視点で人生を見ることができます。スピリット・コードでは私たちの体内で常に湧き上がっているソウルフルなコミュニケーションを認知しやすくなるように、思考するマインドを静止させ、真に存在し、ためらいや疑いなく、それに従って行動することにフォーカスします。これが創造性です。それが魂で満たされた自己としての生き方です。

エネルギー・コードは癒しへの全く新たなアプローチです。私たちの文化では概して健全性を外側から内側に、上から下に、そして後方から見てきました。私たちが望む人生を創造するにはこれを変えなければならず、より重要なのは、真の創造者としての運命を実現させることなのです。

本書を最大に活用してエネルギー・コードが約束する体現と統合のレベルを創造するには、健康、癒しと私たちの自己認識についての私たちの精神的な認知を次のように変えなければなりません。

1　私たちを傷つける（そして癒す）ことは外界から来るのではありません。ウイルス、細菌その他の微生物だけが私たちを「病気」にし、薬や手術が私たちを「良く」してくれる、と考えるのはやめなければなりません。真の全体性、癒しと統合は内側から来るということを理解しなければなりません。なぜならそれは私たちのエネルギー・フィールドから始まるからです。

2　私たちは「単なる人間」以上の存在です。私たちは伝統的なスピリチュアリティ（またはヨガといったあまり一般的ではない方法）を学ぶときには、自分が私たちを人生の多くから救ってくれる神やスピリットを模索する人間にすぎないと考えがちです。真実は私たちが模索しているのは自分自身だということなのです。私たちはエネルギーの存在――そして、宇宙のすべてはつながっているので、エネルギーの源である神性のエネルギーと一体です。私たちのルーツは天にあり、私たちの最終目的地は、この地上で自分の神性な自己を完全に体現することなのです。

3　あなたの人生にはなにも「間違い」はありません。克服すべき問題も勝利すべき障害もないのです。量子の転換をして「見本の表面」から人生を見はじめれば、なにも間違っていないことが分かります。なぜなら私たちの人生体験のすべては究極的な恩恵として起こるからです。すべてが私たちの味方で、それはずっとそうだったのです。

エネルギー・コードのプログラムでは、各コードの詳細、実践の仕方のインストラクション、各練習から期待できる成果などについて学びます。あなた自身の量子の転換を実現し、魂で満たされた自己として生きはじめるために必要なすべてを学びます。あなたの全体的で、神性な、エネルギーとしての自己をオンラインにして、あなたの存在のすべての層を統合させるワークに没頭すれば、上記の真実の理解は一層深まります。

では、エネルギー・コードを実際に使いはじめましょう！

第二部

新しい存在の在り方

―― エネルギー・コード・プログラム

第四章　安定させるコード　自分のからだのなかに戻る

私はある日の午後、ダイニング・ルームのテーブルで次のワークショップで教える内容を書いていました。すると突然、頭の中で波動を感じました。あまりに強い波動だったので、その感覚をふるい落とし、落ち着こうと私は二回ほど頭を振りました。すると波動は止まったので私はコンピューターのキーボードでタイプする仕事に戻りました。が、すぐにまた波動が始まりました。私はもう一度頭を振りました。しかし波動は続き、ひどくなったので、私は仕事をやめて横にならなければなりませんでした。私が頭を枕に休めた瞬間に、頭の周りが光り出し振動する感じがしました。頭から背骨の一番下まで私のからだのコアを金色の光の柱が上下しているように感じました。その存在を感じることによって私は内側に意識を向けました。最初に感じた高揚感を味わいながら、私は自分が「自分」であることの意味を深く知り、新たなバージョンの自分に目覚めようとしていることを知りました。ただ今回は境のない光線になる代わりに、自分の体内で体験していました。私の本質のスピリチュアルな側面が身体システムの内側で活性化し、天と地が融合しはじめていました。とくに努力することもなく、私はそれまで可能だとは思えなかったようなやり方で自分の身体の奥深くを感じ、察しました。まるで自分自身の胸、首、頭の内側がみえるように感じました。様々な地域、さらには別世界のどこかのイメージが私のマインドに満ちました。それはとても懐かしい風景でしたが、私が行ったことがある場所ではなく、または行ったとしても覚えていないところでした。それでいて、そのどの場所にも何百回も行ったことがあり、私はそこに属しているように感じました。

それから数週間、数カ月間、波動の感覚は続きました。自分のからだのコアに意識を集中すれば、それまでしていたことをストップしなくても大丈夫なことが分かり、休みをとらなくてもその過程が起きることを許せるようになりました。ただからだのコアの筋肉を引き締め、振動しているあたりに息を吹き込めば、膨大な量のエネルギーをコントロールでき、それにフォーカスできたのです。そうするとエネルギーが私のコアに集まり、強くなるのが感じられました。そうしている間に、私は内なる深いところからなにかを思い出しているように感じました。

そうした変化には私の思考、感情と体内の感覚の劇的なシフトが伴いました。自分のコアのエネルギーが凝縮するほど、より解放感と安らぎを感じました。私はそれまで人生の大半で自分が脆弱で不安で不完全に感じていたのですが、よりしっかりと自分の人生が感じられ、自分のからだがこの世界の中に落ち着き、グラウンディングできたように感じました。私の内側でこのエネルギーが存在感を増すにつれ、後に学んだように、魂で満たされた自己（ソウルフル・セルフ）がしっかり根付くと、私の人生体験のすべての側面が極端に変わりました。

私は同様の波動の感覚を以前にも自分のからだと人生で感じたことがありました。誰もがある程度は経験していることなのです。けれど、その役目を認識せず、なにかが私たちの注意を喚起していることに気づかなければ、それを見過ごしてしまうことが多いのです。私がいま書いた状況ではその感覚は無視するには強すぎましたが、それは初めての現象ではなく、単に高揚感を感じた体験の結果ではありませんでした。私の覚醒のボリュームが増しただけなのです。

数年後に、自分のからだのコアに注意を向けるという行為は、自分の全体性のなかに「棲む」方法として意識の修行をする東洋のマスターたちが教えるプラティヤーハラと呼ばれる修行であることを学びました。けれど、エネルギーが増大し噴出している最中には、自分自身のシステムをコンパスとして受け取るガイダンスによって、私は自力で自分のからだに行き着く方法を探せました。その方法はエネルギー・コードが出現しだした頃に私が開発したワークによるもので、これがもとになり、安定させるコードになりました。その名前が示すように、このコードは私たちの本質の真髄のエネルギーを私たちの物質的な形、からだに安定させる力になってくれます。これが魂で満たされた自己として生きる最初のステップになります。

✣安定させるコードとは？

エネルギーの存在として私たちはバス停で次の物質世界での行き先を決め、自分の成長にとって最適な条件でこの世界に来ることを選びます。けれど、バス停を出た私たちは三次元の世界に着地し、その衝撃で**分散します**。まるでマインドはこっち、からだはあっち、魂である息は他の方向に行ってしまうようなもので、私たちは自分の真の姿やどこから来たのかを覚えていません（それがおもしろいところなのです）。私たちは自分が誰なのか、どこにいるのか、安全か否か、どのようにこの世界に馴染み、どうルールに従い、自分のサバイバルにとって最も重要にみえる人々をどう喜ばせるかなどを理解しようとします。しっかりしよう、理解しようとするあまり、全体にとってみればアンバランスなほどマインドを使いすぎてしまい、自分のからだやエネルギーや自分の残りの本質には気づかず、自分の生来の内側の知にならうことなく、ほぼ頭だけで生きるようになります。まわりの誰もが同じようにしているので、人類の文化にこの生き方を教えられ、強化されることになります。

けれど、頭で生きているとけっして自分の全体像は感じられず、ここを我が家とも感じられません。心地よくもなく、完全とも安全とも感じられないのです。その不完全さの感覚を是正する、または否定することに私たちはすべての時間とエネルギーを注ぎますが、なにも問題解決にはなりません。それは魂で満たされた自己という自分自身を知らないからです。自分の全体性にしっかり根付くための鍵は自分自身が生き、呼吸している身体の内に棲むことです。

この世界を我が家と感じ、真の能力を発揮して健全に幸福に、そして創造的に生きるには、私たちは**自分の存在を安定させなければなりません**。つまり、エネルギーの存在としての真の自己をこの地球と身体にしっかり根付かせるのです。頭だけではなく、マインドとからだと呼吸を組み合わせた私たちのシステム全体で生きなければなりません。自分を体現する必要があるのです。結局のところ、からだは私たちのエネルギーが最も凝縮した層で、私たちから隔離されてはいないのです。全くからだに存在しなくなれば、地球という世界を去ることになります。私たちのからだが私たちがここにいる理由であることはとても明快です！

体現は自分がマインドとからだを持つスピリットであることを認識することで実現できます。私たちは地球上で深遠な体験をするためにマインドとからだを使いますが、それが自分のアイデンティティだと誤解してはなりません。スピリットをマインドとからだに統合させるには、自分の立場とアイデンティティを確認するために外界を見るのをやめて、魂で満たされた自己の波動に自分の感覚を同調させなければなりません。

それにはどうしたらよいのでしょうか？

からだのコアにあり、チャクラが最も凝縮した状態で存在する中央脈管のエネルギーに注意を向けなければなりません。中央脈管は魂で満たされた自己の我が家です。このコードの実践を通じて、私たちは魂で満たされた自己を認知し、全体性を発揮できるように、この我が家を構築していきます。

安定させるコードはあなたをからだに根付かせます。マインドとして自己認識しようとするあなたの試みをやめる助けになります。私たちの注意とフォーカスを、外界から私たちの真の真髄であるエネルギーのコアにシフトさせるための第一歩です。あなたは自分のマインドと五感を使用し続けますが、以前とは違う使い方をするのです。外側でなく内側に向けて、マインドとからだと魂が真のお互いとの関係を築けるようにします。この統合により、分散したエネルギーを集めて混沌から構造をつくりだすエネルギーの強さが生まれます。それにより内なるヒーラーが目覚め、毎日の体験への動的なエネルギー、こころの安らぎと全体的な幸福感をもたらしてくれます。そうなればあなたの人生は単なる生き残りや、耐えるためのものではなく、あなたが選んだ冒険になります。

安定させるコードを実践すれば、自分の真の偉大さを明らかにしていくために魂で満たされた自己が常に送り続けてくれているシグナルやヒントを認知する力を強めることができます。このコードはより大きくパワフルな過程への第一歩ですが、実践するだけであなたの内側では明らかなシフトが起きます。中央脈管の流れに同調しその流れをより良くすることで、そうしたシフトはあなたの身体的、精神的、感情的な人生に大きな改善を導きます。

安定させるコードのワークのルーツは古代からの伝統（プラティヤーハラといったヨガの教えなど）にありますが、いますぐに誰もが実践できるように、私はそれを洗練させ簡略化しました。インドやチベットまで行かなくてもよいのです。この知識を得る「準備」をするために何年も沈黙の黙想を続ける必要もないのです。実際、人生を中断させる必要は一切ないのです！　このワークは一日中いつでもどこでも、ほんの数分でできます。

エネルギー・コードを実践する前に、主なポイントを復習しておきましょう。このワークはあなたのマインドだけではできません。やっているように頭で想像するだけではだめなのです。からだを使って身体的に体験しなければなりません。からだ、マインドと呼吸／エネルギー／スピリットという人間としてのあなたのシステム全体を使って回路を構築するのです。

からだに働きかけることで、私たちは痛みの認知やドラマを伴うマインドによる思考／筋書きの段階を飛び越え、直接問題と解決策の源に移れます。エネルギー・コードの実践は魂で満たされた自己として生きるためにマインド、からだと呼吸を訓練するための「操作法」なのです。

では、その実践に入りましょう。

✣安定させるコードの実践法

・実践法1　主体——対象——主体

映画を見ていてあまりの強烈さにすっかり引き込まれてしまった経験はありませんか？　スクリーンに向かって話しかけたり、すごいカー・チェイスのシーンで、おもわず想像のアクセルのペダルを踏んでしまったりしたことはありませんか？　または、痛ましい会話にすっかり引き込まれて泣いてしまったりしたかもしれません。そして、突然、理由もなく、あなたは自分が映画館の客席で他の多くの人に囲まれて映画を見ているだけであることに気づきます——あなたが自分の現実に戻るときには、あなたの内側でなにか劇的なシフトが起きているのです。一瞬、別世界にいたように感じたとしても、あなたはただ見ていただけなのです。

私たちは自分の人生をほぼこのように生きています。自分自身の外側にフォーカスし没頭しすぎて、自分の体内での体験に責任をもつのは自分自身であることを忘れているのです。自分自身の内側ではなく外界にある注意する対象にエネルギーを放り投げてそこに置き去りにしているのです。私たちのエネルギーがそうした外側の存在のすべてにとらわれてしまえば、自分の強さや安全、完全性は感じられないので、しっかりリラックスすることは決してできなくなります。こうした分散により私たちのシステムは弱まり、免疫力と自己治癒力も働かなくなります。

この分散は自分が愛している相手や、大きな喜びとなる体験にエネルギーを向けているときにも起きます。前向きな状況にいてさえ、システムを分化させれば、自分自身の感覚を失い、力を失うことになります。これが人間関係で「自分を見失う」メカニズムなのです。しっかり中心にいる代わりに、主体がその愛情の対象にとらわれてしまうのです。

逆に、私たちが自分のフォーカスと気づきを自分自身の中央脈管に引き戻せば、世界と関わりながら私たちは自分の中核を維持できます。安定しグラウンディングした場所から機能しているので、余力もたくさん生まれます。

この力を得た場所に意識的に移行する助けとして、私は主体──対象──主体と呼ぶワークを利用します。それは次のような方法で体験できます。

1　人でも物でも対象はなんでもよいので、一・五メートルほど離れたところにある対象を見てください。

2　それに注目し、しっかりそれを検証します。自分のエネルギーをそこに放り投げているように感じてください。愛を込めてフォーカスしてもかまいません。

3　次に、あなたの意識を自分自身、あなたのコアに戻します。自分がいまからだの中にいて、目を通してその対象を見ていることを感じてください。

4　どんな感じがしますか？　あなたの周辺の視界が広がるでしょう。自分の鼻や頬も見えるかもしれません。さらに、あなたが自分のからだに棲んでいることが再び感じられるでしょう。

5　数回呼吸する間、この自己認識を保ちます。

主体 —— 対象 —— 主体

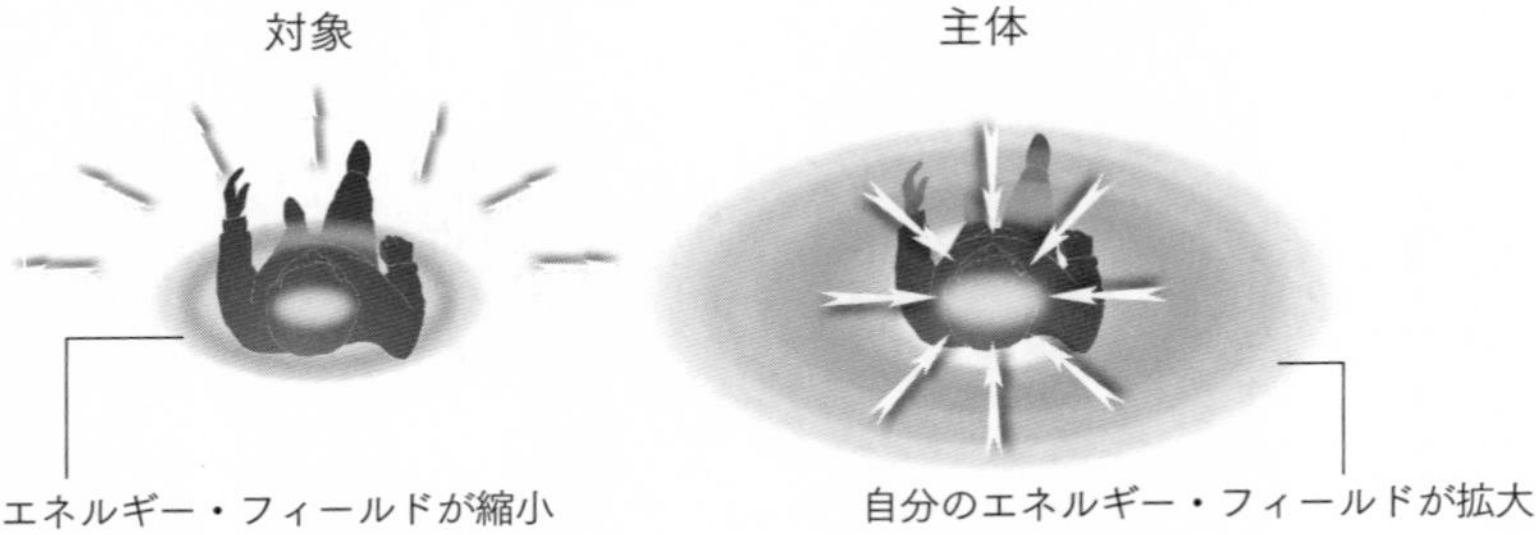

私は講演でよくこのワークを紹介します。観客の前に立ち、「あなたのパワーをすべて私に放り投げてください。自分から力を奪い、すべて私にください」と言います。彼らがそうしたら今度はこう言います。「今度は自分のパワーをすべて取り戻してください。あなたのエネルギーにあなた自身、おうちに戻るように呼びかけるのです」

観客がすべてのパワーを私に向かって投げるときには、私はまるで大きな波に打たれたかのように、文字通り後退りしてしまいます。そして彼らがエネルギーを自分に戻すときには、彼らの方に引っ張られます。これはいつでも、どんなグループでも同じです。部屋にいる人は誰でも観察できます。

皮肉なことに私たちが自分のエネルギーと注意のすべてを誰かになにかに投げるときには、実際には相手を押し遠ざけてしまうのです。これは人間関係を様々なかたちで複雑にします。困惑、矛盾するシグナル、そして力関係などです。なぜ誰かが私たちから愛されようと、または遠ざかろうとしているのかという筋書きを理解しようとする代わりに、自分のコアに安定させれば、自分のエネルギーで相手を圧倒したり「無理強い」しなくなるので、愛を表現しやすく、愛の対象をより近くに招けます。何事にも責任ある行動で対応することが可能になるのです（後で愛情関係における魂で満たされた自己についてはさらに説明します）。

フォーカスを自分自身の外側から内側、対象から主体に向けることで、人間関係や創造活動には大きな違いが生まれます。私たちはそうとは気づかずに世界中に自分のエネルギーを分散することに慣れきっているために、防衛的人格で生き続け、様々なドラマを生み出しているのです。

自分のからだにグラウンディングし直すというシンプルな気づきのシフトで、魂で満たされた自己として生きはじめられます。安定させるコードの残りのワークが、そのシフトを始めるための追加のツールになります。各コードのツールはすべて、実践するときにあなたが「自己に留まる」ことでより効果的になります。「自己に留まる」ことで人生での可能性が減るわけではないことは認識しておきましょう。より限定的でなくなるのです。大丈夫だという感覚を外界に頼らなくなれば、実際にはあなたの真の可能性はより広がるのです。

・実践法２　中央脈管の安定ポイント

からだの中にあなたの意識の安定させる方法が魂で満たされた自己を体現するための第一歩になります。そのための主なツールが中央脈管の安定ポイントです。それは中央脈管（コア）が魂で満たされた自己の本拠地だからです。

この実践法では私たちの真髄たるエネルギーを脈管につなぎとめるために四つの主な「鍵」、安定させるポイントを使います。ルート・チャクラは地球とつながり、この物質世界にしっかり存在し参加するための玄関口です。ですから私たちは、サンスクリット語で「ルートの鍵」を意味するムーラ・バンダと呼ばれる古代の修行法の一種を利用して、まずそこに注意を向けます。

ムーラ・バンダ「ルートの鍵」

この実践法に関して無数の感謝の言葉やメールを受け取っています。即座にからだに安定させてくれるのです。けれど、簡単には「動揺」できなくなるかもしれませんから、ご注意！　このムーラ・バンダを利用しはじめてから、「頭にこなくなった」と絶えず人々から言われています。

この驚異的なエネルギーのシフトのためには、背骨のベースに気づきを向けます。それにより即座にあなたのシステム中に分散したエネルギーのかたまりが集まり、そこにつながれるのです。

部屋中に散らばったヘリウム入りの風船を想像してみてください。ムーラ・バンダではその風船の紐をすべて摑み、一緒に引っ張って、小さな砂袋に結んでから大地に落とす（安定させる）のです。

ブンッ！　混沌は落ち着き、より整頓されます。私たちの気づきは突然、外側の私たちのシステムの表層からからだのコアに方向転換し、防衛的人格から魂で満たされた自己への見方の小さなシフトが起きます。

その結果、ただちに深くグラウンディングした感覚と、あなたがここに属しこの人生が「自分の選んだ仕事」だという健全性を感じるのです。そうしたエネルギーの風船を集め続け、飛び散り分散した状態から自分を抜け出させ整頓すれば、あなたは体内にいる存在感と強みを感じます。出来事や状況の被害者として自分を見る代わりに、自分の人生の創造者として生きるようになります。ムーラ・バンダはこの新たなアイデンティティを確立するための感覚神経回路を構築しはじめる方法です。生きる拠点を自分の頭から自分のコアに移すのは簡単そうですが、実際には大仕事です！

やり方は次の通りです。

1　地中からエネルギーを体内に引き込むように、あなたの骨盤のベースの筋肉を引き締め、おへその方に引き上げます（排尿を途中でとめるときの感覚、ケーゲルエクササイズとしてご存じかもしれません）。これをマスターするのに何日か数週間かかっても心配は無用です。そのうちにできるようになります！

2　何度か練習して、筋肉を引き締める感覚に慣れたら、できり限るきつく引き締めてから、半分緩めます。その状態を保ちながら胸からではなくお腹から何度か呼吸します（胸からの呼吸は闘うか逃げるかフリーズするかの反応を引き起こします。肺の上部にその種の交感神経の神経末端があるからです。腹式呼吸は癒しと創造性を活性化させます。鎮静効果のある副交感神経の神経末端があり、また肺の下部への血流も増加します）。

3　次にまた半分緩め、歯ぎしりしたりあまり努力せずに「そこにいる」感覚を感じはじめるまで、腹式呼吸を続けます。私たちの目標は普段意識していない組織内に気づきを生み、次により繊細にその部分で感覚認知できるようになることです。究極的にはこの実践法を上達させ、組織を調整できるにつれ、ほんの少し筋肉を緊張させるだけでエネルギーをフォーカスできるようになりますが、いまのところ、全力を尽くしましょう！

4　できる限り、やりたいだけ、一日のうち何回も実践しましょう。これにはやりすぎはありません！

ムーラ・バンダのこのバリエーションにより、組織が目覚めはじめるのに充分なほど、エネルギー・フィールドを背骨のベースに簡単に安定してつなぎとめられます。新たな波動が確立されれば、それが魂で満たされた自己が引っ越してくることを組織に知らせてくれます。

ハートを引き締める

次に安定させるポイントは、中央脈管を昇ったアナハタ・チャクラと呼ばれるハートのセンター、胸の真ん中にあります。ムーラ・バンダと同様に、ここでも私たちの注意を意識的にこの部分に向け、そこにエネルギーを「固定」させるために、筋肉を引き締めます。

ハートのセンターの安定ポイントでは次のように働きかけます。

1　心臓の筋肉がある左側ではなく、胸の真ん中、背骨を中心としたチャクラのあたりの筋肉を引き締めることによりハートのセンターを引き締めます。大胸筋を後ろの背骨の方に引き上げます。肩甲骨を一緒に引き下げます。三角筋（肩の角のあたり）を引き下げ、引き締めます。次にそこから胸の内側に行きます（この説明に混乱したら、仰向けに寝て重いウエイトを天井に向かって押し上げるベンチプレスをしているところを想像しましょう。または、とても重い物を持ち上げたり押したりしてどこの筋肉が動くか確かめる練習をしましょう）。

2　筋肉を引き締めたまま、何回か腹式呼吸します。それからムーラ・バンダでしたように、半分緊張を緩めて、さらに何回かお腹から呼吸しましょう。

3　ふたたび半分リラックスさせた状態で呼吸します。このエクササイズに慣れてきたら、あなたの気づきを胸のより奥深くまで届かせましょう。背骨と心臓のうしろの小さな筋肉、からだのコアの深部を緊張させてみましょう。

4　できる限り、やりたいだけ、一日のうち何回も実践しましょう。究極的にはハートの横や後ろ側が緊縮している間にハートのセンターの前側をオープンにするのです。肉体的にはあなたの心臓は結合組織により背骨に安定しています。この実践法の最中には背骨のサポートに寛ぎながらその構造をイメージしましょう。この実践はとても素晴らしい感じがするでしょう！

ハートをこのように引き締めることで、ムーラ・バンダを通じてルート・チャクラでしたように、私たちの真髄たるエネルギー、私たちの意識をからだにつなぎとめます。魂で満たされた自己の気づきに安定させるための接触点がもう一つ増えるわけです。これにより気づきはさらに外側から内側にシフトし、意識のエネルギーをハートのセンターに物理的に引き寄せ、鎮静、寛ぎ、癒しと愛を活性化させます。あなたのマインドは魂のこの愛に満ちた存在を活性化させ、素敵に感じはじめます。

喉を締めつける

中央脈管での次のステップは喉です。ここではダースベーダーのような呼吸ができるほど、喉を締めつけるようにします。息が通過するのが感じられ、聞こえるほど気道を狭めるのです。息を吸うときにも吐くときにも人が気づくほどの音が出るはずです。ヨガでがこれは「勝利の呼吸」、ウジャイ・プラーナヤーマとして知られています。これにより私たちは私たちが本来は常に存在しているところまで、その音の「後を追う」ことができます――魂で満たされた自己への量子の転換で勝利するのです。

やり方は次の通りです。

1　下アゴを少し開き、唇は閉じ、舌を上アゴの後ろに引き下げ、気道の入り口を狭めながら、喉の筋肉を引き締めます。アゴは少し引き（歯はしっかり噛み合わせず）、背を感じ、頭頂を天井の方に引き上げます。

2　鼻呼吸で何回か呼吸します。息が喉を通るたびに、砂の上で波が立てるような摩擦音が出るように呼吸します。まるでいびきをかいているようにです。出したいだけ大きな音を立ててよいのです！

呼吸が聞こえるくらいに喉を締めつければ、中央脈管にあなたの真髄たるエネルギーがこのポイントまで安定しているのが分かります。あなたのマインドでこの音をからだの中央脈管の中まで追えば、さらに意識をからだのコアに引き寄せられます。体現を完全に成功させるにはこれが重要で、あなたの自信と明快さをしっかり中心づけられます。

目のうしろのものになる

中央脈管の最後のポイントは頭の中心です。エネルギーが喉から上昇したら、それをちょうど左右の脳の中間の下にあたる中脳に直接引き上げるようにします。ここはとても重要な松果体があるところです。

松果体には私たちの目にあるのと類似したロッドとコーンと呼ばれる光の受容体があります。私たちの目は見える光のエネルギーを受信し送信しますが、松果体の機能の一部は高波動で微細で見えない内なる世界を「見て」受信することかもしれません。言い換えれば、ここが私たちの内なる感覚、第六感の本拠地なのです。私は自分自身の体現の回路と超常感覚の認知力を開発してから、個人的にそれを体験しています。

この実践法は次のようにします。

1　目は開けたままか閉じて、第三の目と呼ばれるあたり、眉の間のおでこに注意を向けます。意識を自身（主体）に向けて、そのスポットに注意をフォーカスさせたときに感じる感覚に注目しましょう。

2　そこにしっかり安定できたと感じるための感覚がもっと必要な場合には、緊張を感じるまで目を上に向けましょう。

3　その緊張を少しの間保って、腹式呼吸を何回かします。

主体――対象――主体のエクササイズと同様に、この安定ポイントの目標は自分自身を「目のうしろにあるもの」と認識することです。これがフォーカスを外側から内側、「そこ」から自分のコアの「我が家」に劇的にシフトさせます。からだに安定させるには、自分の目を通して外を見る意識である必要があるのです。

―――

さて、中央脈管にある四つの安定ポイントに馴染んだら、次は、生命として流れるエネルギーの通り道、私たちのエネルギー・システム全体にとってのスーパーハイウェイとして自分の脈管を見て体験しはじめましょう。いずれも、安定ポイントごとの特別のガイドがなくてもワークができるようになれば、リラックスしてからだに安定する感覚が楽しめます。

詳しくは後ほどにして、いまはしっかり引き締めましょう！

安定ポイントを一つずつ引き締めましょう。ルート・ロック、ハートのセンター、喉と第三の目で

中央脈管　安定ポイント

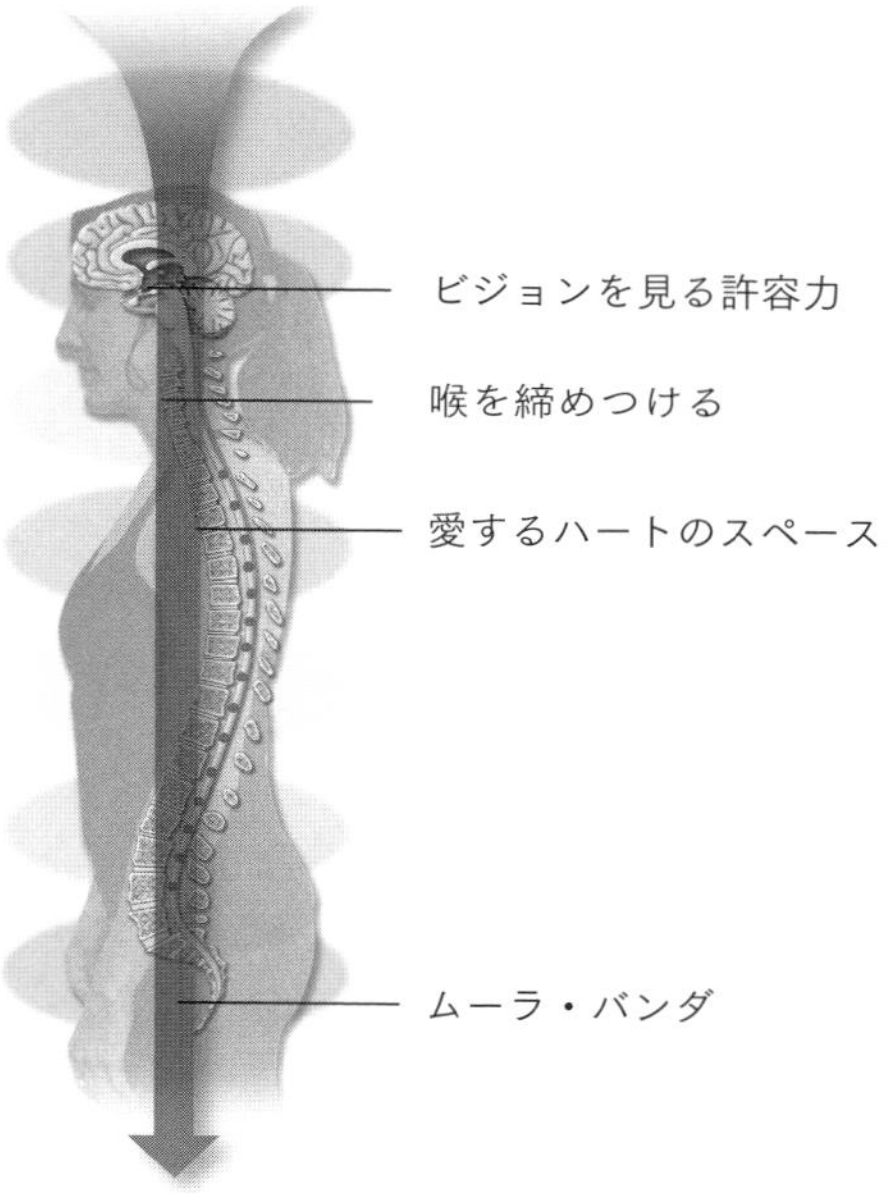

す。鼻から音が聞こえるように呼吸しながら緊張を保ちます。脈管を上昇しきったら、脈管を下る配水管があるかのように四つの部分を結びます。目の後ろの緊張から呼吸が聞こえるように引き締め、喉へ、引き締めているハートまで、そしてムーラ・バンダに下がり、そこから木の根のように地中深くに下ります。

その順列を感じ、察し、想像します。必要ならでっちあげてください。これを実践すればするほど、このあたりの感知力が育ちはじめ、感覚系の回路が増加すれば、魂で満たされた自己の気づきとそのエネルギーの流れも増します。

よく引用されるアルベルト・アインシュタインの格言を思い出しましょう。「直感的なマインドは神聖な天賦の才能で、理性的なマインドは忠実な召使いだ。私たちはその召使いを崇め、天賦の才能を忘れた社会を創ってきてしまった」。私たちはこの感じる能力で理性的なマインドを、感覚的なマインドの召使いとして使うべきなのです。あなたはマインドを起用してかつてしたことがなかったようにあなたの感覚を監督して利用するようになります。その結果、以前は目覚めていなかった方法で、あなたの真の真髄に目覚めるのです。

四つの安定ポイントとは別に、中央脈管の中に真の真髄をフルにオンラインにさせる役に立つのが、次のユニークな呼吸法です。

・実践法3　中央脈管呼吸

人々がフルに生きられない原因の一つは、ちゃんと呼吸できていないことにあります！　息はエネルギーです。からだに息を吸い込み、からだから息を吐き出すと、私たちは自分のエネルギー・フィールドからエネルギーも出し入れしているのです。安定ポイントと地球の大地とのつながりの意識を維持しながら呼吸するのは、エネルギー・センター（チャクラ）を活性化させ、魂で満たされた自己の体現の場である中央脈管にエネルギーを固定するための効果的な方法です。

中央脈管呼吸はエネルギー・コードの基盤となる実践法です。からだのコアから呼吸すれば、自分という多次元的な現実（からだ――マインド――スピリット）を実感として体験でき、サバイバルに向けた反応モードからより高次の目的の感覚に基づく見方へとスムーズにシフトできます。

中央脈管呼吸でもエネルギー・コードの他の実践法と同じように腹式呼吸を利用します。つまり、胸からの浅い呼吸ではなく、息を吸うごとにお腹が膨らみ、息を吐くごとに凹む呼吸です。下記のやり方に従って中央脈管を通して呼吸する際には、**中央脈管のどの部分も飛び越すことなく**、エレベーターに乗って上下するように、からだのコアの各エネルギーセンターを意識的に通過しながら上下します。これがあなたの電磁波、さらには神経回路のすべてを起動させるための鍵となります。

中央脈管呼吸のやり方は次の通りです。

1　安定ポイントからスタートします。ムーラ・バンダで骨盤底を引き上げ、腕立て伏せをするようにハートを引き締め、ダースベーダーのようにのどを締めて呼吸し、目と目の間を一瞬緊張させせます。

2　頭上十五センチくらいのところを意識してそこから息を吸います。最初のうちは、息と一緒に白か金色の玉を吸い込むようにイメージするとやりやすいかもしれません（けれど、究極的には**あなた自身が光の玉**で、あなたが頭頂から中央脈管を通って下るように感じます。外側からの視点ではなく地下に下るエレベーターに乗っているように）。

3　安定ポイントをできる限り引き締め続けて息を吸いながら脈管の一番下のお腹まで下ります。息を吸うときにはお腹が膨らむようにします。

4　四カ所の安定ポイントを引き締め続けて、お腹からまっすぐムーラ・バンダを通して地中ま

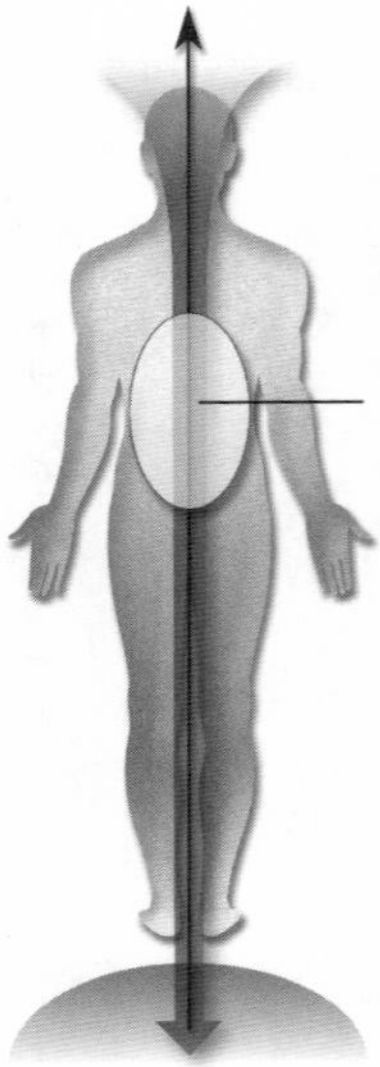

で息を吐き出します。息を吐くときには、お腹は背骨の方に凹みます。

5　次にその反対の動きをします。地中からムーラ・バンダを通してお腹まで息を吸い込みます。息を吐くときには中央脈管のシャフトを通してエネルギーが頭頂まで上昇するのを感じます。

この一連の動きを繰り返します。一回のサイクルで二呼吸します。頭上十五センチから息を吸い込み、ハート／お腹／コアを通して地中に息を吐きます。そして地中から息をハート／お腹／コアに吸い込み、頭頂から息を吐き出します。

この実践法は心地よい程度からはじめましょう。そうすることで安定ポイントを引き締めながら息が中央脈管を上下するのに集中できます。慣れてきて安定ポイントを引き締めたままにすることが自然に感じられるようになったら、呼吸をわざと速くしたりゆっくりしたりして異なる効果を出すことができます。より速くパワフルに息遣いが聞こえるように激しい呼吸で実践すれば、チャクラの間の高密度な組織のベールを突き抜けやすくなります。ゆっくり、やさしく深い呼吸は、回路構築と微細エネルギーをきめ細かく統合させる役に立ちます。よりゆっくりした呼吸をすればよりリラックスでき、ストレスや長時間にわたって精神を集中させたことによる疲労を緩和できます。こうした呼吸をマスターする方法を次にご説明します。

活発に中央脈管呼吸を実践する場合には、四回カウントします。二カウントで息を吸い、二カウントで息を吐きます。こうすると息を「フッと」吐いていることに気づくでしょう。力強い息が中央脈管にある厚い壁や高密度の部分を突き破る様子を想像しましょう。

穏やかな中央脈管呼吸を実践する場合には、呼吸をゆっくりとし、吸う息と吐く息の長さは同じにして六、八、または十とカウントします。

どんなタイプの中央脈管呼吸でも、最も大切なのは息がからだのシステムを上下しながらすべての回路を活性化させる様子を意識（そして理想的には息になる）することです。脈管内の安定ポイントやその中間を漏れなく息が通るようにします。

中央脈管呼吸は一日に何回か実践すればすぐに上達できます。とくに夜寝る前、眠りに落ちる直前と、毎朝目覚めたて、ベッドから起き上がる前に実践しましょう。睡眠の直前直後は潜在意識と顕在意識の対話が最も盛んなので、あなた自身の新たな現実を創造し確立するのに最適な時間なのです。

最大の恩恵を得るために、毎日の呼吸を中央脈管呼吸にしましょう！　からだを超えからだを通して呼吸するたびに、そして再びからだを超えて息を吐くたびに、自分は単なる身体の存在以上の存在であるという潜在意識の気づきを活性化できます。常に自分自身の多次元性から引き出しリフレッシュし続けられるのです。この方法により私は毎週それは多くのことを成し遂げ、毎年若返るように感じています。

・実践法４　保留と落下

保留と落下はフリースタイルの中央脈管呼吸で、少し目的も利用法も異なります。主体――対象――主体のように、頭の中、肩の表面、からだの上などに分散して溜まっている自分のエネルギーをからだの中心に集める役に立ちます。この実践法では流れる滝のようにエネルギーをからだに落とし、密度の高い部分も集めて流して、パワフルに地中に排出します。

この「排出」は私たちにとって多大な価値があります。古い思考のパターン、筋書きやその他の習慣などの停滞したエネルギーへの固執、状況や状態をコントロールしようとすることからあなたを解放してくれます。役立たずのエネルギーに私たちが執着するのは、気持ちがよいからではなく、そうすることしか知らないからです。それに馴染んでいるからです。けれど、それを手放さなければ、分散して高密度に溜まったエネルギーが私たちのエネルギー・フィールドと流れを弱め続け、同時に解放を求めることにより、人生に痛ましい摩擦を起こします。

けれど、私たちがエネルギーとして変化し手放すことに慣れれば、このエクササイズでするように自分のからだを通してエネルギーを放出し、その放出をからだでどう感じるかに慣れれば、もはや役に立たなくなった思考やアイデアをマインドは手放しやすくなります。からだを通してエネルギーとして手放すことで、真に精神的、感情的になにかを解放するときに体験するエネルギーのパターンを複製できるからです。マインドにとって自分がつくった筋書きを手放すのはより困難です。だから、より簡単に素早くでき、実際に高密度な部分があるエネルギーのレベルで手放す方がよいのです。そうすることでマインドをより創造的、生産的な探求に向けられます。

たとえば、あなたが誰かと衝突して、その人にあなたの考え方を知らせ、相手に同意させたいと真剣に望んでいると想像してみましょう。次に突然あなたが言いたいことを相手が理解し、すべてに同意したと想像しましょう。あなたがその人を説得しようと払ってきたそれまでのすべての努力は解放されます。あなたの使命は完遂したので、あなたはもう問題は抱えていません。それはあなたの外界を変えます。他人が変化したことにより摩擦が解消されればあなたの内なる世界は変わり、欲望が満たされたことでエネルギーがからだ中に駆け巡ります。

もちろん、この変化の例は外側の変化が内側に影響した例で、究極的には私たちにコントロールできるものではありませんが、その逆なら私たちにもできます。内側から外側に変化を生み出すのです。相手があなたの言いたいことを理解する前に、すでに理解したらどう感じるかを実践してみるのです。そうすれば、衝突が生まれる前に問題を捨て、その道筋の摩擦をとめられます。こうしたエクササイズは溜まったエネルギーと防衛的人格の状態を解放するためのパワフルな方法です。

保留と落下の実践法のやり方は次の通りです。

1　いまの自分の頭と肩のまわりのエネルギーに注意を向けましょう（お腹やおしり、足より手応えがあるはずです）。

2　あなたのコアに深く息を吸い込みながら、すべての緊張を同時に頭の中心に送り、そこに保留しましょう。上半身のすべてをただ手放すのです。

3　あなたのコアを自分の中心にできるように、四つの安定ポイントを引き締めます。

4　次に息を吐きながら、このエネルギーを中央脈管を落下させ、あなたが座っているか立っている下の地中まで落とします。次に安定ポイントをすべて緩めますが、エネルギーはコアに保ちます。この落下により頭の中部にある創造力のセンターにエネルギーが感じやすくなります。他のすべてを落下させて、根付き、安定させます。とても気持ちがよいでしょう！

5　ムーラ・バンダ（これが実際には断続的であることを理解して）をしていない間は一日中、この保留と落下を維持しましょう。骨盤底を落とし、お腹を落とし、肩を落とし、足の裏を開いて、地中に落下させましょう。一足ごとに愛に満ちたサポートの滝がからだ中を落下するのを感じましょう。

私たちはなにかに執着するごとに自分のエネルギーを保持し膠着させてしまいます。それでなにも動かず変わらず流れなくなります。エネルギーの男のイラストのメンタル体の層に自分を留め、自分のコアに落下することを妨げてしまうことになるのです。それでは啓示は得られません。膠着したエネルギーを積極的に動かすことは、エネルギー・コードが目指す自己修養の一部です。エネルギーにしがみつくのではなく、エネルギーを動かすことに慣れるのです。自分のからだに安定しつつ、流れ、執着しない状態でいられるようになるためです。この最適な状態でいられれば、外界の状況や外界からの確認に頼らず創造、愛、健全な感覚を増すことができます。愛のパワーが焚き火の役割を果たし、高密度で膠着したエネルギーが人生体験をより魅力的にするための創造力に変わることは、本書の後の章でお伝えします。

✣安定させるコードとチャクラの関係　ルート・チャクラ

このコードはあなたのシステム全体に大きく影響しますが、背骨のベースを中心としたルート・チャクラにとくに影響します。チャクラはそれぞれ特定の意識の側面、人生の領域とからだの部位を司るので、チャクラの機能と流れを改善すれば、あなたの健康、体験、人生に対する考え方とアプローチによい影響があります。

ベース・チャクラ、ムーラダーラ・チャクラとも呼ばれるルート・チャクラ（サンスクリット語では文字通り「ルートの支援」を意味する）は私たちの存在の最も根源的なレベルに関わっています。身体の生き残りと安全に責任を負っているのです。ルート・チャクラが活性化していない人は自分の

安定させるコードとチャクラの関係　ルート・チャクラ

名称	第一のチャクラ、ベース・チャクラ、ムーラダーラ・チャクラ
位置	背骨のベース
色	赤
音階	C
影響するからだの部位	骨、骨格、臀部、脚、足、性器、背骨の基底部、腎臓、からだの生命力、歯、爪、血液、細胞の構築、副腎
覚醒モデルの「裏面」の症状	精神的な無力感、空想癖、内なる静謐が保てない、変形性関節症、病弱、生命力の欠如
覚醒モデルの「表面」の特徴	自制心、高度な身体的エネルギー、グラウンディングしている感じ、生き生きと健康、「私は源としてここにいる」という認識：「これが私の役目」、「私はここに属する」、「私は自分で選んだ経験をもたらす」
実践法	• 主体―対象―主体 • 中央脈管に安定させる • 中央脈管呼吸 • 保留と落下
呼吸法（第八章で説明）	中央脈管呼吸
統合を促進させるヨガのポーズ	• 椅子のポーズ（ウトゥカターサナ） • 戦士のポーズ1　（ヴィラバドラーサナ） • ピラミッド　（パールシュヴォッターナーサナ） • 木のポーズ（ヴルクシャーサナ） • 立位の前屈ポーズ（ウッタナーサナ）

からだや物質的な生活にしっかりグラウンディングしておらず、常に生き残りに関する問題に気を取られて気をもみがちで、不安定で安全でないと感じがちです。即物的に行動したり、恐れたり、気まぐれだったり、外界ばかりに気をとられがちです。コミュニケーションや感情、自尊心に大きな問題があり、そのために何度も結婚したり仕事を変えがちです。またはそうした傾向を自分のからだに「溜め込み」、外側は幸福で強く見えても内側では極めて大きな矛盾を抱えている人もいますが、ある時点でこのエネルギーの漏れに耐えきれなくなり、恐れに打ち克てなくなります。

第一のチャクラに問題がある人の多くは帰属感が全く感じられずに苦しんでいます。目の後ろの内側に一つの現実感があり、それが自分が生きている現実とはマッチしないように感じるのです。その結果、自分が信じられず、自分は頭がおかしいと感じたり、ただ、耐えるために引きこもったりします。このチャクラとそれが関係する意識のレベルが一般的なレベルでの身体の存在感と健全性を司っているので、身体的な症状としては、概して病弱、免疫不全、バイタリティの低さや骨粗しょう症、関節の痛みや弱さ、脚や足の不安定さといったからだの構造上の問題としてあらわれます。

あなたがルート・チャクラにいなければ、あなたは自分のからだにいないのです。ここに完全にいなければ、あなたは苦しむのです。安定させるコードの実践がその役に立ちます！

156ページの表はルート・チャクラの主な特徴です。チャクラのエネルギー的な要素が身体の部位に反映されていることに注目しましょう。

ルート・チャクラは大地からのエネルギー（真の私たち）が私たちの体内に入る場所である中央脈管のベースにあるので、このチャクラのぐらつきや障害は脈管の全体のぐらつきを導き、創造力の中心となる脳の高度な部位の究極的な活性化を妨げます。そうなれば、真の運命は決して体験できません。覚醒モデルの裏面の生き残りのモードから、人生に最善を尽くそうと努力するだけになってしまうのです。ですから、ルート・チャクラのエネルギーの流れを活性化し最適化することは私たちの健全性にとっての基盤なのです。

安定させるコードがそのためのツールを与えてくれます。このコードを実践することで、ルート・チャクラが統合でき、その結果、安全性、帰属感と健全性をよりしっかり感じられるようになるのです。「この世界が私の仕事場」、「私にはこなせる」と認識しはじめます。生涯にわたるバイタリティを養い維持できるようになります。世界は自分がなんとか馴染もうとするところとみる代わりに、この人生は自分が楽しみ、冒険するものとして創造力を発揮し、強靭な身体の健康、バイタリティと自己修養で体験するものだとみられるようになります。

✣安定させるコードのためのヨガ

エネルギー・コードを実践する能力をつけ、その恩恵を高めるものとして、特別なヨガを取り入れることにしましょう。意識を集中させてしっかり「存在して」ヨガを行えば、マインド、からだと魂（息）を完璧に融合させられます。ヨガはあなたが動かしながら息を通すからだの部位にマインドをフォーカスさせます。それはあなたの真髄のエネルギーをしっかりからだに着地させ安定させ、エネルギーのパターンと流れを動かし管理する能力を獲得するために必要なコラボなのです。

私が教えるボディアウェイク・ヨガではそれぞれのポーズごとに意識のコミュニケーションの回路を構築します。ヨガは初めてでも心配はいりません。全くやったことはなくても、ここでお勧めする基本のワークはできるでしょう。とてもシンプルですが、熟練したヨガの生徒や先生にとってもパワフルで蓄積できる恩恵があります。（三十年以上の）ベテランのヨガの先生の多くがこの補足のインストラクションがもたらす違いに驚きます。ですから、きっとあなたの役にも立つでしょう！

では安定させるコードのためのポーズについて説明します。

誰にでもできるシンプルな椅子のポーズ（ウトゥカターサナ）はルート・チャクラをパワフルに統合し、魂で満たされた自己としての存在をあなたが構築しはじめられるよう、中央脈管のベースにあなたのエネルギーをグラウンディングさせる役に立ちます。立って行うのやバランスをとるのが難しいなら、端に――そうです、椅子の！　端に座っても椅子のポーズは実践できます。

・椅子のポーズ（ウトゥカターサナ）

椅子のポーズでは、からだで椅子に座る動きを真似ます。やり方は次の通りです。

1　脚を腰幅に開いて立ちます。足のかかとと足底を大地に根付かせます。地面（や床）と自分のつながりをしっかり感じます。

2　椅子に座るときのように膝を曲げ、腰を後ろにひきます。膝がつま先より前に行かないように坐骨を押します。膝の間隔を並行に保ち、開かないようにします。もっと支えが必要なら膝をつけます。

3　肩が柔軟なら、両腕を頭の上にあげます。または、ポーズが保てる程度に、なるべく高く腕をあげます。

4　そのポーズを保ち三回か四回呼吸してから、脚を伸ばし、腕は両脇に下げます。

さあ、この椅子のポーズで安定させるコードの実践法とボディアウェイクの原則を統合させて、すべての恩恵を増大させましょう。

1　椅子のポーズを維持しながら、足の六十センチ下の地中のスペースにフォーカスします。そのエネルギーにあなた自身を安定させるのを感じましょう。

2　いったんつま先を持ち上げてから下ろします。かかとに重心を置いて中央脈管が開くのを感じましょう。次につま先に重心を移して中央脈管が閉じるのを感じましょう（これは中央脈管の感覚が分かるようになるための優れた練習です）。準備ができたらふたたびかかとに重心を移し、中央脈管にフォーカスしながらそのポーズを保ちます。

3　つま先をリラックスさせて、右足を押し、次に左足を押します。足首を回し、「自分がそこにいる感じ」が分かるように足首の関節を押します。膝に注目しながらそっとからだを上下させます。おしりの関節の前、後ろ、内側、外側を引き締め、腿とおしりの筋肉を引き締めながら、すでに練習したように中央脈管で深呼吸を上下させます。支えのために膝をつけている場合にはこの時点で膝もしっかりつきあわせ、そこに回路が構築されるのを感じましょう。

4　ムーラ・バンダを引き締めます。肩甲骨を引き寄せて下げることでハートの後ろを引き締めます。エネルギー的に腕を肩に「差し込み」、顎を引きながら、腕を完全に上に伸ばします。上目づかいで目のうしろに緊張を感じます。脈管全体と背骨の前部に沿っての感覚を感じ、さらに下がって脚から足、究極的には地中まで感じます。

5　二回、呼吸を脈管内で上下させます。脚の脈管全体を通して中央脈管に息を吸い込み、あなたが立っている六十センチ下の地中からエネルギーを引き上げることから始めます。コアに息を集めてから、上向きにハート、喉、第三の目を通じて息を引き上げ頭頂から吐き出します。次に頭上から息を吸い込み下向きに頭、喉、ハート、お腹とムーラ・バンダを通過し、脚を通って息を地中に吐きます。あなた自身がからだを通過する息になるように感じられれば理想的です。

・ルート・チャクラを統合させるために補足するヨガ

安定させるコードの効果を増大させるための椅子のポーズに次のアーサナも加えられます。（七つのエネルギー・コードのそれぞれにお勧めするヨガのポーズについての詳細は次のリンクをご参照ください。https://drsuemorter.com）

各ポーズで安定、グラウンディングできた感じがしたら、脈管を通して足の下からエネルギーと息を引き入れ、頭頂から息を吐き、そして頭上から息を吸い脈管を下らせ、ムーラ・バンダを通して足の裏から地中に息を吐く中央脈管呼吸の統合を始めましょう。

- 戦士のポーズ1　(ヴィラバドラーサナ)
- ピラミッド　(パールシュヴォッターナーサナ)
- 木のポーズ　(ヴルクシャーサナ)
- 立位の前屈ポーズ　(ウッタナーサナ)

✣安定させるコードでよくある問題

ライブのイベントで安定させるコードを教えるときに遭遇しやすい課題がいくつかあります。それらは簡単に、実践しているうちに解決できます。

課題1　筋肉を引き締めるのと呼吸を同時にできない。お腹に息を吸い込みながら同時にお腹と骨盤底をひきあげるのは難しいと感じるのは、どちらをすべきか混乱している場合が多いのです。「引き締めるのですか？　それとも深呼吸するのですか？」と聞かれます。私はいつも「抵抗、それが生み出す葛藤を感じるように、同時に両方しようとしなければなりません」と答えます。

私たちの真の姿を知るための道では、理解するために葛藤が生じることを覚えておきましょう。引き締めと同時に呼吸をすることで起きる内なる葛藤は私たちの意識を進化させるために役立ちます。

筋書きに基づく遊園地のバンパー・カーのアプローチに代わる内なる別のアプローチなのです。この世界を学ぶ方法の一つが抵抗を通してされるのです。たとえば、誰かと議論するときには、自分との違いをはっきり区別することによって自分をよりよく理解できます。同様に、息でお腹を膨らませながら筋肉を引き締めることにより、内側で引き締めるのと同時に外側に伸ばすことになり、抵抗が押し込むことと押し出すこととの違いを区別し、私たちの内側で葛藤が生じます。私たちはそれを感覚器官で感じ、以前には気づかなかったかもしれない方法で、からだの内側のどこが「生きて」いるべきかが分かります。抵抗を通して私たちの「誰がどこに」いるかを学ぶのです。**内側にこの抵抗をつくりだすことで、外界の人間関係ではそれを生み出さずにすみます。**からだの闘うか逃げるかフリーズするかの反応が落ち着き、マインドはリラックスし、より魂で満たされた自己が出現しやすい環境がつくれます。その後には骨盤底がリラックスし、自己感覚が維持できます。

課題2　引き締めている場所のどこでもなにも感じられない。私たちは多くは長年頭の中で生きてきたので、からだの微細な感覚を感じる能力を失っています。それで本当に大丈夫なのです！内側を引き締めても本当になにも感じられなければ、そのあたりの外側に手をあてて、そこの感覚が感じられるまでそっと押してみましょう。たとえば、ムーラ・バンダで背骨のベースに注意をフォーカスするには、恥骨のすぐ上の下腹部を押すか、自分の手か足の上に座ります。ハートの場合には指で胸骨を「押し入るように」押し、自分の手で押し返すか、または仰向けに寝てベンチ・プレスのようになにか重い物を押し上げます。喉の場合には、複数の指か手の平で喉（の前か後ろ）を、この場合も「押し入る」ように軽く押し、押し返します。頭の中心の松果体の場合には、目を上目づかいにして、眉の間を押します。「正しい」やり方をするようにと気に病む必要は全くありません。次の章で、こうした場合の対策をより詳しく説明しますが、いまはこのアドバイスに従ってください。ここでの目標はあなたのフォーカスと意識的な気づきをあなたが働きかけている部位に向けることです。そこに魂で満たされた自己の存在、高密度なフォトンを構築するためにです。感じる感覚をあなたは取り戻し、それを構築できるでしょう！

課題3　一度にやることが多すぎる気がする。こうした実践法、とくに中央脈管呼吸を始めるときには、同時に多くのことに意識を集中しなければならないように感じるかもしれません。けれど、運転を習いはじめたときの手と足の動かし方とか、いくつもの料理を同時に仕上げなければならない調理とか、ゴルフのスイングとか、人生ですることの多くが同様です。ですから始める前に、最初はちょっとやりにくくて機械的に感じても、他にあなたが学んだことと同様で、実践しているうちに楽になるという覚悟で始めることをお勧めします。実際、たった数日でよりたやすく感じられるようになるかもしれません。自分に愛と思いやりを持ってやれば、より速く上達できるでしょう。

同時に安定させるポイントのすべてを引き締めながら中央脈管を行ったり来たりさせるように呼吸できなければ、ムーラ・バンダのみからはじめましょう。日中、ときどき時間をとって、骨盤底を引き上げて、あなた自身のエネルギーの存在をそこに感じましょう。何回かそのまま呼吸してから、緩めます。覚えている限り、一日のうち何回もそれを繰り返しましょう。それからハートを引き締めることを足し、深い腹式呼吸をしながら、その二つのセンターに気づきを集中させます。次に喉を足し、最後に目の後ろに注意を集中します。すぐに脈管内で息を上下させられるようになるでしょう。

最も重要なのは、諦めないことです。ムーラ・バンダは誰でもできることで、その小さな努力だけでも、エネルギー・コードで実現させようとしている量子の転換にマインドを向けさせる上で大きな効果があります。ですから、少しずつ、段階を踏んではじめて、よりたやすくできるようになるまで、各実践法で中央脈管と呼吸に関する気づきを深めていきましょう。他のエネルギー・コードの実践法についても同様です。必要なら小さな部分に分けて結構ですが、実践し続けましょう。諦めるには恩恵が大きすぎるからです。

いったんあなたの注意を意識的にからだのコアの内側に安定させることができたら、さらに魂で満たされた自己としての自己認識に努力を向けられます。それにはあなたの人生体験に関連してあなたの内部で起きる特定のエネルギーのパターンを察して感じます。自分の人生でなにが起きているかを理解してそれに対応する全く新たな方法を開発し、筋書きのレベルで学び続けるより早く恩恵が得られるようになります。あなたが世界に反応するのではなく、これからなる創造者として生きられるようになってほしいというのが私の真意です。自分の許容力をフルに目覚めさせ、独自の考え方ができる人々を世界はもっと多く必要としています。つまり、それはあなたなのです！　あなたの出番です。次のフィーリングのコードで、それを活性化させ、さらに多くを学びましょう！

第五章　フィーリング・コード　魂の言語

数年前、私は八年間付き合い、生涯の伴侶と考えていた人と別れました。新たな回路を構築し、光線を浴びた体験により私の内側で開いたものの多くを統合しはじめていた頃でしたが、別れは私にとって新たな領域でした。

それは愉快な体験ではありませんでした。その一年前に母を亡くしたばかりだったのに、今度は恋愛関係も解消となったのです。私たちはどう関係を解消していくかでは合意していましたが、話し合った通りにはいきませんでした。ある日曜日の夜、私は空港から帰宅すると、家の中は半分からになっていました。私が引き取るはずだった犬もいませんでした。私は打ちひしがれました。

自分が体験するとは夢にも思っていなかった痛みを感じました。魂を突き刺されたような痛みで、予想もしていなかっただけに最悪の体験でした。この世でそうした種類のやりとりはしたことがなかったということなのです。こうした状況を抱えながら私は各地で一般向けの講演をしはじめていました。それが自分の人生として歩むべき道だとは分かっていましたが、一方では私が経営するクリニックの他の医師たちやスタッフ、患者の世話やガイダンスという責任もありました。飛行機の便がキャンセルになったりして、患者やチームとの約束を守れなくなることもよくありました。私の内側でそれまでになかったストレスが溜まっていきました。

ある日、家からオフィスに向かう途中で、忘れ物をしたことに気づきました。家に戻り、自分の寝室からクローゼットに向かう途中で私はベッドに崩れ落ちました。壊れたハートが破裂し、私は全身を震わせて泣き出したのです。涙が骨の下から湧き上がってきて、喉まで絶望の波を押上げ、口や目、さらには肌からあふれ出すように感じました。

私はいつもの通りにしようと頑張り、しっかりとうまくやっていくことにあまりに多くのエネルギーを費やしていました。「ただ、そのことは考えなければよい」と自分に言い聞かせていたのです。もう一つ感じなければならないとは考えられなかったのです。けれど感情的に消耗した状態で、ダムが決壊して洪水が起きたようでした。

涙で濡れたベッドに横たわり、私はすべてを手放しました。ただ痛みに浸ることを自分に許したのです。抗ったり、しがみついているのに疲れたのかもしれません。ただ目覚めるべきときだったのかもしれません。いずれにしても、そのときに自分が誰なのかという意味での私の内なる体験は永遠に変わりました。

泣きながら私は自分のコアにつかまろうと、胸とお腹をしがみつくようにつかみました。すると次の言葉が頭に入ったのです。「すべてが去っていっても、少なくとも私には自分がいる」

その瞬間に、まだ泣きながら、私はそれまで感じたことがなかった最大の喜びを感じました。私はとても困惑しました。何年かぶりで最も動揺していたのに、同時に有頂天になったのです。

よりよくしようと努めることを手放したことで、私はよりよくなれました。私はそれまで行進する戦士のように振る舞っていましたが、それ以上は進めない時点まで来ていたのです。私は鎧を捨てて、開示されるものを感じることを自分に許しました。自分は強い人間ですべてをうまくやれるという考え方を解消できたのです。一瞬にして防衛的人格の努力は溶け去り、未解決の感情も喜びとなってあふれ、私は解放されました。

ベッドの上で、私の思考するマインドとその防衛的人格は私の魂で満たされた自己（ソウルフル・セルフ）に降伏したのです。その日まで私は自分が戦士のモードにあったことは自覚していませんでした。「間違ったこと」を直し、自分を守るという私の動機は自分が圧倒されるまで潜在意識に残っていましたが、圧倒されたことで私は自分のコアに到達し、手放すことでコアまで落下できたのです。この瞬間に数年前から始まっていた私の高貴な体験がかつてないほど私のからだの奥深くに安定した気がしました。

いまでは私はほぼ、その状態で生きています。けれど、なにかが起こり私がコアから引き戻された場合には、自分のエネルギー・フィールドに負荷がかかっていると察するや否やコアに落下して、なにが本当に起きているのかを**感じる**ことを自分に許します。自分のマインドと防衛的人格で物事を動かそうと努める痛みから自分を救い、自分のからだとフィーリングにすべきことを伝えてもらうのです。

❖フィーリング・コードとは？

このフィーリング・コードで、そうした実践法をご紹介します。

安定させるコードで、私たちは魂で満たされた自己のエネルギーを身体につなぎはじめました。身体を棲むべき自分の家とするのです。そのために体内のマインドにフォーカスし、マインド、からだと魂で満たされた自己の関係を確立させました。新たなつながりが魂で満たされた自己の存在を増大させ、価値多きコミュニケーションを受け取りはじめ、人生がなんたるかをフルに体験するための道を敷きました。

人生は覚醒プロジェクトで、自分の最高の真の本質から世界と関わり、聖なる導きを受けて魅惑的な人生が送れるように、魂で満たされた自己に目覚めるというプロジェクトです。この目覚めは葛藤から生まれます。自分の偉大さにまだ目覚めていないところや、まだ回路がオンになっていないあちこちで衝突することからの葛藤です。葛藤なしでは自分のどの部分がまだ暗闇になっているかに気づけません。どう自分のエネルギーの方向を変え、分散した部分を再統合させられるかを理解するためには、安住している現状から飛び出さなければならないのです。

葛藤を避けることはできません。この点では選択の余地がないのです。魂で満たされた自己としてフルに生きられるようになるまでは、どの回路を改良し、どう自分の偉大さに目覚められるかは、葛藤が教えてくれるのです。けれど、どこに葛藤を起こすかは自分で決められます。エネルギー・レベルの私たちの内側か、それとも筋書きのレベルの外界かで葛藤を起こすのです。

それがどういう働き方をするのかを示す例がここにあります。たとえば、誰かがなにかあなたの気に入らないことを言ったために、あなたが動揺しているとしましょう。その言葉にあなたは精神的、または感情的に反応し、そうした言葉が自分にとってどんな意味を持つのか、自分と他人との人間関係、そして世界一般についての筋書きを自分自身に語ります。あなたのマインドはこんなように言います。「なぜこんなことが起きたの？」「彼はそんなことすべきではなかったのに」「こんなことが起きてしまったのに、人生を肯定できる日は来るのかしら？」しばらくしてから、あなたは自分にこう尋ねるかもしれません。「なぜ、これをただ克服できないのかしら？」「なぜ私はこれを許せないのかしら」

あなたがそれを「乗り越え」られないのは、あなたのマインドが筋書きのレベルで働いているからです。あなたが自分の感情を処理できないのは、あなた自身がその体験から必要なものを収集することによって必要な回路を起動させて分散したエネルギーを統合できるまでは、あなたの全体のシステムがあなたを先に進めさせようとしないからです。多くの場合、この再統合が起きるときには「合点！」「あ、そうなのだ」と感じます。いったんエネルギーがシフトして回路が起動できれば筋書きは変わり、葛藤の原因となった出来事とマインドの関係も変わります。

防衛的人格の見方からすれば、葛藤は「これは正気の沙汰ではない。手放すことはできない。ここから抜け出せない」と感じます。魂で満たされた自己の見方では、摩擦は「それが自分を消耗させることになってもこれにフォーカスして降参するまでは、ここに留まり、これを続ける」と言います。それは、あなたが意図して降参するにしても、消耗して降参するにしても、魂で満たされた自己にとっては降参は降参だからです。それは「大丈夫。どういう過程を経るにしろ準備ができるまで、ここであなたを待つわ」と自分に言っているようなものなのです。

葛藤は確かに私たちの注意をひきます。それが私たちを成長させてくれることに疑いはありません。けれど、筋書きの道筋を辿らなくても、私たちは葛藤を通して成長できるのです。その助けになるのがエネルギー・コードです。概して私たちは痛ましい筋書きを通して「なぜ」その出来事が起きたのか理解しようとします。けれど、その代わりにその出来事に伴うエネルギーのシフトにただ気づき、それが明かしてくれることに働きかけてエネルギーを管理することもできるのです。魂で満たされた自己とマインドの絶え間ない対話の仲介者、翻訳者の役割を担うのがあなたのからだです。その会話がフィーリング・コードのなんたるかで、現実がどう見えるかについてのより意識的な選択を可能にしてくれます。

マインドからからだに、**思考**から**フィーリング**に、**論理**から**感覚**にあなたの起点を移せば、見方に劇的な変化が起こります。直感力が高まり、エネルギーの流れはよくなり、身体が癒せるようになります。もうストレスや「生き残り」の筋書きにとらわれていないからです。マインドとからだと魂で満たされた自己の間の直接のコミュニケーションのチャンネルが開けます。とはいえ、フィーリング・コードの効果を発揮させるためには、**フィーリング**と**感情**の違いを学ぶ必要があります。

私たちが「フィーリングがする」というときには、否定されたか未処理のままだったエネルギーのつかえを再び流れさせるようにするために、自分の感情の状態をフルに体験することを自分に許すことを意味します。**フィーリングがする**のと**感情を感じる**のには違いがあるのです。両者ともに私たちのシステムの同じ帯域に存在しますが、私たちの注意がマインドにあれば、私たちは「感情」を体験します。私たちがからだにフォーカスしていれば、より肉感的な細胞レベルの感覚であるフィーリングを体験します。フィーリング・コードでは私たちのエネルギー・フィールドのなかのフィーリングの層と感情の層の違いを認識します。

かつては中枢神経系（脳）から内臓への伝達を担うと考えられていた迷走神経が腸から脳への感覚情報伝達の八、九割を担っていることがいまでは分かっています。私たちのコアからの不満を伝えてくれるのです。私たちの奥深くの真髄の自己からの感覚は微細ですが、私たちが内なるより偉大な現実に覚醒するためには必須です。感覚神経系は運動神経の百倍、千倍ありますが、これは私たちが実際に外界で起こす行動より、内なる領域で起きていることを感じることの方がより重要であることを示しています。

迷走神経が私たちの存在の根源的なレベルの情報を伝達できるのは、「第二の腸」とみられる私たちの腸内の神経系の魔法の一つです。これにより私たちは脳に相談する必要なく情報を統合して代謝して自分にコアの中で反応を生み出せるのです。それは私たちがもつ真実と深い知識だと私は考えています。エネルギー・コードはより簡単で効果的にそれができるように、より微細なレベルで認知する仕方を教えてくれます。

自分の世界で摩擦が生じるときには、あなたは精神的な反応、感情的な反応と身体上、肉体的な反応という三つの反応を起こします。あなたがエネルギーについてすでに知っていることを考慮して、ここでは（筋書きに結びついている）感情を見るのではなく、エネルギー・フィールドのシフトにより生まれる身体的なフィーリングをみてみましょう。

（失恋や失職といった）状態が一年前、十年、二十年前に起きたとしても、私たちのエネルギー・フィールドに生まれた摩擦が解消されていなければ、いまだにみぞおちのつかえといった身体的な感覚の原因になります。それが私たちに悪影響を起こすのにはそれなりの理由があるのです。それに気づき、働きかけることで、私たちはその部分をエネルギーが通過するのに必要な回路を構築できます。私たちが筋書きのレベルにとどまっていれば、エネルギーは迂回しなければならず、中央脈管はぐらつき、それに呼応する外界での人生に機能不全が生じます。言い換えれば、源に直行すれば、あらゆる面で人生が生きやすくなるのです。

自分の回路のほとんどが眠っている状態では、より感情的な努力が必要になります。そのために感情的に消耗し、柔軟性を失います。曲がる代わりに折れ、舞い上がる代わりに墜落してしまうのです。より多くの回路が起動すれば、より勇気が出て、許せ、楽しく、逞しくなれます。それが私たちの真の本質の資質だからで、その本質が目覚めるほど、生来の可能性をフルに発揮して人生に取り組めるのです。

フィーリング・コードは私がボディ・トークと呼ぶ新たなエネルギーの言語をあなたに提供します。これが魂で満たされた自己からのコミュニケーションを受け取り、毎日の暮らしのなかの教訓や開示が受け取りやすくなるように、マインドのために翻訳するための鍵となります。後に紹介するコードによって、あなたはこのコミュニケーションをさらに上達させ、摩擦が要求する学びを統合し、もっと全体的に統合して、フルにオンになったバージョンの自分自身になるための方法をマスターします。

❖フィーリング・コードの実践法

・実践法１　からだへの伝達

からだへの伝達では、筋書きにフォーカスする古いパターンを中断して、からだに注意を向けます。これにより、「筋書きを書く」ことでマインドで堂々巡りする代わりに筋書きの下にあるエネルギーを統合できるのです。この実践法は進化上の近道という意味で画期的です。問題の源であるエネルギーに直行し、すぐにそこで問題を解決するので、何年も精神的感情的レベルに働きかける必要がなくなるからです。

シンプルながら人生を一変させるこのエクササイズのやり方は次の通りです。

あなたの人生で葛藤が生じ、感情的に、または「過剰」反応したときには、「なぜ」より「どこで」と自分に尋ねます。「どうして、こんなことが私に起きているの？」ではなく「からだのどこで私はこれを感じているのかしら？」と自分に問うのです。

1　注意を内側に向け、体内にフォーカスします。自分の感情的反応に伴うエネルギーのシフトを察して感じましょう。どこかに「負荷」があるはずです。きつく感じたり緊張を感じたり、振動や唸り、落ち着きのなさや震え、鈍い痛みや鋭い痛み、熱さや冷たさ、突発的な動きなどです。シフトが起きるでしょう。

2　あなたが感じていることについて次の質問に答えてください。

- その感覚はからだのどこで感じられますか？　あなたのハート、喉、頭、お腹、太腿ですか？　肩や腕などからだの中央線からはずれたところかもしれません。それは一カ所から別の場所へ動きますか？
- その感覚はどんな感じですか？（その感覚にも多くの特徴があるかもしれません。判断したり説明しようとせず、ただ観察し、感じ、体験しましょう）

• その感覚に最も近いエネルギーのセンター、チャクラ、または意識の部分はどこですか？
この質問の答えには104～105ページの表が参考になるかもしれません。たとえば手はハートのチャクラ、脚はルート・チャクラに呼応します。

3
次にあなたの意識のなかのこの分離した部分とコミュニケートして、あなたが接触しようとしていることを知らせましょう。それには、感覚を感じているからだの部位を引き締めます。これによりあなたのからだは「分かった。あなたに注意するようにマインドにいますぐ伝えるわ」と知らせてくれます。

4
その部分の筋肉を引き締めながら、安定させるコードで学んだように中央脈管呼吸をします。このエクササイズで感覚を感じた部分も含みます。あなたが筋肉を引き締めている部分に最も近い脈管の末端から呼吸のパターンを始め、マインドでその部分を「つかみ」、エネルギーの流れに入れます。たとえば、もしあなたの腿が落ち着かなければ、あなたの足の下の地中から息を吸い込むように中央脈管呼吸を開始して、腿を引き締めながら脈管内で息を腿まで上昇させ、腿のエネルギーを「つかんで」、ムーラ・バンダと他の三つの安定ポイントがある脈管の流れに入れます。エネルギーがお腹からハートに上昇する間息を吸い続けたら、お腹／ハートから吐く息を中央脈管で上昇させ頭頂から吐き出します。そして方向を逆転させます。頭の上から息を吸い、中央脈管の安定ポイントを通して、太腿の筋肉を引き締めながら息と一緒に地中にエネルギーを押し出します。太腿とふくらはぎの中心が空洞になっていてエネルギーがまっすぐ通過するように想像しましょう。

5　脈管を通したこの呼吸を最低二回繰り返します。（どの方向から始める場合でも、脈管の上下往復を一回と数えます）エネルギーのシフトが感じられるまで続けます。このエネルギーがまだあまり感じられなければ六回から八回繰り返します。そのうちに感じられるようになります！

からだへの伝達は、あなたの意識の進化と体現を促進するための最もパワフルな実践法の一つです。出来事の「良し悪し」についての筋書きを書くためにエネルギーの資源と時間を無駄にしたり、自分や他人を責めたり、状況を避ける代わりに、瞬間に自分のからだのどこが反応するかを突きとめ、あなたの注意をひいている場所で問題解決に働きかけるのです。その場所は単にちくっとしたり落ち着かなくなっているだけではなく、あなたがやがてよりフルに自分の内側の自分自身を認知し、全体性と偉大性に目覚められるように、感覚神経系の回路とエネルギーのコミュニケーションの流れを構築する必要がある場所を、レーザーペンのように的確に指し示してくれていることを覚えておきましょう。魂のエネルギーがからだを通してマインドに話しかけ、情報とエネルギーの流れに溝がある場所を示しているのです。

筋書きを避けて、このようにあなたのマインドに関わる方法は、慣れるまでは難しいと感じるかもしれませんが、その他のやり方こそ非生産的なのです。あなたがここに来た理由は筋書きを演じることではないからです。私たちが自分に語る筋書きは私たちの神性とは無関係で、ただ私たちはそれを紡いでいるだけなのです。筋書きによるシフトは最も効率的な努力ではありません。最も純粋なバージョンの自分自身であるそのままのリアルな永遠のエネルギーに働きかけるのが最も効率的なのです。あなたのエネルギーはあなたの意識の後を追います。この新たな回路構築の実践法で中央脈管を通して意識的に呼吸すれば、わたしたちは自分の全体性をよりフルに体現できるのです。

といっても、すでに起きた感情を否定しろと言っているわけではありません。ワークショップでもいつも、まず「あなたが持っているものを持ちなさい」と言います。すでに感じられるためにあるものを感じ、同時に、からだへの伝達のワークをしましょう。しっかり処理するには、すべてに対して**意識的に存在**していなければなりません。けれど、結局はその下にあるエネルギーに働きかけるほうがより速く包括的だと私は信じます。ほとんどの人はエネルギーの感情体にとどまらずにこの原因のレベルに直行できることをやがては学びます。

からだへの伝達では傷つきやすい状態にならなければならないことをあなたも発見することになるでしょう。けれど、私は講習のこの時点でいつも生徒に言うのですが、**あなたの傷つきやすさこそあなたのパワー**なのです。あなたのからだにあるものを積極的に察し、感じて、自分にそれを体験させ、それに働きかければ、傷つきやすくなります。それが現実であなたにとっての真実だと認めることになるからです。傷つかないようにあなたを守るために防衛的人格がとった防御戦略をすべてあなたは手放さなければなりません。そして感覚を通じてあなたの内側で痛みを感じ、行き詰まり、傷ついた部分とつながらなければなりません。

皮肉なことに、エネルギーのレベルで傷や行き詰まりや痛みに働きかけるのは、筋書きのレベルで働きかけるほど難しくも脅威的でもありません。正しいか間違っているか、感情や判断にとらわれずに、すべて統合されるまでエネルギーのかけらを私たちのシステムに戻していくだけのことなのです。そうするとまるで奇跡のように、その状況に対する感情的な負荷が突然消えます。恐れと衝突があったところには突然、内なる叡智のリソースと耐性、喜びが現れるのです。

・実践法2　レッテルを貼らずに、感じる

筋書きを書く時間と努力を減らすためのもう一つの強力な方法は、自分の症状にレッテルを貼るのをやめることです。行き詰まったエネルギーに名前を付けレッテルを貼れば、より行き詰まりを悪化させるだけです。それをより「リアル」にするからです。私たちがなにかに注意を向けるほど、その存在感が増すことを覚えておきましょう！

葛藤を生じ、感情を湧き上がらせる状況に遭遇したときには、あなたは自分が感じている感情に名前を付けるかもしれません。そうすると、その名付けられた感情は強まります。なぜでしょう？　そうなるとただその感情を体験しているだけではなく、同時にその感情の精神的な筋書きもつくりだすからです。たとえば、交通渋滞でイライラしはじめると、からだのどこかが落ち着かなくなったり、いらついたり、チクチクしたりするかもしれません。もしあなたがその源に直行し、そのからだの部分と感覚を「つかみ」ながら中央脈管呼吸を実践して、即座に再統合させたら、すぐに気持ちよく感じるでしょう。けれど、あなたが**私はイライラしている**と考えれば、突然、そのからだの感覚をただ感じるだけでなく、イライラすることの意味についての筋書きに感情的に反応しはじめます。

自分が感じていることに名前を付けた瞬間に、とくにそれが不安、恐れ、怒りや悲しみといった否

定的なレッテルを貼った感情だった場合には、ほぼ筋書きに没頭しなければならなくなります。そうした感情があなたにとってどういう意味をもつかについて、すでにあなたは偏見や判断をもっているからです。不安、恐れ、怒りや悲しみは感じたくないので、自分が感じていることを否定したり避けます。それによってかえって手放せなくなり、問題は解決しにくくなるのです。けれど、判断したり筋書きの考え方にならなければ、素早く自分を解放できます。

すべての感情は平等にできている

すべてのエネルギー、つまりすべての感情は平等にできています。これを理解すれば、筋書きのレベルからエネルギーのレベルに、マインドの働きをパラダイムシフトさせる役に立ちます。私たちがある感情を好ましくないとするとき――喜びや満足は「良く」、恐れ、怒り悲しみ、羞恥心や罪悪感は「悪い」とするとき、それらを名付けないではいられなくなります。そうなると、エネルギー的にそれらに働きかけるのもより難しくなるのです。けれど、すべての感情は異なる周波数のエネルギーにすぎないので、どれが他より良いとか悪いとかではないのです。私たちもその一部を成す自然の循環のなかで、拡張と安定を繰り返す宇宙のエネルギーの脈動にとって特別な役割を果たしているのが、私たちの感情です。いわゆる前向きな感情は拡張しようとする努力で、否定的な感情は安定しようとする努力です。たとえば私たちは怒りや不安によって自分にとって不可欠なものとの接続を失わないようにしています。そうしたエネルギーはより低波動でより重たいエネルギーです。逆に、愛、希望、啓発は高波動のエネルギーの周波数で、私たちが境界を突き抜け拡張する助けになります。

次のように考えればよいかもしれません。クラゲは自分のからだを伸び縮みさせながら水中を泳ぎます。拡張する前の収縮自体が前進を導いているのです。すべての体験には果たす役割があり、考えうるすべての人間の体験は必要とされるものなのです。たとえば、怒りはあなたが意図的に落下して怒りのエネルギーの波動の必要性をすべて解消するまで、もっと分散してしまわないようにより収縮させ「体内」の身近に置いておくための、あなたのシステムの基本設定なのです。

では、いま、怒りを沸かせてみましょう。あなたを本当に怒らせる誰かやなにかについて考えてみるのです。あなたの身体の内側と外側のエネルギー・フィールドの両方に収縮や「安定」を感じるでしょう。あとでそれを認知できるように、どう感じるか覚えておきましょう。次にあなたに大いなる喜びを感じさせるなにかについて考えます。あなたはたぶん「拡張」を感じるでしょう。

私たちが筋書きのレベルで動いているときにはエネルギーの収縮と拡張に伴う感情はそのエネルギー自体の反映、副産物にすぎません。それは共に必要なものですが、感情的な状態になるのを待たずにエネルギーに働きかけることを学びそれを基本設定にすれば、人生が私たちの主人になる前に私たちが人生をマスターできます！

感情はエネルギーが安定したり拡張する努力なのだと考えられるようになれば、悲しみを恐れなくてもすむようになります。羞恥心に揺さぶられなくてもよくなります。その代わりにこうした感情のそれぞれが、常に拡張し続ける宇宙の波のなかで役割を果たしていることが理解できるでしょう。私たちのエネルギーが分散したり欠けたりしているところ、自分がまだ目覚めていない魂で満たされた自己の側面に注意を向けるための看板の役割を果たしているのです。それは完全な統合への回路構築の道に私たちを留まらせてくれるよう美しくコーディネートされた仕組みなのです。

✣場所取りとしての病気

身体的な疾病もエネルギーです。多くの人は病気になることを恐れますが、病について別の見方をすることもできます。病気は私たちのエネルギー・フィールドのなかで活性化が必要な部分に注意を向けさせてくれているのです。このように疾病をみれば、この恐ろしい状況は「自分が原因だ」と自分自身を打ちのめさずに、問題に潜むレッスンをより素早く把握して乗り越えられるのです。私の生徒の多くはこれを聞くと安心し、病気はさらなる方法で自分自身の偉大さをより意識するようになるための、宇宙からのもう一つの催促だと解釈します。それは、私たちが自分の偉大さを理解できるようになるまで決して諦めない友人のようなものなのです。

感情に働きかけるのと同様に、体内の身体症状として現れたエネルギーの詰まりに働きかけることがあなたにはできます。実際のところは、病気の過程はエネルギーの分散の副産物にすぎないのです。つまり、回路の問題なのです！　私たちはなんらかのかたちで飛散していますが、それに気づかずにいます。外界にだけ注意を向け続けていれば、私たちの内側で起こっていることに注意するのを忘れてしまいます。自分の微細エネルギーの流れの変化、小さな催促のニュアンスが感じられないので、エネルギーが私たちの注目を集めるためにより大声で「叫ばなければ」ならなくなるのです。それで私たちには人生や体内の不調和というかたちでの目覚ましのブザーが鳴ります。

私たちが自分の感覚を内側に引き戻し、内なる領域に向けるまで、そこで起こっていることに注意を向けて尊重し、必要な対応をするまでは、魂で満たされた自己になるための目覚ましのブザーの音は大きく鳴り続けます。その呼びかけの音は大きくならざるを得ないのです。回路不足でエネルギーは詰まっており、そこに摩擦が生じています。システムを通過できなければエネルギーは他に行くしかなく、周囲の組織を過剰に刺激しはじめます。それを私たちは炎症やいらだち、機能の過剰、または消耗と感じたりします。そうした組織が過剰反応しだせば、やがては消耗して崩れ、壊れます。この細胞の破壊がいわゆる慢性の変性障害ですが、実際にはそれはマインドの注意を引こうとする魂で満たされた自己の試みなのです。トラウマや疾病は私たちがより偉大なバージョンの自分になり続けるために起動させなければならない回路を見つける手伝いをしてくれているだけなのです。

残念なことに、私たちは自分の痛みに注意を向けることを最も避けたがります。深刻な症状に目をそむける傾向が私たちにはあるのです。外側の異物により発生したこととしてその状況を否認しようとするのです。けれど、自分のエネルギーが流れていない場所に長く気づかずにいればいるほど、疾病や障害は悪化してしまいます。

三十二歳のジョアンは私が会ったときには胃潰瘍と大腸炎でひどい痛みを抱えていました。夜中も腹痛と下痢が続くので眠れずにいました。五種類の薬を服用しても全く効果はありませんでした。医師に手術を勧められましたが、彼女は手術は恐いとしたがりませんでした。母親が手術の後遺症で亡くなったので、同じ結果になることを想像していたのです。その一方で、彼女は「悪質な直腸と胃の部分を捨てたい」とも思っていました。それは彼女にとってベストな答えではありませんでしたが、そのようにしか考えられずにいたのです。

西欧医学のアプローチはこの剝離を支持してきました。まずその疾病に名前を与えて、より重さと密度と筋書きを与え、より解消しにくくするのです。それから手術で問題を取り除くか、薬で隠します。けれど、こうした戦略は短期的には成功しても、結局は真実と真の問題の解決から私たちを遠ざけてしまいます。

私の指導によりエネルギー・コードで自分に働きかけはじめたジョアンは生涯にわたって感情のエネルギーが押し込まれていたポケットが「表面下」にあることを見つけはじめました。この感情のエネルギーが解放されようと浮上してきて、彼女を内側から食いはじめたのです。私と一緒に働きかけることで、ジョアンはそれを解消し自分のシステムが正常に機能するようリセットするために感情のエネルギーの塊をつくりだした筋書きを特定する必要はないことを認識しました。感情的に「消化」できないなにかが人生で起きたことで、身体的な消化もできなくなったケースを私は何百例も見てきました。私たちの身体は意識の反映なのです。ジョアンは筋書きの下に働きかける過程を促進させ、上手に自分を癒す方法を学びました。エネルギー・コードの実践法を使って、彼女は手術なしで完全に癒されました。彼女は実際には自分の人生を開き、救おうとさえしていた自分自身の一部を拒否したいとは思わなくなりました。その代わりに、真の自己である魂で満たされた自己を受け入れたことで、彼女のからだは彼女の注意を引こうとしなくなり、自己治癒できたのです。

あなたも直感に反した感じ方をして、問題によりそい、そして痛みに注目してみることをお勧めします。注目してそれに接近し、細心の注意でその中に入り、そこで求められている情報がなにかをマインドが受け取れるようにするのです。あなたが自分の内側を察し、感じれば、からだはそれを明らかにしてくれるからです。それは言葉ではないかもしれませんが、あなたはいままでは自分のマインドで魂の言葉を翻訳し、それに応えるすべを知っています。このコードやこの後に学ぶコードを使ってそれに慣れれば、自分のエネルギーのなかにある摩擦や蓄積を検知して解消し、疾病を癒したり、予防さえできるようになります。

たとえば、マーシャは落ち着きのない生後十八カ月の娘、ヘザーを私のクリニックに連れてきました。そして、ヘザーは生まれてからずっと、アーモンド大より大きな便を排便できずにいると言いました。車に乗せない限り、二十分間以上、眠ったこともないというのです。マーシャは夫と彼女の母親と交替で、昼夜なるべくヘザーを快適に過ごさせようとしていました。私は二つ質問しました。お産は難産でしたか？　結婚生活に問題がありますか？　新生児の健康問題で最も一般的なのがそうした神経——感情的な要因なのです。彼女が妊娠したときに、夫婦は離婚しようとしていましたが、赤ちゃんのために一緒にいることにしたのです。

私は私のクリニックで使うバイオエネルギーのワークで赤ちゃんを治療し、まだ彼女が解消しなければならないエネルギーがあるという現実をマーシャが学べるようにエネルギー・コードを利用しました。マーシャのエネルギーが動き出すと、彼女は自分の気持ちを一新させられました。数日中に赤ちゃんの便通も睡眠のパターンも正常になりました。この赤ちゃんが何年も耳や鼻、喉の症状に悩まされることになるのも防げました。彼女のシステムを浄化し、その流れをフィルターにかけたので、マーシャは自分の内なる世界で解放され、新たな人生を始められました。魂で満たされた自己という自分の最も奥深くの真実のために、より偉大なる気づきを求める内なる催促をすることができたのです。彼女の結婚もうまくおさまり、まさに「それからずっと幸せに暮らせたのです」

これを本当に理解すれば、私たちのシステムがまさに完璧にできていることが分かります。慢性病すら自分のどこに最も注意しなければならないかを示してくれているのです。そして本当にありがたいことに、人生が示す方向に向けて自分を癒すのに手遅れということはないのです。その癒し自体が癒しというよりはむしろ啓示なのです。私たちのシステム、私たちの人生全体が生来人が持つ完全性を示しているのです。

私たちには素晴らしい癒しの能力があるだけではなく、生来のガイダンスが常に最高の人生を送れるよう促進してくれているのです。このことに対して私だけでなくあなたも心弾む思いを感じてくれることを望みます。トラウマや健康上の問題に先手を打つ方法として、エネルギー・コードが物質世界に出現する前にフィールドの障害を取り除く回路の構築をあなたに示します。あなたのからだにすでに症状があっても大丈夫です！　症状が進行している場所に回路を構築する過程と疾病の予防のために回路を構築する方法は全く同じなのです。そのメカニズムは同じなのです。エネルギーの流れが最適化できれば、疾病が存在しようがしまいが、健康は回復できます。エネルギーの流れは物質世界での健康や健全性の反映なのです。

「名前を付けずにそれを感じる」フィーリング・コードの実践法の一つとして、病気に名前を付けるのは控えましょう。つまり、自己診断したり、心配しながら診断を受けに病院に駆け込んだりしない、ということです。その理由は、私たちが感情に名前を付けないのと同じです。なにかに名前を付けた瞬間に、その筋書きにのめりこんでしまいます。症状があるのだからと病名をオンラインで調べて、どうなるかを突きとめようとするのです。健康上でなにかが制御不能になっていれば（解消できない症状があったり、何度もその症状を繰り返すなら）、もちろんその対処に責任をもち、注意することは必要ですが、より大きな全体像、顕在化という真実も見失ってはならないのです。物質世界に出現した症状や状態は実際にはエネルギー・フィールドで始まったもので、それを真に完全に「治癒」したければ、究極の解消の場はエネルギー・フィールドなのです。この実践法を学んでいる間にもご自分を危険にさらすことは禁物で、心配があるときには常に助けを求める必要がありますが、私の父のお気に入りだった次の言葉も覚えていてください。「あなたのシステムにアスピリンが足りないせいで頭痛が起きることは決してない！」まず原因に目を向けて、それが私たちに提供してくれている恵みについて考えてみましょう。

私の講習会の生徒の一人、キャットの例をまずご紹介しましょう。

・自分の内なるヒーラーに目覚めたキャット

キャットは十五年前に回旋腱板を負傷しました。それは完治せず、彼女は長年にわたって痛みと動きの問題を抱えていました。私がすべての生徒に推奨する事項に従って、彼女はヨガを始め、それにエネルギー・コードの呼吸を取り入れました。残念なことに、ある日ヨガ教室に行った後に彼女は怪我した肩にひどい痛みを感じました。痛みは腕まで、さらにはからだの両側にまで走ったのです。

痛みを感じた途端に彼女は自分の肩についての古びた筋書きを自分に語りかけはじめました。「ああ、いつまでたっても元のようにはならず、できないことがある、とお医者さんに……」と言い終える前に、彼女は気づきました。コードを使って私が自分自身の怪我を治した話を聞いたことを思い出して、考え方を変えることを選んだのです。「もしかしたら、肩でエネルギーがシフトしていて、癒しの過程かもしれないわ」と考え方をリセットした彼女は、学んだ呼吸法をしっかり実践することにしました。

三日もしないうちにヨガからの痛みが完全に消えただけではなく、怪我の後遺症だったすべての症状が消えました。十五年来初めて全く痛みはなくなり、肩も完全に動かせるようになりました。この章で紹介した実践法を三日間続けた後で、怪我の後遺症は跡形なく消えました。彼女はまず自分が感じていることに名前を付けることをやめ、他の誰かの診断（つまり、筋書き）によって自分を癒す能力が抑えられるのを許さないようにしました。自分の精神力と意志を全開させてマインドを新たな方法で使い、エネルギーの乱れを感じとって呼吸で肩にエネルギーが再び流れるようにして、それを中央脈管に統合しました。その結果は？　肩は完璧に癒え、彼女は魂で満たされた自己ともっと統合できました。

古い信条のパターンを阻害して筋書きの下をエネルギーが動くようにすれば、奇跡の領域、論理を超越した世界、究極の創造性がある場所に至るのです。フィーリング・コードの最初のステップでは私たちの注意をひいているすべての問題を癒すためのエネルギーの動きを感じ、支えます。マインドが筋書きに引きずられる前にフィーリングを感じるようにすれば、魂で満たされた自己が操縦席に座って私たちを完全な統合に導いてくれます。それが起これば私たちは癒されるどころか、実際には創造者である自分の真の偉大さを明かしはじめることができるのです。

・実践法３　内側に片方の目

最初の二つの実践法で「からだに働きかける」ことがこのワークの基盤になるのがお分かりになったことでしょう。ですから、この「からだに働きかける」を続け、やがてはそれを暮らしの一部とすることをお勧めします。私はこれを「内側に片方の目」を置くと呼びます。

す。

「からだに働きかける」のはどちらかといえば、なにか動揺することが起きたとき（またはなにか素晴らしいことが起きて、その利点を持続させたいときにも——これについての詳細は後ほど説明します）に使う救急法ですが、「内側に片方の目」はその響きの通りで、毎日起きている時間、起きて生活しているなかで、自分のからだのエネルギーのレベルで起きていることに常に注目している状態です。

物事が感情を高揚させて筋書きや病気を導かないように、エネルギーのシフトをすみやかに行えば、穏やかでいられ、力を得られるだけではなく、「内側に片方の目」を置き続ければ、魂で満たされた自己からのコミュニケーションのもう一つのタイプ、私たちの奥深くのコアから意識的なマインドに浮上する知と——創造的な触発、インスピレーションに常に触れていられるという大きな利点があります。こうした魂で満たされたコミュニケーションによって行動を起こせば、物質世界で魂で満たされた自己としての自分自身に人生を与えられます。その結果、人生は本当に魔法のように、触発されるものになります。魂を解放し——魂が真のあなたなので——あなた自身を解放するのです。

片方の目を内側に置くことを新たな習慣にするために、中央脈管のスキャンを毎日実践しはじめるよう強くお勧めします。そのやり方は次の通りです。

1　毎日、起床前、まだベッドに横たわっているうちに、頭の上から脳の中心を下って頭蓋骨が首と出合うところまで、とてもゆっくりあなたの中央脈管に注目します。そこから、何回か中央脈管呼吸をしながら、喉、それからほんとうにゆっくりとハートのセンターがある胸の中心まで内なる視線を下げて行きます。それから、コアの奥深くでさらに太陽神経叢を通り、胃、おへそのあたりまで視線を下げます。さらにおへそから息を第二のチャクラの知恵のセンターまで下げます。そこからさらに下げ、お腹を通して背骨の突端まで下げます。

2 スキャンするときにはゆっくり、本当に少しずつ引き下げ、ふだんの注目では見逃すエネルギーの部分や過剰に気づくようにします。どんな感覚や脈管内のエネルギーの溝にも注目します。フォーカスして中央脈管を一センチ単位でたどっているので、そうした「隙間」が認識できるのです。頭から首、胸の上部へ――そして突然ハートに注目します。まるでそこで脈管にそって七センチくらい飛ばしたように、または自分がその日にすべきことを考え出していたことに気づきます！　そんなときには自分が脈管を一センチずつたどることにフォーカスできていなかったことが分かります。あなたのエネルギーの回路がその部分で意識的につながり開通していなかったからです。

3 なにか感覚を感じたり、隙間がある場所を見つけたら、そこに戻って引き締め、呼吸を中央脈管の中で行ったり来たりさせて息を通します。その部分により気づきをもたらす感覚回路を構築しはじめられ、そこの意識的なエネルギーを活性化できます。またそれは、その日にあなたのマインドが注目するかもしれないあなたの真髄の真の自己の側面と人生の領域についてあなたに知らせているのです。

4 どんなフィーリング、気づき、情報が得られるかその部分を統合させながら覚えておきましょう。その感覚を通してあなたの内なる知恵の声が聞こえてきたら、それを聞くようにマインドを仕向けましょう。最も重要なのはその発見と「ただ一緒にいる」ことです。その気づきにどんなインパクトがあるかを、一日中思い出して観察しましょう。

5

起動していない部分が人生のどの領域を司っているのかを知るには、本書のチャクラの図を参照しましょう。どこかに痛みや感覚（または無感覚）を感じたら、それを症状や癒すべき「もの」として名付けるのはやめて、ただエネルギーを統合させることにフォーカスします。たとえば、喉につかえを感じて病気の兆候かもしれないと思ったときには、それを喉の痛みと名付けるのではなく、ただエネルギーに働きかけはじめるのです。そうすれば、その感覚はあっという間に消えてしまうことが多いのです。こうしたことは私のワークショップでは頻繁に起きています。いったん家に帰ってから、多くのことに名前を付けるのをやめ、癒すべき「もの」がずっと減った、と生徒からよく聞きます。私たちはエネルギーの流れで、私たちの優先課題は**エネルギーを流れ続けさせること**だということを覚えておかなければなりません。エネルギーが滞り、症状が出たときには、私たちは癒すべき「なにか」として名前を付けたがります。ここでお勧めしたいのは、まずはただこの効果的な方法でエネルギーを動かすようにして、変化があるかをみてみる、ということです。

6

エネルギーフィールドでなにが生じるかに一日中気を配りましょう。繰り返しますが、観察した感情や感覚に名前を付けるのではなく、内側に目を置くことにより、次にあなたが中央脈管呼吸をして感覚を感じた部分を引き締めて、どう統合させるべきかに気づくのです。

7　夜寝る前にベッドに横たわったら、もう一回スキャンします。朝のスキャンで気にかかった部分にとくに注目しましょう。感覚は変わりましたか？　感覚がある場所または隙間を引き締めながら中央脈管呼吸を繰り返します。そうすればリラックスして入眠できます。

私自身の回路の多くはこの実践法を毎朝、午前三時から五時の間に実践することで構築できたものです。ですから夜中に目が覚めてしまったら、携帯やタブレットに手を伸ばしたり、横になったままあなたが眠れない理由の筋書きを自分のマインドに語らせる代わりに、時間を賢く使ってこの実践法を行えば、ふたたび心配にならずにすみます。ところで、古代の東洋の伝統では、早朝は意識を進化させるための最も重要なワークができる聖なる時間だとされています。

朝一番と夜の最後に片目を内側に置いておくことは簡単で有益ですが、あなたの人生体験がどうあなたに影響したか、影響し続けているかを学ぶためにいつでもこのスキャンは実践できます。たとえば、今日経験している葛藤や課題について数分間時間をとって考えてみる際に、それをからだのどこで感じるかに注目し、その部分を引き締めて息を通してから、その日の作業に戻ることもできます。

バス停でのあなたの会話の一部だったことが明白な体験について日記をつけたり考えたりして、あなたの全人生を振り返って見ることもできます（そうしたものはあなたの人生のなかで本当に問題なので、そう分かるのです）。そうした体験の一つを振り返りながら、この章で先に説明したやり方に従ってからだに注目を向けて、なにが明らかになるかを知ることもできます。

何度もこれを実践するほど、あなたの魂で満たされた自己のエネルギーの言葉がからだでどう表現されるのかを解読しやすくなります。後で紹介するコードを学べばより細かいニュアンスが分かるようになりますが、いまのところは、片目を内側に置く練習になるべく多くの時間をかけて、あなたの感情の言語の歩調に慣れ、どこの部分にあなたの生来の偉大さをより起動させられるかがもっと明かされ、やがてはあなたの真のパワーが棲む内側のこの場所から生きられるようになりましょう。

・実践法４　欲しがらずに、それを持つ

フィーリング・コードの最後の実践法ではあなたのシステムの中の異なるエネルギーを比べ、本当にあなたの望みを実現させる役に立つエネルギーの感覚を理解できるようにします。本著はあなたの魂で満たされた自己に戻ることによりあなたの人生の全領域と健康を癒すためのガイドですが、同時に、あなたの真髄のバージョンであるエネルギーをフルに体現することにより、あなたのハートの願いを実現させるためのガイドでもあります。

私たちが棲む物質世界での現実は、私たち自身のエネルギーのパターンに従います。それは個人的というよりは構造的なもので、人生で起こることを決めるのは自分のエネルギーの波動の周波数なのです。この実践法ではあなたは自分の内側に行き、二つの異なる波動を比較して感じてみます。あなたの魂のパッションを現実にできるか否かはその周波数にかかっているのです。なにかを欲しがっているときと、実際にそれを得たときのエネルギーの違いを感じて、自分が欲することを実現させるために好ましいエネルギーのパターンに安定させるという体験のエクササイズです。私は三十年以上に

わたって患者やクライアントを健康で幸福にするための働きかけをしてきましたが、これこそが自分自身の変革と癒しを実現させるための最も偉大なツールです。それをいまあなたも利用できるのです。

なにかが特定の周波数で波動しているときには、他の周波数では波動していません。欲する周波数は得ている周波数とは異なるので、欲しがる周波数で私たちが波動していれば、それを得ることはできないのです。繰り返しますが、これは構造上のことで、それぞれのエネルギーのパターンが独自の結果を生むのです。だから、あなたの人生でなにかを実現させるには、それをすでに得ていることをエネルギーで体現しなければなりません。あなたが実現を望んでいることをすでに得ているようなフィーリングにしてからだで感じなければならないのです。欲しいというスイッチを入れたままでは、フォトンは得ている状態ではなく欲している状態に整列してしまいます。波動の周波数が変わるまであなたの望みは実現できないのです。

朗報はいったん「欲している」から「得ている」波動にシフトできたら、あなたの望みは実現せざるを得なくなるのです！

このエクササイズを試してみましょう！

1　目を閉じて自分の内側に行きます。あなたが欲しているなにかにマインドを向けます。あなたのからだでどう感じているかに気づきます。とくにどこでそれを感じていますか？　どんな感じですか？

2　次に、あなたの望みがすでにかない、あなたの日常的な現実で実現していると想像します。

それを「得ている」ことに、あなたのからだはどう感じていますか？　どこでエネルギーをとくに感じるか、感じ方がどう変わったかに気づきます。

3

次に、「得ている」周波数の波動を意のままに思い起こし、できる限りあなたの意識に留めます。あなたの注意が欲しいに向かうたびに、「得ている」波動の感覚を思い出し、とくに目立つ部分でその二つをつなげます。これによってエネルギー・フィールドに新たな接続のルートを刻むことができます。これを続けていれば、すぐに簡単に自動的にできるようになります。

このエネルギーのシフトが一瞬のうちに起きるのを私は数百人にみてきました。クリスは新たな恋愛関係の準備ができていました。離婚で心を痛めていましたが彼は再び関係を始める準備ができていたのです。けれど、自分が欲する人生を彼が描くと、彼の望みはむしろストレスに満ちたもので、それについて喋りだすと彼のエネルギーが上昇してからだの外に出てしまいそうになるほどでした。この事実に彼の注意をひき、すでに愛に満ちた関係を得ているときにはからだでどう感じるかを想像するように言うと、彼のエネルギーはすぐに彼のハートのあたりまで落ち、彼のコアによりしっかりグラウンディングしました。恋愛関係を欲するのではなくすでに得ているように想像し、それをからだで感じて持続できる回路を築けるように呼吸することによって、彼は瞬時に安堵を感じました。

私に会いに来たジェリーのエネルギー・フィールドは重たく下がり「たいらになった」ように見え

ました。彼女は実際、長い間、暗いところにいると言いました。自殺も考えたと言うのです。彼女は自分のフィーリングを変えたいものの変えられないように感じていました。その困難なときを通り越せばどう感じるかを想像しながら、異なるエネルギーをからだの中に通す簡単なエクササイズを実践させると、彼女はシフトしはじめました。いつかそうなる未来が来ることを欲するのではなく、すでに幸福な人生を送っていると想像したときのフィーリングをからだの中で創造しながら中央脈管に息を通すことで、彼女のエネルギーは動きはじめました。彼女のパワーの源となる中央脈管からエネルギーが流れる新たな回路を構築したジェリーは、セッションを終えて帰るときにはまるで別人のようになっていました。数日後に戻ってきた彼女は、「オープンなハートとより軽快なマインド」を保てていると言いました。ジェリーは未来を現時点に引き寄せ、それが現実であるかのように新たなエネルギーのパターンをからだに設定できたのです。数カ月後に話したときには、彼女はより明るくなり、「有害な想いやストレスは全く感じない」と語りました。彼女は「実際、喜びを感じて」いたのです！

自分のパワーを保ち魂で満たされた自己として生きるためには、悟りに向けた一つのステップごとに体現が必要なことを覚えていてください。この体現という要素を取り入れれば、どんな儀式もどんな活動もどんな自己暗示もどんな夢も、あなたが創造しようとしていることのすべてが物質世界でより素早く実現しやすくなるのです。なぜでしょう？　それは究極的にはすべての受容、解放、創造、そして進化は私たちのからだの内側、私たちのエネルギー・フィールドで起きなければならないからです。それは体現されなければならないのです。

同様に、深い内なるコアとマインドをつなぐコミュニケーションの回路がより活性化されれば、あなたの望みも変化し、あなたは防衛的人格から遠ざかりはじめます。自分が「欲する」ものが以前とは違ってきたことにあなたは気づくでしょう。自分の内側の奥深くから湧き出す衝動はあなたのマインドを驚かせるかもしれませんが、そうした展開にあなたのハートは喜び歌うでしょう。物事がどう起こるかに執着せずに、ただそれが起きるための波動を広げることを覚えておきましょう。

逃さずにとらえる!

あなたがこうした実践法を活用すれば、愛に満ちた体験をしている間にからだに注意を向け、片目を内側に置いて歩くことで、人生の素晴らしい体験を安定させることができます。私はこれを、逃さずにとらえる、と呼びます。他の実践法と同様に取り入れられますが、これは動揺させられることではなく、素晴らしいエネルギーの高まりがあったときにのみ使用します。微細エネルギー、チャクラのシステム全体に「よいニュースを拡散」するようなもので、あなたの喜びが生み出した高波動のエネルギーで回路をより生き生きとさせるのです。たとえば、私と生徒たちは目覚めの旅の道程で世界の聖地を訪れ、とても素晴らしい景色に出会ったときに、このエネルギーの実践法を使います。毎日、一刻一刻、一息ごとにあなたがマインドを魂で満たされた自己につなげていれば、こうした深遠な喜びの瞬間をより多く、日常生活のなかで見出せるようになります。

❖フィーリング・コードとチャクラの関係　第二のチャクラ

フィーリング・コードとチャクラの関係　仙骨のチャクラ

名称	第二のチャクラ、スヴァディシュターナ・チャクラ
位置	おへそのすぐ下
色	オレンジ色
音階	D
影響するからだの部位	膀胱、前立腺、子宮、骨盤、神経系、腰、体液の機能 副腎、性器
覚醒モデルの「裏面」の症状	性欲のアンバランス、感情の不安定、孤立感、勃起障害、不感症、膀胱や前立腺の障害、腰痛
覚醒モデルの「表面」の特徴	内なる知、信頼、表現、感情への同期、創造力、「自分の人生の道筋を察し感じる」、「あなたに求めるものはない。私はただ分かち合うためにここにいる」、「私は自分の勘に従う」
実践法	• からだにもっていく • 名前を付けずに、それを感じる • 内側に片目を置く • 欲するのではなく、得ている
呼吸法（第八章で説明）	壺の呼吸法（仏陀のお腹の呼吸法）
統合を促進させるヨガのポーズ	• 舟のポーズ（ナヴァーサナ） • 一本足の鳩の王のポーズ（エーカ・パーダ・ラージャカポターサナ） • 自転車こぎのポーズ（ドゥイ・チャクリカーサナ） • 半魚王のポーズ（アルダ・マッツェンドラーサナ） • 頭蓋骨を輝かせる呼吸（カパラバティ・プラーナヤーマ）

フィーリング・コードは仙骨のチャクラ、第二のチャクラと関係しています。サンスクリット語ではスヴァディシュターナ・チャクラ（文字通りの意味は「自分自身の椅子」）と呼ばれるこのチャクラは人のエネルギー・システムの感情体、言い換えれば感情・フィーリングの層を司っています。ですから第二のチャクラを統合すると感情が安定する効果があるのです。第二チャクラがぐらつかなければ、私たちは筋書きを書くのをやめて感情的に反応することが減り、フィーリング体のエネルギーのレベルに働きかけやすくなります。

第二のチャクラに問題がある人の多くはウツや不安といった感情的、精神的な健康問題に悩まされています。過剰に感情がたかぶったり、抑圧された感情に対処しようとして逃避行動をとったりするのです。自分や他人を信じられなくなることもあります。腸の問題、排泄障害（腎臓や膀胱も含む）、生殖器の問題がある場合もあります。

197ページが第二のチャクラの特徴を示しています。

フィーリング・コードは第二のチャクラのエネルギーの流れとバイタリティを改善することにより、創造性、性衝動、人間関係だけでなくお金やパワー、時間との関係などすべての関係も改善します。すべてのチャクラはそうですが、仙骨のチャクラの健康はある種のヨガのアサナやポーズで大いに改善できます。

❖フィーリング・コードのためのヨガ

このエネルギーのセンターの整列と流れを整えるのに役立つ主なポーズの一つが舟のポーズです。

・舟のポーズ（ナヴァーサナ）

舟のポーズのやり方は次の通りです。

1　マットか床の上に仰向けに寝て、脚を閉じ、膝を天井の方に曲げます。

2　太腿の下に手をあてて からだを支えます。次に背筋を伸ばし、胸を開いたまま、ムーラ・バンダを使ってできる限り高く座ります（アゴは天井に向けず、ふつうに保ちます）。

3　太腿を掴んだまま、腕が伸びるまで後ろに傾けて、上体が床から六十度くらいになるようにします。背骨が丸まらないように、あまり反らせすぎないようにします。骨盤底を引き上げたまま（ムーラ・バンダ）にして背筋を伸ばせば、コアの筋肉を使っている感じがするはずです。

4　コアの筋肉でからだを安定させて、手を太腿から離し、手の平を内側に向けて腕をマットの前方に向けて伸ばします。上体を床から六十度に保ったまま、内なる強さを感じましょう。

5　バランスがしっかりとれているように感じたら、足を床から離して、ふくらはぎが床と平行になるようにするか、上級者は脚を一直線上に伸ばします。背筋は伸ばし、上半身の安定を保ちます。

6　そのポーズを五呼吸間保ち、足を床につけて一、二呼吸の間休みます。

7　上記を二回から五回ほど繰り返します。

では、舟のポーズにフィーリング・コードとボディアウェイクを統合させましょう。

1　舟のポーズ（足は床につけても離してもよい）を保ち、坐骨がマットに触れている点から六十センチほど下のスペースにフォーカスして、自分のグラウンディングの中心を見つけます。

2　中央脈管内の安定させる四つのポイントを絞ってコアを速めます。上目づかいにして目の奥に緊張を感じます。

3　太腿、ふくらはぎ、足の筋肉をすべて引き締めます（これによりエネルギーを運びコミュニケーションの結合組織のマトリックスを活性化させてくれる数千の小さな回路を構築します）。

4　指先を伸ばし、腕全体の筋肉を引き締めます。

5　足から息を吸い引き締めた脚全体からムーラ・バンダまで息を引き上げ、さらに中央脈管を上向きに引き締めながら息を引き上げて頭頂から息を吐きます。次に息を吸うときには、頭上から息を吸い込み、中央脈管の安定ポイント、ムーラ・バンダ、脚へ息を下らせ、足から息を吐きます。

6　ハートを空に向かって引き上げたままにし、情熱を持ってこのポーズで呼吸しながら、達成の喜びを感じます。これで大きな回路の構築が起こります！

・仙骨のチャクラを統合させるために役立つその他のヨガのポーズ

このアーサナを舟のポーズをしながら実践すれば、フィーリング・コードの効果を高めることができます。

このポーズを保ったまま、感覚を感じる部分を引き締めれば、からだのコアに自分の中心が置け、分散したエネルギーが統合できて、マット上とマット外でのあなたの起点を維持するための回路が構築しやすくなります。からだのなかに抵抗を生み出すことで自分のなかに起点が持て、外界で摩擦を生じさせる必要がなくなることを覚えておきましょう。

引き締めれば自分の真のコアを見つける助けになりますが、（このコードのエクササイズのように、感覚を感じた部分を引き締めるのではなく）そのポーズでリラックスすることも有益です。自分のシステムで和らぐ体験ができるからです。あなたのシステム全体がリラックスするよう奨励しながらこのポーズで数回呼吸をして、エネルギーが、同じルートを通るよう想像しましょう。

- 一本足の鳩の王のポーズ（エーカ・パーダ・ラージャカポターサナ）
- 自転車こぎのポーズ（ドゥイ・チャクリカーサナ）

- 半魚王のポーズ（アルダ・マッツェンドラーサナ）
- 頭蓋骨を輝かせる呼吸（カパラバティ・プラーナヤーマ）

ここまでフィーリング・コードを学べば、身体を通じてコミュニケーションするという魂で満たされた自己の言語に慣れてきたことでしょう。からだの感覚に伴う合図としるしを聞くことが学べたはずです。それは魂で満たされた自己のエネルギー・フィールドに起きるシフトを示しています。こうしたコミュニケーションは、私たちがより偉大なレベルの全体性を達成するために対処する必要がある過去と現在の「未解決の課題」を示しています。

次のクリアリング・コードでは、未解決の課題が私たちの回路を停止させているときにそれをしっかり理解して、最適なエネルギーの流れを阻止している阻害物をクリアリングすることにより、自分の真の可能性を実現させるために必要なもう一つの大きなステップを学びます。**意識的なマインド**ではなく**潜在意識**がいかに人生で実現することを決定しているかをみて、潜在意識をクリアーにして癒しと魂で満たされた自己の統合を促進させる方法を発見します。

第六章　クリアリング・コード　潜在意識が持つ癒しのパワー

子供の頃、朝五時に起きて階段を降りると、父が頭上のあかりに照らされて、机に座って考え事をしていることがよくありました。

「どれくらい長くここにいるの？」と私が聞くと、父は、

「もう少しで充分なほどだが、ちょっと足りないほど」と微笑み、「ちょっと考えていることがあって。もう少しで分かりそうなんだよ」と言いました。

そして、彼は実際に理解したのです！　父は時代の先を行く人で、磁石に引き寄せられたように集まって来る人々に自分が学んだすべてを教えていました。世界中から何百人もの医師たちが彼のセミナーに集まりました。そしてそこで父から学んだテクニックを使って、既存の医療では治せなかった症状から数万人の患者を癒す助けになったのです。

それは、当時まだ普通のカイロプラクターとして開業していた私の父が、なぜ同じ治療法で治る人と治らない人がいるのかに興味を持ったことから始まりました。一九七〇年代の初期のことでした。答えを求めた彼は治療の成功例の共通項を探り、自然療法のあらゆる哲学や療法を研究しました。

そして父は「エネルギー」、とくにからだ中に電磁波がしっかり流れていれば、人はよくなることを発見しました。その流れが滞ると人はよくならなかったのです。

父の研究の助けとなったのはエネルギーの流れとそれが生み出すエネルギー・フィールドに注目する量子科学でした。学んだことを自分の患者に応用すると、この画期的な新たな領域での理論的な発見に相応する現実の臨床結果が得られることに父は喜びました（科学はもちろん進化します。たとえば、かつては電気的な神経の信号の動きがからだのエネルギー・フィールドを生み出すと考えられていましたが、いまではエネルギー・フィールドの方が神経系を生み出していることが分かっています！　エネルギーが先なのです。だからこそ、私たちは自分の存在の主要なマスター・システムであるエネルギー・フィールドに働きかけているのです）。

父の業績の中心は、からだに痛みや機能不全があり、ほぼ百%、未解決の感情的な要素があるとエネルギーの流れが滞っていると理解したことでした。父はエネルギー・システムが消化器系のように私たちの人生体験を分解し、消化吸収していることを発見しました。けれど、私たちにとってどうしてよいか分からない状況になると、未解決の思考と感情は処理されずに、ポケットに放り込まれてしまうのです。まるで未消化の食べ物が消化器系に長く滞留してしまうようにです。未解決の人生体験（とそれに関わる思考と感情）が蓄積すれば、やがてはポケットの中のエネルギーも膨らみ、私たちのシステムのエネルギーの流れをつかえさせてしまいます。私たちがそれに対処しなければ症状が出て、ときにはひどいことになります。

自分の思考がいかに自分の感情とエネルギーの流れ、しいてはからだが癒える力に影響しているかには気づいていない人が多いことも父は認識しました。私たちの意識的な気づきの外側にあるそうした思考は、私たちのからだと人生に起きるすべてに抜本的な役割を担う脳の部分、潜在意識の働きによります。私たちが癒しを望むなら、潜在意識のポケットに入ってしまった思考と感情にアクセスしてそれを解放しなければならない、と彼は認識しました。そして、その方法を発見したのです。

父の研究は神経系における意識と潜在意識の要素の関係と、私が「トラップ・ドア」と呼ぶその両者間のコミュニケーションを許したり禁じたりするメカニズムを探ったものでした。父が開発したテクニックはこのトラップ・ドアを開けて精神的、感情的、身体的な健康を害する潜在意識の干渉、言い換えればエネルギーの分散にアクセスできるようにするものでした。詰まったエネルギーに接触してそれを解消すれば、私たちのシステムにエネルギーが再び流れ出し、私たちのからだと人生を持続し、リフレッシュし、癒せるのです。

父はバイオ・エナジェティック・シンクロニゼーション・テクニック（B・E・S・T）を開発しました。これはストレス体験によって分散していたエネルギーを同期させ、からだに再び流れるようにして、自己治癒が自動的に起きるようにするものです。つまり、エネルギーが途切れていた部分を接続させるのです。

三十年以上にわたって世界の数百人の医師が数万人の患者をB・E・S・Tで治療して、目覚ましい成果を得てきました。様々な症例で奇跡のような癒しが起きたのです。慢性的、または進行性とされてきた病気の診断を受けた人々も、いったんからだにエネルギーが自由に流れ出すと、癒されたのです。いったん切断された組織が再生したことさえあったし、あるのです。二十三歳のダニエルは畑でトラクターを走らせていたときに機器が詰まってしまい、部品を動かそうとして、小指と薬指の先が切断されてしまいました。B・E・S・Tのテクニックでエネルギーがからだから手に完璧に流れるようにフォーカスしたところ、ダニエルの指は手術なしで再生しました。骨も爪も含めて指先がまた生えたのです。コミュニケーション・システムが意図されたように機能したときに彼のからだは自己治癒を成し遂げたのです。

父のそばで働いている間に、私は自分の人生の目的の一つは父の仕事をさらに先に進めて、人が自分で自分を癒せるようになり、創造者である自分の可能性の真実を認識して自分のエネルギーを管理し、人生を変革させるための力になることなのだと気づきました。人々が医師を頼らずに自分のエネルギーのつかえを取り除き、エネルギーの干渉を解消し、自分で自分を変えられるようになることを望んだのです。この知識のパワーを人々の掌中におさめて欲しかったのです。そのために自分で自分に使えるタイプのB・E・S・Tを開発する手助けを父に頼みました。そして父と兄と私でB・E・S・Tリリースをつくりました。二〇〇六年には三人でクライアントのグループにB・E・S・Tリリースを紹介しました。人々がこのセルフヘルプ版を使いはじめると、その場で「奇跡」が起こりはじめました。

いまでは毎年、私は講習会で数百人の人々にライブでB・E・S・Tリリースを教えています。それをここでもお教えします。他のパワフルな実践法と並び、これがクリアリング・コードの基盤となります。

❖クリアリング・コードとは？

私たちの顕在意識が完全に処理できないほど動揺してしまうようなことが起きたときには、顕在意識が先に進み毎日の作業をこなせるように、潜在意識がその一部をポケットにしまい込みます。

あなたの顕在意識は脳の中の小さな部屋のようなものだと思ってみてください。その部屋の床にはトラップ・ドアがあり、そのドアの下には潜在意識があります。なにか動揺させられることが起きると、顕在意識の部屋は動揺であふれ、その多くは開いたトラップ・ドアからその下の空間に流れ込みます、その出来事が本当に動揺させられるものだった場合には、私たちのシステムを圧倒します。回路がショートして、なかに動揺の洪水が入ったままトラップ・ドアは閉じてしまいます。この場合にはドアが閉まる直前に潜在意識に届いたメッセージは「動揺」で、それをからだは「緊急事態」と解釈します。

心臓の鼓動、呼吸、消化といったからだの無意識の働きをコントロールしているのは潜在意識なので、動揺というメッセージはからだを緊急体制にさせます。すでにトラップ・ドアは閉じてしまっているので、新たなメッセージは潜在意識には届かず、緊急体制の司令は解除されなくなるのです。ときが経てば、動揺をもたらした状況は顕在意識のレベルで解決され、私たちは理解したり、赦したり、手放したり、または起きたことを了解し、それは終わってもう安全だと感じます。しかし、トラップ・ドアが閉じたままになったためにすべてよしというよいニュースが届かなければ、潜在意識と生理学的な反応は問題がまだ存在するとみて反応します。からだは永続的に緊急体制となり、その問題で消耗してしまいます。やがてはそれが副腎の疲労、甲状腺の消耗、ホルモンのバランス不全などにつながりますが、問題は潜在意識にあるので、なにが起きているのかも分からないか、またはその理由を覚えていません。

トラップ・ドアはもちろんたとえで、コミュニケーションのこのドラマの実際のプレーヤーは脳の主な二つの領域、視床と視床下部です。視床は顕在意識に関係し、外界の出来事について五感で得た情報を受け取る役目ももっています。視床下部は意識的な気づきの下で物事が起きる潜在意識に関係し、視床からの情報を受け取って内なる世界、つまりからだに、どう反応すべきかの命令としてその情報を伝えます。それはまた内なるからだから顕在意識まで情報を伝えることで、エネルギー・コードの中でもとても重要な役割を果たします。それにより私たちは、主には迷走神経と腸内の神経系を通じて、深い内なる叡智を意識のレベルで認知できるのです。

トラップ・ドアはまた私たちの意識的な決定と潜在意識での合意、または決定の受け入れやすさの関係も象徴しています。たとえば、長い一日の終わりには、「もう夜になり昼間の仕事は終わった」と感覚器から知らされると、私たちの視床は「安全だからリラックスして眠る準備をしてもよい」と意思疎通するかもしれません。けれど視床下部がそのメッセージを聞きとれなければ、私たちのからだと脳の他の部分はリラックスできず、フル回転し続け、不眠や不安、その他の機能障害につながります。なにかとても動揺させられることが起きて、視床と視床下部が少しでも話すのをやめれば、私たちは自分の人生を意識的にコントロールし監督する機能を失います。この場合には、意識的になにをしているかにかかわらず、それがなんであれ、トラップ・ドアの下に隠れているものが私たちを動かすことになります。そうなれば自分が望むように物事が進まなくなります。これが私たちのシステムの美点で、隠れているものが明るみに出たがり、私たちの目覚めを突き動かすのです。

私たちがなにかを拒絶するたびに破壊的な回路のショートが起きます。本当にそれに対処したければ私たちはそれを抱き入れるか人生のすべてを拒絶するしかなくなります。「こんなことが起こってはならない」または「こんなことは受け入れられない」と言ったり思ったり感じたり、見える物が嫌いだからとはっきり起きている現実を見ようとしなかったり、または私たちの意識的な欲望や希望を満たさないなにかが起きたときには、私たちはそれを拒否します。そうしたエネルギーをしっかり処理することを私たちは自分に許せないのです。拒否すれば、私たちは学び、解放し、先に進み自分の人生を処理する能力から自分を切り離すことになります。私たちが抵抗すれば、それが私たちのシステムのその部分での干渉、阻害物となり、流れはそこで止まります。

私たちがなにかを拒絶しても、それはただ消えはしません。むしろトラップ・ドアを通してそれを潜在意識に送り込むので、それは部分的には少なくとも私たちから隠された未知の部分になります。私たちがトラップ・ドアを開けてそこになにがあるのかを覗き込み、認知するまでは、それが筋書きのレベルではなくエネルギーのレベルで起こったとしてもそこに残っています。そしてそれが、私たちの思考、意思決定、生理そして私たちの人生でなにに惹かれるかを決定する責任を持ち、波動の周波数も決めているのです。それを意識的に「見る」ことはできなくても、私たちはそれにエネルギー（パワー）を与え続けるので、癒しに使える資源も消費してしまいます。それで焦点が分散し、飛散し続けるのです。

別の言い方をすれば、起きていることに同意できなければ、私たちはそこに存在することをやめます。それがどう「あるべきか」を考えて自分を擁護したり、または自分を被害者にした新たな筋書きを書きます。その結果、その状況によって魂で満たされた自己を招くための回路を構築せずに、行き詰まってしまいます。真の自分であるエネルギーは流れを維持できません。そうなれば身体（エネルギー体の反映）も滞りはじめます。できるだけ効果的に機能することをやめてしまうのです。エネルギーの問題から始まったものが、やがては身体組織の問題になるのです。

あなたは自分の人生を選び生み出すことに努力してきたかもしれませんが、本当に持続可能な変化は創造できていません。セルフ・ヘルプのテクニックを試したり、自己暗示の言葉を唱えたり、ビジョンボードもつくったかもしれませんが、あなたに欠けていたのは、潜在意識に関する理解なのです。自分が望むことが実現できていないのは、あなたのマインドのなかのトラップ・ドアが閉まっているからです。あなたの意識的な行動とは裏腹に、あなたが波動として発信しているその下のエネルギーはあなたの人生最大の動揺の結果である未解決さ、赦しのなさ、恐れなどなのです。そしてご存知のように、あなたが発する波動が物質世界に現れるのです。

しかし、朗報もあります。いまからでもトラップ・ドアを開けて、物事はそのままである必要はないという朗報をあなたの潜在意識に教えることはできるのです。あなたが真に愛する人生、生き生きと健康で喜びに満ち、つながった人生を創造するには、やってくる人生を受け入れることから始める必要があります。起きることはすべてあなたの最善のために起こり、常に百％あなたの味方だと知っている覚醒モデルの表面の視点を使うのです。そしてあなたのエネルギーのパターンをアップデートしてあなたが過去に拒否した人生体験は実際には解決済みだからもう大丈夫で、緊急体制で生きる必要はないというメッセージを伝えられるように、トラップ・ドアを開けなければなりません。

私はそこにあなたをお連れしたいのです。いまのあなたの人生体験を創造しているエネルギーのパターンをシフトさせるのです。それはからだによって**成されなければなりません**。中央脈管をオープンにして流れの回路をつくるのです。あなたの顕在意識で悟ったり自己実現するだけではこと足りません。それは現実は内側から外側につくりだされるものだからで、**エネルギーを外に出すのです。体**

現を果たせてこそ、私たちは潜在意識のレベルでのエネルギーの表現が変わり、私たちが物質世界で創造し惹きつけていたこともシフトします。

クリアリング・コードは、あなたが行き詰まっている潜在意識上の理由にアクセスする方法を提供します。自分の人生上で困難や病気に貢献している要素が分かっているのなら、あなたはそれを積極的に許せ、手放せるということなのです。それはあなたが進めない理由として自分や他人に語る意識的な筋書きの下で起きています。あなたのマインドの下で起きているのです！　いったん内なるトラップ・ドアにアクセスできたら、このコードに次に続くコードのエクササイズを使い、潜在意識の干渉を解消させ、あなたのエネルギー・システムをリセットできます。

私たちが自分が思っている理由で息詰まることは稀です。たいがいいつも、その下に本当に理由があるのです。コードの実践法を使ってトラップ・ドアの下のそうしたエネルギーを解放し、私たちのシステムに再統合させられれば、自然に自分の顔、魂で満たされた自己に戻れます。そこからしか私たちは意識的に選択した偉大なパワーを発揮できないのです。

このやり方のステップを学ぶ前に、医師のB・E・S・Tによる治療で人生を変える結果を得た私の患者たちの一人のお話をしましょう。レイチェルはトラウマがいかに潜在意識にとらわれ、その出来事が解決したかにみえたずっと後でも私たちに影響しているかを示す好例です。

・ついにトラウマを解消したレイチェル

レイチェルが三人目子供の出産のために病院の分娩室にいたときに、悲劇が起こりました。

分娩室のスタッフは彼女に局部麻酔を打つために横向きに彼女を寝かせましたが、うまく注射針を入れられなかったため、彼女を分娩台の端に座らせ前かがみにして局部麻酔を注射しました。うまく行きました。しかし、彼女に付き添っていた看護婦が後ろを向いたすきに、レイチェルは分娩台からずり落ちはじめましたが、麻酔が効きはじめていたために脚をコントロールできず、床にすとんと落ち、その拍子に赤ちゃんがからだから飛び出してしまいました。

三日後、病院のベッドで彼女は目を覚ましました。赤ちゃんは大丈夫でしたが、彼女はだめでした。枕から頭を起こそうとしただけで、ひどい吐き気がしたのです。この目眩はよくならず、彼女はその後三年間、ベッドかソファーで暮らしました。起き上がって座ろうとするとひどい目眩がして、何時間も吐き続けることになったからです。

そうしたときに私は彼女に会いました。彼女は夫と義理の父親に両側を支えられて「歩いて」診察室に入ってきました。ひと足ごとにぐらついて不安定で、まるでカヌーの上で立ち上がろうとしている人のようでした。その日はあまり彼女とは話せませんでした。あまりに不憫な状態だったので、すぐに治療にかかりたかったからです。

私はすぐに、潜在意識でなにが彼女をよくなる邪魔をしているのかを特定しようとしました。彼女のからだがなぜ事故から三年たっても事故の三日後と同じ状態でいるのかを理解したかったのです。なぜ、彼女のからだが**癒えようとさえしていない**ようにみえるのかをです。

最初のセッションではB・E・S・T、バイオ・エネルギーのプロトコルで治療すると、彼女はたちまちその場で気持ちが悪くなりました。それから、少しよくなったので、なにが起きたのか、いまなにが起きているのかについて私たちは話しました。彼女は病院に対する訴訟の最中で、必要な医療情報が得られずにいました。法廷闘争になることが明らかだったので、関わりたがる医師は誰もいなかったからです。私に会いに来たときには、彼女は完璧に拒否されたように感じて落胆し、将来もそのままになると思い込んでいました。怪我の瞬間に感じた恐怖が強すぎたために彼女は三年たってもまだ感情的な檻から出られずにいたのです。

次の治療のときにより大きな全体像が見えてきました。外的、意識的には彼女はすでに病院に対してあまり怒りは感じておらず、関係者を喜んで赦すとさえ言いましたが、彼女の一部はまだ起きたことに執着していました。からだを癒すためには、たぶん訴訟を取り下げる必要があるだろう、と私は彼女に言いました。彼女のシステムが潜在意識のレベルではよくなったら訴訟に勝つのは不可能になると信じ、病気を維持させようとしているかもしれないからです（もちろん、それは彼女の意識的な意図ではありませんでしたが、潜在意識ではそれも起こりうるのです）。

それで彼女は訴訟を取り下げました。それでも彼女のシステムは防衛の心理学に閉じ込められていました。トラップ・ドアは固く閉まったままでした。そこで私がバイオエナジェティックスとエネルギー・コードの実践法で彼女の神経回路の再構築に働きかけていると、彼女のシステムがオープンになったのが分かり、彼女はすぐに癒えはじめました。三カ月後には彼女は私のヘルスセンターが開催しているソフトボールのゲームで三塁を守りました。それは多くの人が奇跡と呼ぶものですが、実際にはトラップ・ドアを開けて身体的、精神的、感情的に彼女に影響していたトラウマに働きかけられた結果です。すべての苦悩と不安と未解決の感覚が彼女のからだに保管され、からだが生き残りのための緊急体制にロックされていたので、彼女は癒される努力さえしていなかったのです。

クリアリング・コードの実践法では、レイチェルや他の何万人に癒しをもたらす助けとなったセルフ・ヘルプの実践法を紹介しましょう。

❖クリアリング・コードの実践法

・実践法1　モーター・マーチ

モーター・マーチは高次脳中枢の各部とからだのシステムを活性化し統合するための日課です。これには感覚野、運動野と、脳の統合力が含まれます。からだの右側とからだの左側、脳の右側と左側、上半身と下半身、視覚の中枢と呼吸の中枢、そしてバランスのためには潜在意識も司る小脳です。こうしたシステムですべてが同時に活性化され、私たちが体現しようとしていることをなんでもよりたやすく素早く、効率的にできるマスター・リセットボタンのようなものをつくります。その結果、私たちは潜在意識のパターンとそれが生み出す緊張を一掃し、魂で満たされた自己の存在を育てるのです。

モーター・マーチのやり方は次の通りです。

1　足を腰幅に開き、背筋を伸ばして立ちます。

2　右足を一歩前に出し、右腿の筋肉が活性化されるのを感じられるように右膝を曲げます。顎在意識を自分のからだに落とします。

3　左腕を前に上げ、天井と壁が出会う四十五度の角度を指差します。親指が上を向くように手の平を上に向けます。

4　右腕を後ろの下、壁と床が出会う四十五度に伸ばします。親指は下を向けます。指を伸ばして生き生きとさせます。

5　頭を傾げて少し左に回し、左腕から左の親指をまっすぐに見ます。右目を閉じます。

6　次にこのポーズで立ったまま、お腹から深く息を吸ってとめます。健全さ、許す気持ち、受容と愛の深い感覚にフォーカスします。

7　耐えられなくなるまで、またはゆっくり十まで数える間、息をとめます。

8　そして息を吐きながら足を元に戻し、足を平行に腰幅にしてセンタリングします。

9　左側も繰り返し、もう一回ずつ両側で繰り返し、合計四回繰り返します。このクリアリング・コードのエクササイズをすればするほど、自分が変化しはじめるのが分かるでしょう。

（注　もし立っていられなければ、このエクササイズはベッドに横たわってやってもかまいません）

このワークはいかがでしたか？　実際、とても驚異的なものなのです。生存本能により私たちのシステムは、生命に最も深刻な危険があることへの対処にまず優先的にエネルギーと資源を使います。未解決のトラウマ体験があれば、それは潜在意識のレベルに留まっているので、それが過去のことではなくまだ緊急事態にあるかのようにからだは反応し続けます。言い方を変えれば、圧倒される出来事が起きると、トラップ・ドアがバタンと閉まるのです。すると顕在意識と潜在意識の間のコミュニケーションが途絶え、潜在意識は危機が解決したことを知らされることなく、からだのなかで不要なパターンを繰り返すのです。

古いトラウマにより停滞したエネルギーをからだのために解放、解消するには、まず、より重要で生命を救うためにしなければならないことがあると神経系に考えさせるようにする必要があります。だからモーター・マーチでは息をとめるのです。あなたが息をとめれば、神経系はいつあなたが次の呼吸をするのかと疑いはじめます。息ができない可能性を想定して、防衛のために筋肉の緊張を緩めはじめ、酸素の必要量を減らします。こうして現状により的確に反応するための酸素とエネルギーの余裕ができます。圧倒感は減り、あなたのシステムは効率的な対処を再開し、からだとマインドは安心します。新たに配分されたエネルギーは虚偽の未解決の危険の感覚に無駄にされずに癒しに使えるようになります。モーター・マーチのからだの位置で脳の各部位が活性化されると、古い回路は再接続でき、新たな回路も構築できます。

モーター・マーチ

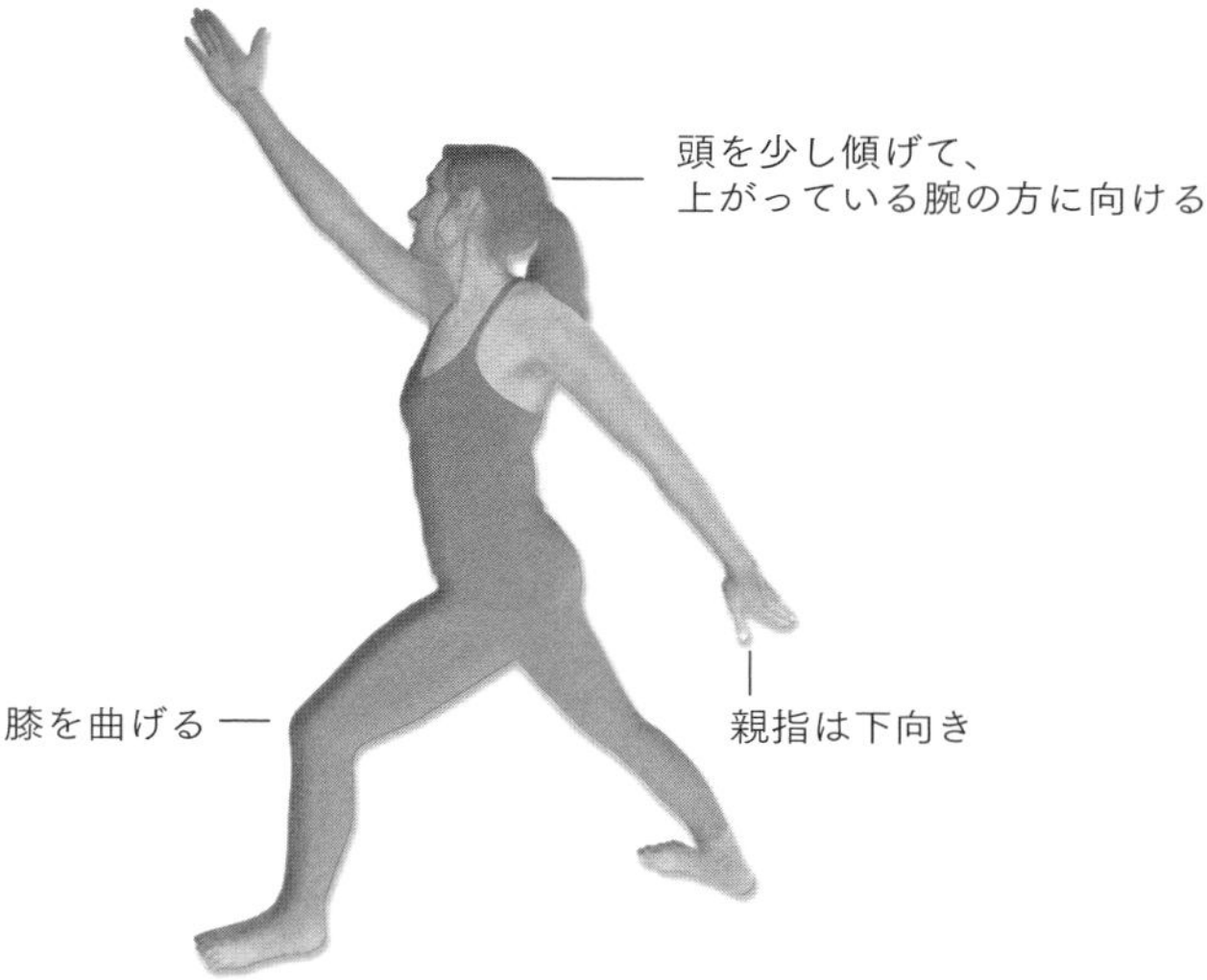

解消と再整列の瞬間に潜在意識に新たなメッセージを伝えられるよう神経系を更新することに私たちはフォーカスできます。それは誰か、またはなにかを赦すことかもしれないし、以前には受け入れられなかったことを喜んで受け入れることかもしれません。または以前はできなかったことでも誰かのために存在したり、誰かを愛したりすることかもしれません。モーター・マーチのからだの位置でリセットが起きる瞬間に赦しや受容をイメージし感じれば、その同期により統合が起こります。神経系は注意とエネルギーをどう配分するかを再検討し、エネルギーを再配分し、それに従って私たちのエネルギー・フィールドがシフトします。潜在意識が執着していたことを実際に許したり受け入れたりする事実に神経系が順応すれば、エネルギーが再びからだに流れはじめます。その結果、気づきもしないうちに物事の被害者として捉えられた

ままになるのではなく、真の創造者として覚醒モデルの表面により近い暮らし方ができるようになるのです。そうすれば、一日中エネルギーを体感でき、より開放感と溌剌さを感じやすくなり、楽観的で触発された状態でいられます。魂で満たされた自己としてからだに文字通りもっと根付いたように感じられはじめるのです。

私はモーター・マーチをそれは多くの人に教えるのが好きで、エネルギーの統合への価値あるツールと受け入れられています。数年前、私がヒースロー空港にいると、コンコースの遠くの人が私の目に留まりました。男性がマーチのポーズの練習をしていたのです！　もちろん私は人混みを駆け抜けて、彼にハグしました！

あなたの統合をさらに進めるために、モーター・マーチの上級版ともいえるｍパワー・ステップがあります。まず初めにモーター・マーチを練習し、上達して、それが自然にできるようになったら、ｍパワー・ステップをプラスするのがよいでしょう。

・実践法２　ｍパワー・ステップ

この上級のテクニックではモーター・マーチにステップを加え、あなたの神経系と組み合わせて微細エネルギーのフィールド（チャクラ・システムを含む）を改善します。この同期により、人生のすべての状況で創造者として関われるよう、新たな方法で存在し、認知することができるようになります。

ｍパワー・ステップでは私たちのコアのフォトンの密度を増やせるよう、中央脈管を強化します。

そこにより気づきを向けることで、身体的に分かる魂で満たされた自己——あなたの感覚神経系がよりやたすく受信できる——を生み出します。これにより防衛的人格から魂で満たされた自己へシフトする量子の転換が大いに促進できます。mパワー・ステップでコアにフォーカスすることで、自分の脳とからだの多くの部位を同時にオープンできます。順番に活性化し、あなたの神経系、とくにあなたのマインドがより多くの情報をより簡単に得られるようにするのです。その結果、古いパターンは素早く解消できますが、それこそがまさに私たちの望みなのです。

mパワー・ステップのやり方は次の通りです。

1　モーター・マーチと同じ姿勢をとります。右足を前に出して、左手を四十五度前に上げ、右腕は後ろの下四十五度に伸ばして、頭は軽く曲げて左に向け、右目を閉じます。

2　両足の裏と両手の平の小さなチャクラを「開き」ます（手と足の裏から花が咲くように想像しましょう）。つま先を持ち上げて下ろします。

3　親指が上を向くように両手の平を回します。あなたの後ろで腕がねじれたように感じないように、手の甲を外側にして回します。これを正しくやる簡単な方法は、両手の平を一緒に頭上に上げ、腕を開き、両手の平を右に向けてから、下側の手を四十五度まで下ろします。肩甲骨を引き締めてハートを引き上げます。

4　次に安定させるポイントにグラウンディングします。あなたのルートの鍵であるムーラ・バンダを引き締めます。胸のなかでハグするように、ハートのセンターを引き締めます。息が上下するのが聞こえるよう、喉を引き締めます。上にあげた親指を見ながら、注意を目の裏に引っ込めます。さらに太腿を引っ張って近づけて、ムーラ・バンダを引き上げ、からだを通してエネルギーを引っ張ります。

5　安定させるコードでやったように、中央脈管を通して息を上下させることにフォーカスします。頭の上から息をからだのコア、お腹に吸い込みます。息を吸い続けながら太腿を引き締めて、安定ポイントと関わらせます。からだのなかにエネルギーが注ぎ込まれるのを感じましょう。よい気持ちを味わいます。本当のあなたがもっとやってくるのです！　内側で息をとめます。そして足から地中に息を吐き出します。

6　地面または床の六十センチほど下から足、脚を通してお腹まで息を吸い込みます。そして、できるだけ長く息をとめます。よい気持ちを感じましょう。

7　中央脈管を通して素早く勢いよく鼻から息を吐き、クジラが潮を吹き上げるように、息のエネルギーが頭上から飛び出すのを感じます。肺からすべての息を吐き切るようにします。

8　息が切れたら、深く息を吸って、足を戻してセンタリングし、腰の下に足をしっかりつけ、

mパワー・ステップ

頭を少し傾け、
伸ばした上腕の方を向く
親指は上向き
膝は曲げる

背筋を伸ばします。

9　左側も繰り返し、もう一回ずつ両側で繰り返し、合計四回繰り返します。

このポーズで立っていると、あなたのシステムがときどき「再計算」しだすのを感じることがありますが、これは、全く正常です。もしくらくらしたり、ふらつくように感じるなら、体を支えられるようソファーの背や壁に背を向けて立ちましょう。自分が望む変化を生み出し、真の力づけられた魂で満たされた自己として生きる方向にあなたは動いているのです。

このエクササイズで古いパターンをクリアリングしたら、さらに神経系を「更新」するパターン、新たなモデルを紹介しましょう。私たちは身体がもつ存在のコアに新たなエネルギーのアイデンティティを構築しはじめました。また、このより解放された状態の方が好ましく、それが新たな起点、基盤になるのだというメッセージを潜在意識に送ってもらいます。このポーズを感謝と喜びの気持ちで実践すれば、あなたの潜在意識をより素早く再プログラミングして、防衛的人格から魂で満たされた自己へのシフトを加速できます。

さて、すでにモーター・マーチとmパワー・ステップを学んだので、人生を行き詰まらせたり、満たされない状態にしている特定の潜在意識の干渉にB・E・S・Tリリースを通してアプローチする準備ができたことになります。自分で思っているような理由では私たちは行き詰まってはいないということを思い出しましょう。この実践法でそれが真実であることが分かります。

・実践法3　B・E・S・Tリリース

このクリアリング・コードでは、すでに役立たなくなった古いパターンにしっかり対処してそれをリリース、解消します。潜在意識の干渉がどこで最大なのかにとくにこだわります。そうした干渉が真に望むよう人生を体験することから私たちを遠ざけており、最も回路の構築が必要な部分なのです。まずは筋力テストと呼ばれる方法でそうした詰まりを特定します。潜在意識は中枢神経を通してからだとコミュニケーションしているので、筋力テストにより潜在意識になにが隠れているのかが分かるのです。

筋力テストは自分一人でも、パートナーとでもできます。B・E・S・Tリリースの場合には、どちらでも楽な方でよいのです。けれど、筋力テストに慣れていない方は、まずパートナーと実施することをお勧めします。誰かと協力しながら大きな腕の筋肉を観察した方が結果が分かりやすいからです。

筋力テストから、スタート：「はい」（肯定）のしるしを確認する

パートナーとの筋力テスト

1　お互いに向き合って立ち、被験者に片方の腕をまっすぐに前方に、床と平行になるように上げさせます。手の平は開いて下に向けて、手首をリラックスさせます。目は開けたまま、まっすぐ前方を向きます。

2　試験者はパートナーと向き合ったまま、彼女が伸ばした上腕部に自分の手を置きます、テストの動きを安定化させます。

3　試験者は腕を伸ばした姿勢を「保つ」ように被験者に言い、自分の手の一定の圧力で被験者の腕を押し下げます。腕の力が強ければ、試験者の圧力に抵抗できる適度の力があることを示します。相手を圧倒せずに、相手が腕を動かさないように、筋力を観察します。

4　被験者に「真実」を喋らせます。たとえば彼女の名前がメアリーなら、彼女に「私の名前はメアリーです」と言わせ、腕の抵抗の強さを調べましょう。強いままのはずです。

B.E.S.T.リリースのための筋力テスト

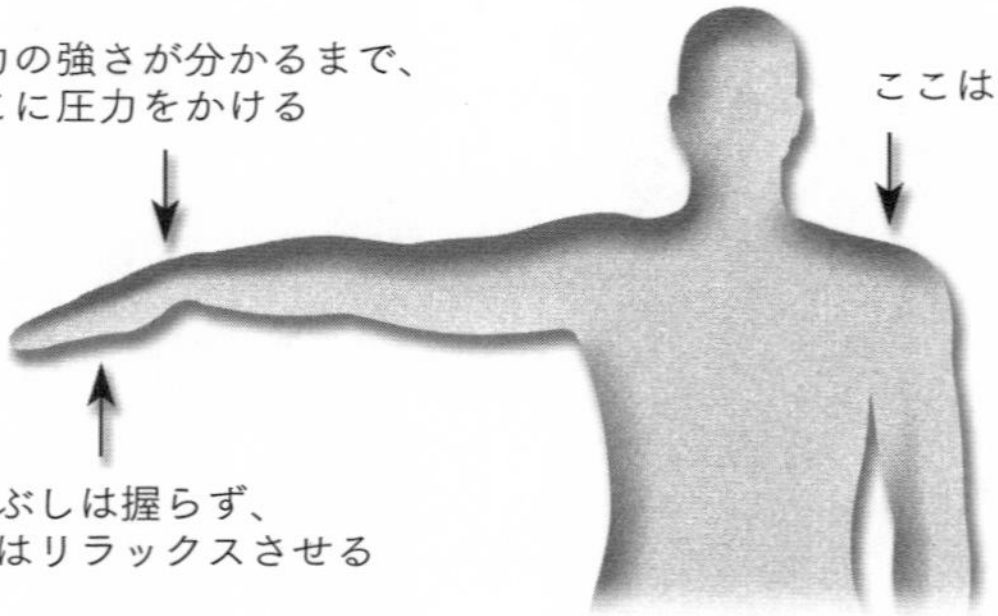

5　次に被験者に「私の名前はベティーです」と言わせ、腕の抵抗の強さを調べましょう。弱くなったはずです。被験者になにか「嘘」を考えさせれば、潜在意識が共感できないことを考えたことにより腕の力が弱くなることが分かります。

Oリングを利用した自己診断

1　片手の親指と人差し指または中指をあわせてリング（輪）をつくります。（リング1）しっかり輪を閉じる。

2　もう片方の手で片手の親指と人差し指または中指をあわせてリングをつくります。（リング2）このリングでリング1を引き離そうとして、筋肉の抵抗力を調べます。

3　リング2を凹めてリング1の中にくぐらせます。

4　「真実」、たとえばあなたの名前がメアリーなら「私の名前はメアリーです」と言って、リング1をきつく閉じながら、リング2でそれを開かせようとします。リング1はしっかり閉じたままのはずです。

5　次に「嘘」、たとえばあなたの名前がメアリーなら「私の名前はベティーです」と言って、リング1をきつく閉じながら、リング2でそれを開かせようとします。リング1は開いてしまうはずです。

筋力の自己診断

この「真実」と「嘘」の感じ方の違いと、それがどう筋肉の抵抗力に影響するかを覚えておきましょう。

反応的な潜在意識の信条と感情の特定

1　上記の方法のいずれかを利用して、あなたにとって意味のある信条や目標について心を込めて考えます（またはパートナーに考えさせます）。それを現在形で肯定的な感覚で述べます。やがてはそうすることとしてではなく、すでにそれが起きていることのように述べます。たとえば「私は完璧に健康です」、「私は幸せで満ち足りています」、「またはすべて充分です」といったようにです。「五キロ体重を減らしたい」と言ったようになにかそこから逃れたいことを主張するのではなく、すでに減量が実現したかのように「私は五十五キロです」と言うのです。パートナーとやっているなら腕の強さを、または一人でやっているなら、自己診断のリングの強さをテストします。特定の潜在意識の阻害による弱さ（強く保てなくなる）が検知できるまで、肯定的な自己宣言を使ってテストします。

2

あなたの弱さを示す信条のパターンが特定できたら、クリアリング・チャート（227ページ）のリストにある六つの言葉を使って、腕のテストか指のリングのテストを続けて、その弱さの原因となっている反応的な感情を特定します。弱さを示す言葉は一つか二つあるでしょう。もし、弱さを示す言葉が二つか三つあれば、何回か繰り返しテストして、からだの優先順序を特定します。やがて、一つが特出するでしょう。その感情があなたの潜在意識・エネルギー・フィールドにしまわれていたパターンで、B・E・S・Tリリースの手順でそれを更新し、解消します。

筋力テストの結果が弱いときには、潜在意識に圧倒されたなにかがしまわれていることを意味します。それが顕在意識に引き出され拡大鏡で見られたときには、回路がショートするような効果となるので、人は思考を維持できず、筋肉の抵抗力も同時に失います。なにかを与えなければならないので、筋肉が弱まるのです。からだ自身のコミュニケーション・システムの利用は私たちのシステムのなか

す（強くなければ、最初に優先すべき言葉を間違えた場合があるので、正しい言葉を再度テストします。そして再びクリアーにします）。次に最初の目標・信条を再度テストします。腕（または指のリング）の力は強いはずです！（強くなければ、最初に優先すべき言葉を間違えた場合があるので、正しい言葉を再度テストします。そして再びクリアーにします）

注　B・E・S・Tリリースのやり方のビデオを参照。https://drsuemorter.com

このエクササイズが難しいと感じる場合には、慣れるまで筋力テストまたはmパワー・ステップだけを続けましょう。それからすべて一緒にすれば、やりやすく感じられるでしょう。こうしたクリアリング・コードのテクノロジーによって私のクリニックには癒しやウェルネスを求める人々が世界から集まるようになりました。ですから、あなたも学びたいはずです、という私の言葉をどうか信じてください。筋書きのレベルでは、それによって起きる変化を常には理解できないかもしれませんが、いつもあなたの人生を改善することになります。あなたが古い潜在意識のパターンをクリアーにして、詰まっていたエネルギーがあなたのからだに流れるようになれば、あなたの人生はより恩恵に満ち、たやすく、そして魅惑的になります。人生そのものが流れ出すのです。大小の問題が、多くの場合どうしてかは理解できないうちに解決します。

私が父、兄と一緒にB・E・S・Tリリースをクライアントのグループに最初に紹介したときにも、素晴らしい結果が生まれました。私は舞台の上でなにを解放したいのか目標を言わない男性にこのワークを試しました。やっている間にも彼は口に出さず、ただ考えていたのです。最初に彼に筋力テストをすると、筋力は弱いという結果が出ましたが、クリアリングの後では筋力は強くなりました。彼のシステムをショートさせずに、その反応的な考えを抑えられたのです。次の日、彼は私のところに来て、「昨日私が考えていたストレスを感じさせる状況と関係があるのかは分かりませんが、昨夜は五年ぶりでひと晩中眠れました！」と言いました。脳の意識の領域と潜在意識のコミュニケーションを大きく改善した瞬間に、彼のシステム全体がシフトしてリラックスし、癒しが始まったのです。

別のワークショップでは、背中と脚の絶え間ない痛みで何カ月も一人では歩けなくなっていた車椅子の女性がいました。B・E・S・Tその他を彼女に試してもらったところ、イベントが終わる頃までには、車椅子から立ち上がれただけではなく、彼女はステージで踊ってみせて数百人の観客を喜ばせました。

✣クリアリング・コードとチャクラの関係　第三のチャクラ

クリアリング・コードはおへそから七センチほど上の胸骨底にあり、エネルギー・フィールドのパワーの中心である第三のチャクラと関係しています。サンスクリット名はマニプーラで「千の太陽のパワー」を意味し、顕在意識と潜在意識の両方を司っています。私たちの自己認識が育つ自己のコアに位置しています。この領域がクリアーになりエネルギーが流れれば、抵抗したり拒否したりせずに、オープンに状況を受け入れる能力が大きく改善されます。以前には拒否していた精神的な問題をクリアーにできれば、真の自己に向けての流れをオープンにできるのです。

太陽神経叢に滞りがある人は自分と他人の区別ができにくくなることがよくあります。自己である

クリアリング・コードとチャクラの関係　太陽神経叢のチャクラ

名称	第三のチャクラ、マニプーラ・チャクラ
位置	おへそから7.5センチほど上の胸骨の基底部
色	黄色
音階	E
影響するからだの部位	消化器、筋肉、胃、肝臓、横隔膜、胆嚢、腰、自律神経系のトラップ・ドア、脾臓、膵臓
覚醒モデルの「裏面」の症状	批判に過敏、支配欲、自尊心が低い、胃潰瘍、消化器疾患、慢性疲労、アレルギー、糖尿病
覚醒モデルの「表面」の特徴	自分や他人の尊重、個人の力、柔軟性、高い自尊心、奔放さ、制約にとらわれない、「自分には我が道を、他人には他人の道を許す」、「可能性に対してオープン」
実践法	• モーター・マーチ • mパワー・ステップ • B.E.S.T. リリース
呼吸法（第八章で説明）	太陽神経叢の呼吸法
統合を促進させるヨガのポーズ	• ラクダのポーズ（ウシュトラアーサナ） • 弓のポーズ（ダヌラーサナ） • 体の前側を強く伸ばすポーズ（プルヴォッタナーサナ） • 三日月のポーズ（アンジャネーヤーサナ） • 頭蓋骨を輝かせる呼吸（カパラバティ・プラーナヤーマ）

「主体」に留まらず、「対象」に気を取られてしまうのです。自分の価値や目的の感覚が弱く、「自分自身の立脚点」に立つことや、行動を起こすことができなくなります。自分自身と自分の能力に自信がないからです。または逆に野心過剰になったり、空回りしたりします。自分の能力を証明し、世界における自分の立場を確立したいという欲求が強いからです。

第三のチャクラが弱い人は概して世界について「考えすぎ」で、マインドは常に探し求めてもなかなか見つけられずにいます。「私では不足だ」、「私には価値がない」といった考えにとらわれがちで、潜在意識のなかに恥の意識、羞恥心や罪悪感の深い井戸があります。そうした否定的な信条は人生を制限してしまいますが、実際のところ、すべての信条は制限的な信条です。信条はマインドから生まれたものだからです。一方、自分のコアの自己とつながれば、よりオープンになることを学べます。筋書きや信条のベースにある生きたエネルギーを解放し、それに働きかけられます。上記の方法ですべての信条をクリアーにできれば筋書きは崩れ去り、真の自己の感覚が自然に湧き上がります。

第三のチャクラは身体的、精神的、感情的な消化と整理に関わるエネルギーも宿しています。胃、肝臓、胆嚢、脾臓と膵臓を司っているのです。私たちが身体的に食べたものを新陳代謝させる能力はエネルギーのレベルで人生を意識的に新陳代謝、消化する能力の反映です。新陳代謝の過程でエネルギーが「滞れば」、思考するマインドを超越して魂で満たされた自己として自分を体験する能力に影響します。

231ページのチャートが第三のチャクラの主な特徴を示しています。チャクラのエネルギーの要素が身体領域に呼応していることに注目しましょう。

クリアリング・コードで第三のチャクラを統合できれば、批判への過敏さ、コントロール欲その他、自尊心の低さからくる問題を調整する助けになります。クローン病、胃潰瘍、糖尿病や食物アレルギーなどの慢性症状など消化器の障害を癒す力にもなります。では第三のチャクラの統合を促進させるために役立つヨガのポーズを紹介しましょう。

✣クリアリング・コードのヨガ

太陽神経叢のチャクラにアクセスするには、特定のヨガのアーサナが役立ちます。このエネルギー・センターを整列し、流れをよくするための主なポーズの一つがラクダのポーズ（ウシュトラアーサナ）です。

・ラクダのポーズ（ウシュトラアーサナ）

ラクダのポーズのやり方は次の通りです。

1　脚は腰幅にして、下肢が床の上で平行になるように四つん這いになります。より簡単なポーズとしてはつま先は曲げ、より上級のポーズではつま先は伸ばします。

2　ハートを引き上げ、背骨を伸ばし、手を想像の腰のポケットにあてて背骨を支えて、上体を後ろ向きに反らせはじめます。あなたが上級者なら、手はかかとか足首にあてます（足が遠すぎるなら、ヨガブロックを足のすぐ横に置き、手をブロックの上に休ませます）。

3　床の方に上半身を下げ、尾てい骨を膝の方に伸ばします。からだの前部を引き上げ腰の屈筋と骨盤底をしっかり使います。ハートを天井の方に引き上げるときには肩甲骨を下げます。

4　安全で無理なくできそうなら頭を後ろに反らせて喉を開き、太陽神経叢のあたりをストレッチします。

5　そのポーズを五呼吸くらい保ちます。ポーズをやめるときには腹筋を後ろに「戻し」ひざまずいた状態になります。そして腰を下ろし正座で休みます。

6　上記を二〜五回、繰り返します。

次にラクダのポーズでクリアリング・コードとボディアウェイクを実践します。

1　ひざまずいたポーズを保ち、膝をついている地点の約六十センチ下にエネルギーのベースを見つけます。六十センチ下の地中に大きな円形のエネルギーのベースがあると想像しましょう。そこが自然からのサポートとの接点です。

2　胸とおへその中間にある太陽神経叢のチャクラのエネルギー・センターを見つけます。このあたりを空に向けて引き上げます。

3　ムーラ・バンダを実践し、肩甲骨をちょっと引き寄せて心臓の背後のあたりを引き締めます。

4　からだの前部で息を吸い、頭のてっぺんから息を吐きます。緊張を感じるように目を上目づかいにし、中央脈管に息を通します。

5　次に息を吸うときには、頭の上から息を中央脈管に吸い込み、コアまで下げてから、地中に息を吐きます。からだの前部の筋肉を引き締めてから解放し、チャクラ・システムの精神的な側面をオープンにします（脚の筋肉も使います）。ストレッチされるので自然にそうなりますが、腿の前部の筋肉をより深く引き締めて活性化します。

6　この呼吸を数回繰り返します。そして首と背中に注意しながら、ゆっくりとポーズをやめ、腰を下げて正座で休みます。

このポーズでは思考や感情が涙や汗となって解放されることがありますが、トラップ・ドアの下のあなたの潜在意識に保存されていたエネルギーの解消として歓迎しましょう。魂で満たされた自己として自分を表現するためのルートをあなたはクリアーにしているのです。ラクダのポーズで何度も脈管を活性化させましょう。

・太陽神経叢のチャクラの統合に役立つその他のヨガのポーズ

クリアリング・コードの効果を高めるためにラクダのポーズと共に利用できるアーサナは次の通りです。

回路の構築にあたっては感覚を感じる部分を引き締めればこうしたポーズでのセンタリングに役立ちますが、一方リラックスさせればエネルギーの流れが感じられます。筋肉をリラックスさせている間もエネルギーが中央脈管を通って上下に流れ、エネルギーが不足したり摩擦を起こしていた部分にも行き渡ることを想像しましょう。

- 弓のポーズ　（ダヌラーサナ）
- 体の前側を強く伸ばすポーズ（プルヴォッタナーサナ）
- 三日月のポーズ（アンジャネーヤーサナ）
- 頭蓋骨を輝かせる呼吸（カパラバティ・プラーナヤーマ）

ここまでの「安定させ、統合し、クリアリングする」というエネルギーのワークで中央脈管とマインドのつながりを強め、潜在意識のトラップ・ドアにアクセスするための新たなルートをつくり、あなたのシステムに大きな変化を導き、確立させました。これにより量子の転換への基礎づくりができ

たことになります。魂で満たされた自己を真に体現しはじめ、防衛的人格から全体性と愛に基づくしっかりとしたパーソナリティに変革するときが来たのです。

クリアリング・コードで筋書きを超越し、生命エネルギーを流れさせるための基盤ができます。これは真の解放へのワークです。私たちを引きとめていた未解決の阻害物をクリアーにし、下半身の三つのチャクラを統合し、新たなエネルギーを真実の道を開拓するために使えるようになります。私たちはこの星で最もパワフルな癒しのエネルギー、ハートを中心とした魂で満たされた自己の波動である愛のエネルギーをいま、体現しはじめられます。愛は私たちのなかに在るだけではなく、愛が私たちなのです。あなたの魂は愛でできているのです。あなたのマインドを訓練して本当のあなた――愛としてのあなた――を見つけて拡大し、すべての存在を一体にする、地球上で最大の変革のパワーを解き放ちましょう。

純粋な世界を変える愛を体験する準備はできましたか？　次章からそれが始まります。

第七章　ハートのコード　宇宙の軟膏

私の母親、マジョリーが亡くなってから三週間の間、私はただ悲しみに浸っていました。診るべき患者、教えるべきクラス、その他の責任もありましたが、なにもできずにいました。ただ裏庭に座って木を眺め、私の親友でもあった母親が本当に去ってしまったのが信じられないような気持ちでいました。

ある日、ついに私は現実の世界に戻り再び社会に貢献すべきときが来たと感じました。私は裏庭に行き、私の悼みを支えてくれたことに感謝しました。庭に目を向けると朝の光が木々の合間から差しているのが見えました。中庭を通り過ぎ、小川まで行くと、とくに眩しい光が大地に差していました。光があたった地面には四つ葉のクローバーが生えていました。

私の目から涙があふれ出ました。私の母は四つ葉のクローバーを見つけるのが得意でしたが、私は人生で一度か二度しか見つけたことがありませんでした。母はまだ私がお腹にいたときにも私に一つ四つ葉のクローバーをくれたのです。それは私たちだけが知ることでした。私は彼女の存在を感じました。母がまだ私のそばにいてくれるから私は大丈夫、というしるしでした。私はその四つ葉のクロ

ので、いつもなら見えない物事が見え、そのオープンさが私の人生に流れをもたらしたのです。雪が降り出してもその魔法は続き、その頃でもまだ残った芝生の部分で四つ葉のクローバーが輝いていました。

ハートがオープンになれば私たちにはこうしたことが起きるのです。大きな痛みのあるときでさえです。実際そうしたときにこそ私たちは聖なるつながりのスペースに抱かれています。苦悩のときにこそ、多くの人は目覚めるのです。このつながりこそ私たちが本当に求めているものです。エネルギー・コードを使えば、私たちは痛みなしで恩恵に満ちたつながりが持てます。

母の一周忌が近づくと、人々からどう記念するのかと聞かれ続けました。「クローバー」をするのか、とも聞かれました。私は「いいえ、それは私の人生でそれとしてとっておいて、なにか他のことをするわ」と答えました。その朝、私は別のことをして、それは彼女に関する別の美しい体験に導かれました。けれど午後四時頃に、結局はクローバを求めて裏庭に導かれました。

芝生に降りると、そこら中に四つ葉のクローバーが生えていたのです！　私は四十五分間、ノンストップで摘み続けました。そしてそれを入れる物を取りに二階に行き、さらに四十五分間摘み続けました！　いっぺんに二本、三本の四つ葉のクローバーを摘んでいました。この驚異的な宝物を集めながら、涙が私の顔を走りました。一時間半で百二十四本も摘んだのです。ストップしたのは私自身のハートが体験していた至福に圧倒されたからでした。

これが一年前に起きたときには、私はなにが起きているのかよく分からず、ただ従っていました。今回はこの体験を意識していました。私のハートは前回と同様に私のためにオープンになりましたが、今回はより大きくオープンになっていました。私たちすべてにこの能力があることは理論的には知っていましたが、このときには理論を超えて体験していました。私は自分のハートをオープンにすることで母と文字通りつながれ、やりとりさえできることをいまでは知っています。それは実際には母は「去っては」いないからです。彼女はただ宇宙のバスに乗り、異なる波動の停留所に向かったのです。

その日、深淵な至福に圧倒された私はこのレベルの愛と心のオープンさをクライアントも体験してもらえるようにするために、人が活性化し、自分のハートを開花させる方法の研究にクライアントと共に尽くすことを自分に誓いました。この傷つきやすいオープンなハートとその恩恵の流れが私の生き方の新たなベースラインになりました。それは私たちの最も奥深くにある最も本質的な自己との意識的なつながり方に関する私の認識を変えました。マインドではこの探求はできないのです。真のパワーを体験し、私たちのためにある素晴らしい人生を実際に生きるには、むしろ傷つきやすくオープンなハートで人生に踏み出さなければならないのです。それは愛として知られる波動が魂で満たされた自己（ソウルフル・セルフ）の特徴的な資質だからです。私たち自身の中に魂で満たされた自己を本当に確立し表現したければ、愛の波動を安定させ、そこから発して生きなければなりません。

このコードは最も深く地についたバージョンの「ハート自身」につながり、そこに留まる方法をあなたに示します。からだを使って愛について考えることから（マインドと共に）愛の波動になること（体現）へのシフトする方法を学びます。それができればあなたもクローバーが一杯の喜びとつながりの奇跡を創造できるだけではなく、ついに純粋にヘルシーにフルに、自分自身と他人を愛せるようになるのです。

❖ハートのコードとは？

古代からの伝統のすべてが愛の力は神聖だとしています。愛されていると感じれば、私たちの気分はよくなります。躊躇なく誰かを愛せるとき、私たちはより解放感を感じ、美しい体験に没頭できます。防衛的人格から魂で満たされた自己への量子の転換の最大の利点は愛の体験の仕方にあります。私たちが防衛的人格として愛し、愛されている間は、魂で満たされた自己として可能なことはできないのです。

防衛的人格では、私たちは自分が愛から切り離されていると感じ、愛は自分の外側の誰かやなにかから獲得する必要があるものだと感じています。そして愛を「得る」方法を突きとめることに多大なエネルギーと時間を費やします。愛を得るために私たちは無意識のうちに相手を喜ばせたり、支配したり、誘惑したりして、コントロールしたり誘導しようとします。

防衛的人格は私たちを傷つくことから守ろうとするので、自動的にいつ誰なら安全に愛せるか条件付けします。この条件付きの愛が「あなたがこう振る舞う限り私はあなたを愛せる」、とか「こうした条件が満たされる限り、愛しても安全と感じられる」と言うのです。こうした条件が愛、幸せや喜びを体験することへの大きな制限となります。世界はなかなか私たちの条件や期待を満たし続けてはくれないからです。だから私たちは愛を引き下げます。愛のために取引します。愛するか愛さないかを決めます。愛について自分がつくった条件のために私たちは多くの苦悩と不幸を体験します。そして自分がそうあるべきだと思うような愛が「得られない」ときには、その愛の欠如が私たちについてどう言っているかという筋書きに深入りします。

魂で満たされた自己を体現できずに、自己参照している状態、飛散して生きているときにはこうした試練や苦闘はふつうになります。単に筋書きやドラマをがき立てることでより多くの打撃を与えますが、実際には魂で満たされた自己として自己認識するには低すぎる波動に私たちを留めることになります。

ハートのコードは全く異なる愛の実践にあなたを導きます。条件や執着、取引のない愛です。私たちが愛の波動から生じるときには、愛されていると感じます、それは私たちが実際に愛のなかで**生きている**からです。私たちは常に自分の**内側**で愛を生み出すようになるのです。秤のないところから与え、愛するのです。他の誰からも愛を「得る」必要はないので、私たちは無条件に愛します。私たちの健全さは他人の行為には依存していないのです。他人の反応や他人との関係で失望することはなくなります。私たちはただ存在し、繰り返し、繰り返し、繰り返し、愛するのです。

この章のエクササイズをあなたがいくつか実践すれば、自分の内側に保てるパワフルで実感できる愛の感覚が得られます。けれど、始める前に、この愛の状態で生きることでよくある恐れについてあなたをなだめておきましょう。

よく私は聞かれます。「無条件に愛するとは、他人について気にしなくなることを意味するのですか？」もちろん、違います！　ただ、執着なしに愛するということなのです。

防衛的人格で愛すれば執着を体験します。安全に感じる思考や信条にしがみつくのです。私たちの愛は条件的で、ある尺度でのみそれは存在すると考えます。けれど外界に向いた思考、イメージや目標ではなく自己を感じる感覚に自分のアイデンティティを執着させれば、相手の安全を心配したり、彼らの喪失が自分自身の安全性に与える影響を考えるのではなく、自由に喜びから相手を思いやれるようになります。物事がどうなるかにはとらわれなくなるのです。
自分の健全さのために外界に執着しなくなれば、無条件の幸せ、喜び、愛の可能性に導かれます。人生のすべての側面でのより良い体験と健康の改善に帰結します。スピリチュアルな教典では共通ですが、この無条件の愛は人生と愛に関わるベストな方法だと考えられています。たとえば仏教の伝統では、執着はすべての苦悩の根源とされています。

執着しないことと乖離は全く異なることには注意しましょう。執着しないというのは帰結について本当に心配しないというだけのことで、フォーカスは愛の行動にあり、帰結にはないのです。一方、乖離は孤高のようなもので、自己と帰結の間だけではなく、自己と愛の行動の間にも距離があります。それは実際には素早く波動するエネルギーをかき回しているだけで、つなぎとめもせず安定もしていないのに、自分は安全だと思い続ける体外離脱体験で、それは皮肉にも安全ではないと感じるものです。それによって私たちは人生に興味を持てず、触発もされず、無気力にさえなります。

乖離は通常、そこから逃げださなければならないと信じるトラウマやストレスの多い環境の結果です。物理的に逃げだせなければ、私たちは精神的、または感情的に逃避し、乖離するのです。乖離は短期的には保護されている感じがしますが、長期的にみれば寂しさ、孤立感、ウツが増すだけで、インスピレーションや楽観は減り、危険なほどの低血圧や回復の遅れ、アドレナリンの消耗、甲状腺の障害、消化器の障害、腎臓の問題、呼吸器の問題、その他の症状など、多くの健康上の問題につながります。

からだを癒すには私たちはからだの中にいなければなりません。最もパウフルに素早く癒されるには、愛しながら自分のからだの中にいなければなりません。愛に関係する波動は究極の癒しのエネルギーで、触れたすべてを修復する宇宙の軟膏なのです。愛は偉大な中和剤です。マインド、からだと呼吸の整合性を高めます。エネルギーはハートのスペースにすべてを燃え尽くす焚き火をつくりだします。すべての課題、問題、分散、干渉も愛の炎にくらべれば愛の波動で変革します。困惑は明快さに変わり、憎しみは赦しに変わり、偏見は理解と思いやりに変わります。別離と孤立はつながりと一体感に変わり、悼みは無量の喜びに変わります。

愛は宇宙の軟膏です。私たちがもっと愛から生きれば、どんな状況でも状態でも一貫して愛を適用できるようになり、魂で満たされた自己により統合できます。実際、魂で満たされた自己は愛の波動の通り道を通して**のみ**私たちのからだに棲めるのです。愛が魂で満たされた自己への玄関口なのです。

それはなぜでしょう？　それは愛の波動は私たちが人間の形で得られるなかで最も拡張的だからです。スピリットとしての私たちが地球という宇宙のバス停で降りて、物質世界に向かうときのエネルギーの最初の圧縮が私たちが愛と呼ぶ波動なのです。ワーオ！　私たちが自分の存在のコアに着地すれば、愛は体験しやすくなります。それは私たちが愛でできているからです。

愛はあなたの真の本質で、単に訪ねる場所ではないのです。ハートのコードはいつでも、どんな状況下でも意のままに愛の波動に安定し、常にそこから生きる方法を教えてくれます。これらの実践法は私たちの内なる愛への道です。**私たちが愛で**、即座にその波動を安定させ、究極的には留まることを身体的にもフィーリングのレベルでも覚えられるスキルを開発できれば、自分自身の外側に愛を求める「欲する」波動に留まる必要はなくなるのです。それができたら、次にはこの愛を常に無条件で他人と分かち合えます。それが私たちがここに来た目的である体験を増幅してくれます。

魂で満たされた自己は常に愛に安定しています。だから魂で満たされた自己は歓喜鞘、サンスクリット語ではアーナンダマヤ・コーシャとも呼ばれるのです。私たちが魂で満たされた自己の中にいれば、私たちは愛する状態で至福に満ちています。ハートのコードを毎日実践することで、あなたはこの至福を毎日、今後一生、体現することを素早く学べます。

✣ハートのコードの実践

・実践法1　愛する存在の創出と愛される選択

この実践法はあなたの内側で火をつけられることを待っている愛の波動につながる道を提供します。私たちが求める愛の体験を実感でき、自分自身の外側に愛を求める必要をなくすものです。また、懸案をもたずに最も真実の自分のバージョンでいる素晴らしい解放感も与えてくれます。この自己の明晰さは愛の波動から生き、あなたの人生に癒しと創造をもたらすために必須のものなのです。

1　あなたが本当に愛している人やなにかを思います。友人、家族、ペット、子供の頃に好きだった人、現在あなたが愛する人、またはまだ会ったことのないソウルメイトでもよいのです！　愛おしい春、好きな場所、大切な思い出や、あなたにとって大きな意味を持つ物でもよいのです。あなたの内側に愛を生み出すなにかを選んでください。

2

あなたが愛する人や愛おしいなにかを思い出したら、その愛の対象は実際にはあなたへの愛の波動を明かしてくれているのだと理解します。愛をあなたに届けるのではなく、あなたの**内側にある愛を呼び覚ましてくれる**のです。あなたのマインドがすでにあなたの内側にある愛、あなたという愛に気づけるようにです。あなたに「外に出て」もらう要因となるのです。

3

次にあなたのハートをその人や物、または思い出で満たします。このイメージで得る感覚を感じ、次にからだに注意を向けます。このイメージを想うときにあなたの内側ではどんな感じがしているか感じます。

4

次に、この体験のボリュームを上げます。倍増させます。そしてさらに倍増させます。その人や物にあなたが持つ愛でからだを満たし、さらにからだの外、部屋の中にも流れ出させます。そしてさらにそれを部屋から外に広げて、その体験に完全に集中します。この状態のときにからだの中ではどう感じているかに注目します。**その感覚**を覚えておきます。

5

今度はハートに手をあてて自分にこう言います。「これは私のため」。そのすべてを受け取ります。部屋よりも大きな愛をあなた自身の中心に落とし、完全に受け取ります。それをあなたの故郷にします。「主体」に戻って（安定させるコードでしたように）、からだの隅々でそれを感じます。

6　あなたのハートに手をあてながら、ムーラ・バンダを引き締め、この波動をからだのレベルで感じます。それから、先にコードで学んだやり方で、息を中央脈管とあなたのコアの安定ポイントを上下に行ったり来たりさせます。愛の特別な波動が自分のからだに安定する感覚を感じはじめられるでしょう。

7　何回か呼吸しながら、その感覚と無条件の愛の波動を育てます。

8　次に1～5を繰り返しますが、今度はあなたが完全に無条件で揺るぎなく愛されていると感じます。愛してくれるのはおばあちゃん、お母さん、またはパートナーか親友かもしれませんし、ペットかもしれません（あなたにそうした体験が全くなければ、それでもかまいません。その場合には想像力を使いましょう。ただあるがままのあなたが完璧に愛されたらどんな感じがするか想像しましょう。あなたの好きなように想像してかまいません）。

9　エネルギーの軋轢をとくに感じた部分があればそこを引き締め、足の裏の大地への開口部を開けて、中央脈管を通して地中に息を吐きます。足の裏の大地への開口部を開けるには、エネルギーだけでなくあなた自身が地中に根を下ろしていくようにイメージしながら、いったんつま先を持ち上げて下ろします。

10　回路の一つのラインをあなたの胸の中心のハートのスペースから胴体、骨盤内、脚を通して脚から大地につなげます。

あなたがいまハートで感じている感覚こそが真の愛です。このシンプルなエクササイズにより、かつては外界の人や物がもたらしてくれたと思っていた愛が実際には常にあなたの内側で得られることが分かります。ただそれにつながればよいのです。エネルギー・コードを利用して回路を構築すれば、外界からのインプットがなくてもこの体験を頻繁にできます。あなたはいま、そう決心したことによって愛を生み出し、次にそれを完全に受け取りました。それがあなたにできるからです。

あなたが創造し、あなたが受け取ったのです。なんの義理もありません。これが本当に重要なのです！　からだの内側で愛の波動をもっと受け取り、愛が流れる回路を構築することをマインドに許せば、他の人々を愛するだけではなく、自分も愛さざるを得なくなります。それにより、とくに「私は愛されている」という真の知に関わるフォトンのパターンができます。もちろん、私たちは愛でできているので、愛されずにはいられない、というのが真実ですが、愛される体験を防衛的人格に与える必要があるのです。愛されていることを体現することで、体内に愛されている感覚をつくりだし、他人に愛されているとして世界に反映するのです。

この実践法では、あなたが愛を生み出していることを意識的に認識し、潜在意識も愛を受け取っていることを認識するようにします。すべて同時にです。これが毎日何回も練習すべき特徴的なパターンです。覚醒モデルの表面に完全に移行するには、この拡張する波動に細胞レベルで馴染むことが必須です。愛こそが魂で満たされた自己の感覚、フィーリングで、自己認識なのですから、それなしではそこに残れないのです。

この実践法の重要性を示すために、いつも他人に尽くしながら、自分が他のみんなにあげている愛を受け取ろうとしなかったものの、やがて愛を受け入れた私の母の体験をお話ししておきましょう。

・マジョリーは「私も！」と言った

私の母はすべての人にとっての愛する人でした。常に他人を気遣い、与えすぎたあまり、自分の人生の調和と健康を害してしまったほどです。

ある日、ホテルのロビーの化粧室で手を洗い、タオルをつかもうと振り向いただけの単純な動作で彼女の脚は折れてしまいました。私は最初、六十歳以上の女性によくある骨粗鬆症かと思いましたけれど、調べてみると彼女の骨の密度は二十四歳レベルでした！

しかし、この自発的な骨折の原因がカルシウム不足でなければ、なにが原因だったのでしょう？

からだのエネルギー・フィールドの研究であるバイオエナジェティックスの科学によれば、「骨折」はまずエネルギー・フィールドで起こってから、私たちが転んで足首を折ったときに物質世界で実現します。すでに微細エネルギー体で存在するところに踏み込むのです。手を乾かそうとする誰かが脚を骨折するわけではないので、母には別のなにかが起きていたのでしょう！　グラウンディングするために脚を直下した分散したエネルギー、つまりエネルギー的な骨折がからだの骨折の原因だった可能性がありました。彼女のフィールドには滞りがあり、脚の方向を変えた途端にそれが作用したのです（その時点でエネルギー・コードを使って自分自身のエネルギー・フィールドに安定させ統合できることを私が知っていたら、あなたにお教えしている実践法で彼女を助け、骨折自体を避けられたかもしれません！）

興味深いことに、彼女の人生のその時点では、他人を助けるだけでなく自分自身も助けはじめたところでした。調和を求めて、自分自身のニーズを学び、それについて語りだしていたのです。彼女の世代にとってそれはたやすいことではなかったのです。けれど、彼女はまだ彼女が本当になにを感じていたか、「自分のために立ち上がる」ことを特定し、説明できなかったので、安定しようと目覚めたエネルギーは恩恵をもってそれ自体を知らせるための道筋を欠いていました。

「私も！」と言うことを彼女に学ばせるために、エネルギーがこの変革に必要な外的な状況、――葛藤をつくりだしたのです。全般的に彼女の人生は愛をもって彼女をサポートしていましたが、彼女がそのメッセージを聞き取れるように、より大きな声を出す必要があったのです！

そして、それは効きました！　その瞬間から母は他人と同様に自分にも愛が流れるようにしたのです。様々な状況での問題について私に話すときの彼女の言葉が彼女の新たな見方を反映していました。そしてより豊かに愛を受け取る彼女の体験は日々、増大しました。他人に与えるほうが過剰になりがちな人には、大きな声でメッセージを聞く前にエネルギーのバランスをみつけるためにこれらの実践法が役立ちます！

エネルギー・コードを通して私たちは愛について、どうしたらどんな状況でも愛を受け取れるかについての見方を変えはじめます。愛についての制限的な信条、愛を得るための条件についての見方を和らげます。エネルギーコードを実践しはじめた人から、「このワークに惚れた」とよく言われます。このワークと「恋に落ちた」と私はよく人から言われます。それは愛のフィーリングはからだの中心のコアにマインドを着地させ、私たちの真の本質を認識し拡大することを許したことによる副産物だからです。愛は極めて豊富です。全く無制限なので、すべての人が充分得られるのです。実際、愛を受け取れば受け取るほど、愛を生み出せるし、その逆も真なのです！

・実践法２　愛することの判定

愛は変換のための触媒で、私たちが愛するもののすべてが、その波動の存在の中で変わります。このエクササイズでは、エネルギー・コードをベースとして、私たちが働きかける**資質**、**クオリティ**としての愛の波動を選び、付加します。これにより私たちのワークは機械的にならずにすみ、愛のスピリットで機能し、したがってよりパワフルになります。とくに**愛する存在の呼吸**を使います。人生を変える三要素により変換を創造するのです。それはからだにスピリットのエネルギーを動かすための呼吸、愛の変容的資質をもたらす愛、そしてマインドを特定の体内の場所にフォーカスさせるための存在です。

やり方は次の通りです。理想的には私たちが動揺させられる状況に際したときにそれに反応して筋書きに入り込むのではなく、「からだに持っていく」ほうが良いのです。からだの感覚としてエネルギーの軋轢を感じたら、顕在意識が接触していることを知らせるためにそのスポットを引き締めます。次にその引き締めたスポットに息を向けながら、中央脈管を通じて呼吸を上下させ、そのスポットを私たちのコアのエネルギーの流れに引き込みます。でも、私たちはいまでは呼吸しながら愛の波動のスイッチを入れれば癒しと変換の能力が高まることを知っています。「愛のスイッチ」に転換することで、軋轢の原因となったエネルギーの分散を統合させるための能力が劇的に増大するのです。

最初はこれはとても難しいかもしれません。とくに意のままに愛にアクセスすることを学んでいる段階では、分散している部分を特定し統合しようとしながら愛にアクセスするのは、難しいかもしれません。そこで、私が愛することの判定と呼ぶ、別のテクニックを紹介しましょう。

そのやり方は次の通りです。

1　問題が生じたりストレスを感じたりしたときには、それをからだに持っていきましょう。軋轢を感じた部分を引き締め、後で戻ってこられるように、その場所を覚えておきます。これによってエネルギーの分散を最小限にできるだけではなく、その瞬間にあなたがそのドラマに貢献することになるようなこと（たとえば、口論したり、恐れたり、その他後で後悔するようなこと）をしなくてすむようになります。

2　後から、ストレスがあまりないときに（たとえばベッドに寝ているときなど）、そのシナリオに再びアプローチします。先に学んだように、真に愛する人か物を想像して、愛の存在を生み出すエクササイズをします。あなたの愛のビジョンの足しになる香りや音、その他の詳細な要素を足しましょう。次にその愛のフィーリングのボリュームをどんどん上げていきます。愛が大きすぎて抱えきれなくなるように感じるまで続けましょう。

3　それをあなたのからだでどう感じるかに気づき、なにがあってもそのエネルギーのパターンを持続させる意図を持ちます。ここでの目標はからだで愛をどう感じるかを確定し、それを記憶することです。

4　この愛の状態にあなたがいる間に、ゆっくりとした呼吸を中央脈管を通じて六回から八回上下させ、シフトを感じます。

5　中央脈管呼吸をしている間に、問題のテーマについての考えをそこに混ぜます。最初に分散を感じたからだの部分を引き締め、愛の存在が問題の状況を解消し、影響があった部分に新たな回路を構築するのを許します。

この実践法では愛の焚き火に火をつけてから、問題をそこに持ち込みました。問題を紙に書いて燃やすというよくある儀式にも似ています。が、この場合にはあなたは自分のハートのスペースに火を起こして、内なるワークをします。外界で儀式をする必要はないのです。それにこの愛の変革の火を体現することにより、人生の摩擦を明るみに出す際にもより持続的な変化が体現できます。

愛の重度判定でまず先にすべきことをするというアプローチをとれば、自分のエネルギーの干渉をずっと解消しやすいのです。動揺している最中に愛に点火しようとはしないからです。人生が大変すぎると感じたり、なにかに圧倒されたような感じがしたら、いつでもこの実践法を利用して、あなたが手放すべきことや癒すべきことに働きかけてみましょう。愛の存在を生み出すことを続ければ、内なる愛の焚き火の点火はどんどんたやすくなります。究極的には、エネルギーを動かし、すべての詰まりや分散したパターンをこの流れに溶け込ませれば、愛に自分を安定させそこから生きることは、呼吸のように自然な「第一の自然」になります。（医療やボディワーク関係の方にとっては、クライアントのエネルギーに働きかけるときに、よく言われるように「プロテクションの風船」をつくるより、あなたのハートの焚き火に火をつけるほうがより効果的です。後者はただ防衛的人格と魂で満たされた自己の二元性を確認するだけだからです）。

・実践法3　すべてを愛と見る（「すべては私のため」）

私は過去三十年の間に、多くの人の最期にそのベッドの横で付き添う機会を得てきました。驚いたことに、そうした会話のすべてには共通点がありました。「すべてうまくいった。すべては提供された。私が憎んでいたことも、いまでは愛している。それは私が生きた驚異的な人生の一部だった」ということでした。彼らは悲しみと喜び、勝利と敗北、生と死などすべて彼らが体験しなければならなかった膨大な様々な体験について語ります。人生の終わりに際してそれが人々のマインドに浮かぶことなのです。

私の疑問は「結局はこの見方から人生のすべての体験を受け入れることになるのなら、いまそうすればよいのではないか」ということです。

いますぐにすべて人生で起こることは私たちのためになると決めて、そこから意識的に動けば、人生の出来事にかける別のフィルターを生み出せます。人生のすべてのシナリオが愛の行為だとしてみれば――私たちが自分の偉大さに目覚め愛する能力を広げられるように私たちの真の自己が愛を込めて地球上での自己に経験を与えてくれているのだとして――必然的に私たちはそうしたシナリオに異なる解釈を与えます。同時に私たちのエネルギー・フィールドに抵抗や拒否、判断がつくりだす歪みを安定化できます。そうすれば、愛をみつけやすくなるのです。愛を体験しやすくなるのです。愛を明かし無条件で分かち合いやすくなるのです。

愛は豊富にあります。それはすべての中にあります。人生のすべて、全体に、どこにでもあります。私たちがそれを認識すれば、バス停の会話の見方からそれが見やすくなります。人生で最も困難なことも愛に基づいているのです。母の死は私の人生最大の痛みでしたが、そのときには損失のように見えても、この深くハートに基づいた現実で母と再度結ばれたときに得た愛のフィーリングは私のそれ以前のすべての記録を打ち破りました。

人生でのすべてのやりとりは愛と愛の相互関係だというのが真実なのです。異なるバージョンの愛がつながろうとするだけのことなのです。人生のすべては愛が愛をみつける物語、どんなシナリオも愛だという見方に至ることによる魂で満たされた自己の目覚めの筋書きだと見ることは、私たちが語り合ってきたハートのセンターと愛の波動の真の働きによるのです。けれど、私たちがそうした意図で導くまでは、人生はそのようには登場しないでしょう。似たものは惹きつけ合うので、私たちの体験に愛を招き入れるには、愛を体現しなければなりません。それをハートのコードで進めていくのです。

これは量子科学からも理解できます。私たちの現実のすべては究極的には私たちの意識の反映で、なにかが起きるときには、私たち自身の意識の一部がその体験を私たちの気づきに結びつけているからです。私の人生が安らかだとしたら、それは私の内なる世界が統合されていて、そこからは安らぎが見えるからです。混乱があれば、それは、歪みなしで見えるようになるために回路を設置する必要が私にまだあるからなのです。つまり、三次元の世界は私がいかに統合しているかいないかを見るための映画のスクリーンのようなものなのです。

外界の人や場所や物が自分自身の反映ではなく、私たちとはかけ離れていると考えると不快なので、そうした状況を変えたいと思いはじめます。けれど、起きているのは愛以外のなにものでもない――出来事のすべては愛する魂で満たされた自己にマインドを目覚めさせるガイドなのだと気づけば、混乱も異なる体験になります。まさに試練に際しても、いままでは私たちは、すぐにそれは自分自身の内なる現実の反映で、どんな状況でも愛、安らぎと調和を維持する能力をみつけるためのギフトなのだと知ることができます。そしてそのギフトのフィードバックをからだに持っていき、そこで愛によって変容させられます。それこそがここでの私たちの仕事で、それは私たちの人生のすべての側面に愛をもたらすことなのです。

すべてを愛と見る実践法のやり方は次の通りです。

1　あなたにとっていままさに挑戦と感じられる状況について考えてみます。たとえば、人間関係での衝突、健康上や経済的な危機、大きな損失やその危険などです。

2　自分にこう問いかけましょう。「この状況が、私が愛する能力を広げるための私から私へのギフト、チャンスにすぎないとしたら、私の見方はどう変わるかしら？」

3　愛することの判定と愛の存在を生む実践法を使って、その状況をからだとハートの中心に持っていき、どこに新たな回路を構築すべきかみて、愛の焚き火に古いものを変容させ、新たなものを生み出させましょう。

4

行動を伴ってもよいのです。自分にこう尋ねましょう。「この体験を通して、どんな方法で私はより深く自分や他人を愛せるようになるのかしら？」または「この体験の理由が、愛を広げるためなら、どうしろと私のハートは言っているのかしら？」または「愛の中で生きるという私の偉大な能力を受け入れるために、宇宙はいま私になにを求めているのかしら？」

そしてハートの導きに従いましょう！

多くの人は、すべてを愛と見はじめるためには、私の四つ葉のクローバーの体験の状況のような外的な証明を待ちたいと感じます。けれど、それはあなたが決めて実行するしかないことなのです。照明をつけるまで暗室ではなにも見えないのと同様に、その場所から来るためにはマインドのスイッチを入れなければなりません。あらゆること、人が人生において愛すべき存在だと見られるようになれば（最初からそう見たか否かにかかわらず）、愛の波動がより多くみつかります。愛の波動を生み出す練習をすればするほど、そのように世界を見ることができるようになります。私たちの視野を狭めている中央脈管内にへばりつく汚れを溶かし、揺れをなくすのです。愛は補強材で、魂で満たされた自己のより深い体現に私たちを導いてくれます。

このワークは執着や乖離、歪みなしで人生を進める役に立ちます。魂で満たされた自己として愛をあなたが体現すれば、永続的な安らぎの境地に落ち着くので、あなたの幸福度は急上昇し、自動的に補充されます。愛のなかでは人生はサバイバルから協力の状態にシフトし、魔法のように至福に満ちた冒険があなたのためだけに創造されます。

✣ハートのコードとチャクラの関係　ハートのチャクラ

ハートのコードは胸の中心にある第四のハートのチャクラに関係しています。「未発見」を意味するアナーハタ・チャクラとして知られるこのエネルギー・センターは愛としての私たちのまさに本質を代表しています。マインドをその愛、宇宙のすべてをつなぐ統合領域につなげる道筋です。愛のすべてのあらゆる側面を司ります。第三のチャクラ、マニプーラが自己の感覚を代表する一方、アナーハタは世界とそこにいるすべての人との関係における私たち自身の見方を代表します。ハートのチャクラに関係する愛は、すべてを結ぶもので、ほとんどのスピリチュアルな探求において未発見のリンクです。

ハートのチャクラに問題がある人の多くは他人や愛、自分自身から切り離されているように感じます。他の人々を結ぶ糸が自分にはつながっていないかのように、自分は「外側」にいると感じます。それが不安、ウツや寂しさ、また文字通り「受け入れる」、愛のエネルギーを受け入れることができない反映である心臓や循環器障害、呼吸の問題など身体の症状につながります。

ハートのチャクラは私たちの原始的で個人主義的な自己感覚を代表する第一、第二、第三のチャクラが、私たちの神聖な意識の高波動のエネルギーを反映する上部のチャクラと出会い統合する場所です。ハートのチャクラで私たちに神性と人間性が一緒になるところで、私たちの人間性に神性を目覚めさせる上で鍵となります。

ハートのチャクラを活性化することで、私たちは最も傷つきやすい自己をオープンにして愛に力とパワーを見出します、ハートのチャクラのエネルギーに働きかければ偏見が減り、より存在感が増し、より神性を増し、私たちの個人主義的な下部のチャクラに信条を遭遇するすべて状況に押し付けるのではなく、あるものに対せるようになります。私たちはまたより我慢強くなり、人を判断しなくなり、他人による判断も許せるようになります。戦うか逃げるかフリーズするかの反応を起こさないので、からだもよりリラックスして楽になります。そして自分が新たな方法で愛し愛されることを認識すれば、人生をよりフルに慈しめるようになります。

世界にはびこる誤解の一つが、パワーと愛は共存できない、という考え方です。「私がパワーを持つなら、愛することはできない。愛しているなら、パワーは持てない」と考えるのです。けれどそれは真実ではありません。両方持てるのです！　か弱くなることは弱くなることではありません。私たちのか弱さは私たちのハートと無限の可能性への玄関へのアクセスを私たちに与えることにより、私たちの最大のパワーの存在に私たちを連れて行ってくれるからです。私たちの資質の両方の要素で生きるには、第三のチャクラの構成要素——精神的で自己認識的な自己と、第四のチャクラ、魂で満たされた愛する自己とを統合させる必要があるだけです。これにより、私たちは最適な存在の、パワフルな愛に満ち、愛に満ちたパワーで存在できます。か弱く、真摯で親切、そして強くいられるのです。

私たちの防衛的人格が愛を見つけたり、愛そうとしたりするときには、一生懸命になるあまりに個人としてのパワーに安定して、統合することができません。このため、愛や感謝、自己の感覚を得よ

ハートのコードとチャクラの関係　ハートのチャクラ

名称	第四のチャクラ、アナーハタ・チャクラ
位置	胸の中心、胸骨の下
色	緑、ピンク
音階	F
影響するからだの部位	心臓、胸、循環器、腕、手、肺の下部、肋骨、皮膚、背中、胸腺
覚醒モデルの「裏面」の特徴	裏切られる恐れ、相互依存、メランコリー、浅い呼吸、高血圧、心臓病、ガン、愛を認識したり受け入れることができない
覚醒モデルの「表面」の特徴	思いやり、無条件の愛、意識的な愛の行為の希求、「すべての人に充分」、「ここにいるのは一人だけ――私たちは一つ」、「すべては神性の反映で、私の見方」
実践法	• 愛の存在の創出：愛される選択 • 愛することの判定 • すべてを愛とみる（「すべてが私の見方」）
呼吸法（第八章で説明）	ハートの整合性の呼吸法
統合を促進させるヨガのポーズ	• 三角のポーズ（トリコーナアーサナ） • 針穴のポーズ　（スチランダラーサナ） • 魚のポーズ（マツヤアーサナ） • 仰向けでねじるポーズ（スプタ・マツェンドラーサナ）

うとして常に他人のために行動するという典型的な「踏み台」になってしまいます。この場所にいると、自分自身への愛を含む選択がしにくいことがあるのです。すべての愛は外に向かい、私たち自身のエネルギー・フィールドにはなにも統合されない真空の空白をつくりだしてしまうのです。

上のチャートはハートのチャクラの主な特徴を示しています。チャクラのエネルギーの特質が身体の部位に反映していることがここでも分かります。

ハートのチャクラのバランスをとれば、相互依存、裏切りの恐れ、乖離、無気力が癒せます。その結果、思いやり、愛に満ち人間関係が楽になります。身体のレベルでは、血圧、循環、心臓病、肺の疾患が改善でき、その他の恩恵もあります。

✣ハートのコードのヨガ

ハートのコードと共に次のヨガのポーズがハートのチャクラの活性化と統合に役立ち、エネルギーの流れを最適に戻せます。

・三角のポーズ（トリコーナアーサナ）

三角のポーズのやり方は次の通りです。

1　マットに横向きにして両足を七十センチから九十センチほど開いて立ちます。

2　右足を外に向け、からだから遠く、マットの短い方に向くようにします。

3　左足は少し内側に向け、かかとがからだから最も遠くなるようにします。

4　両膝が安全に安定するように腰を少し右足の方に向けます。

5　膝頭をヒップの方に、大腿筋を股関節の方に引き上げ、右脚を通してエネルギーを引き上げます。左脚も活性化させます。骨盤底からムーラ・バンダまでエネルギーを引き上げます。

6　次にヒップをマットの後ろに向けて上体をできる限り右脚に近づけます。右手をマットからなるべく遠くに伸ばし、右足かふくらはぎか腿に休ませます（膝に直接体重がかかったり、膝を伸ばしすぎないようにします）。右のすねの横にブロックを置き、手をそこに置いてもかまいません。

7　ヒップをぐらつかせないように、上体を横に向けて、左腕を肩からまっすぐ天井の方に伸ばします。からだの側面と腰が伸び、ストレッチしているのが感じられるでしょう。

8　ハートのまわりの筋肉をエネルギー的に活性化するためにゆっくり腕を肩の関節に戻します。

9　ポーズを保ったまま何回か呼吸します。ポーズをやめるには、右膝を少し曲げてから上体を中心に引き起こし、足を元に戻します。

10　左側も繰り返します。

では、この三角のポーズでハートのコードとボディアウェイクを実践しましょう。

1　このポーズを保っている間に、足の下、地中六十センチほどのところに注意を向けます。また伸ばした左手の六十センチほど上にも注意を向けます。手の上、足の下のこの二つのポイントにあなたがつなぎとめられているように想像しましょう。

2　腿を引き寄せ、背骨を伸ばし、腕を完全にストレッチし、同時に腕を肩の関節に入れ、ハートのまわりの筋肉を活性化させます。手は指先まで生命力を満たします。あなたのコアにエネルギーを集めます。

3　脚からムーラ・バンダを通し、愛の呼吸を骨盤に吸い込みます。下腹部をしっかり背中の方に引き締め、肩甲骨を引き寄せてハートの裏を絞ります。これと腿を絞ることの組み合わせでエネルギーを大地からからだのコアに移し上げる回路の「場所」を生み出します。（これはすべてを常に管理、コントロールしようとする努力を精神体にリリースさせ愛を流れさせる上でとても役立ちます。また中央脈管をより深く構築し、魂で満たされた自己がより簡単に認知されるようになる役にも立ちます）。

4　下にある手（手がブロック上にある場合には手首）を前脚のすねの内側に押しつけてハートを空の方に回転させます。同時にコアの全体を引き締めます。からだのコア全体を通して、腕、手、首、そして頭頂からこの愛の息を吐き出します。次に息を吸うときには頭と手の上から愛を首、腕、ハートまで吸い込んで、ハートとムーラ・バンダを引き締めて、愛をからだ、腿、脚の下部を経て地中に吐き出します。息を吐くときには腿と脚の下部を引き締めます。

5　ムーラ・バンダを緩め、次に三～四呼吸しながら、この一連の動きを繰り返します。各呼吸ごとにコアを絞って、感覚の気づきを構築します。これによって自分のコアの内側で愛する自分自身が感じられるようになり、コミュニケーションの回路の構築がより促進されます。

・ハートのチャクラの統合に役立つその他のヨガのポーズ

ハート・コードの効果を高めるために、三角のポーズと合わせて次のアーサナも利用できます。からだをリラックスさせてエネルギーが中央脈管を上下するのをまず想像し、感じながら、同時に統合したい部分の緊縮を実践するようにしましょう。各動きごとに愛のフィーリングを持つことで、パワーがとても増大します。

- 針穴のポーズ（スチランダラーサナ）
- 魚のポーズ（マツヤアーサナ）
- 仰向けでねじるポーズト（スプタ・マツェンドラーサナ）

ハートのコードでは私たちは存在する最もパワフルな癒しの材料である無条件の愛を体現します。愛の火はどんな制限も問題も変革できるのです。愛の波動でストレスや痛ましい状況を「判定」して、そうした問題のエネルギーがからだに詰まるのを避けるのです。愛がすべての人生の解決策の鍵で、あなたはそれでできているのです！

次のコードでは生命を与えるエネルギーであるプラーナ、スピリット自体である呼吸を使って内なる魂で満たされた自己に火をつけるための燃料をプラスします。チャクラのスイッチを入れてすべてのレベルであなたの意識を目覚めさせましょう。

第八章　呼吸のコード　生命そのもののパワー

「もしやドクター・スーでは？」

私が脳卒中の手術をした親友に会うために病院の待合室に向かって歩いていたときのことです。回復室から看護師がうれしそうに近づいてきました。私が以前に治療していた子供の母親のナンシーでした。

「私のことを覚えてますか？」「何年も前に私の息子をあなたが救ってくれました」

「もちろん、覚えていますよ！　ダーレンは元気ですか？」

「とても元気です。いまは軍隊にいて、雄牛のようにたくましいですよ！」

ダーレンはナンシーの双子の子供の一人で、数年前、四歳のときに「元気がない」という診断を受けて私のところにきました。双子の姉は生き生きと元気でしたが、彼は青白くか弱く、たくさんのアレルギーと呼吸障害がありました。生命力が弱まり長くは生きられないだろうと思われていました。医師はどうしてよいか分からず、ナンシーは私の患者だった妹に紹介されて私を訪ねてきたのです。治療しながらダーレンを観察すると、彼の呼吸が「逆転」していることに気づきました。幼い子供の多くはお腹に先に息が入り次に胸が動きますが、ダーレンの呼吸は浅くて速く、肺の上部は膨らみ広がるものの、お腹はほとんど使っていませんでした。私は彼の頭とからだのプレッシャーポイントにB・E・S・Tテクニックを用い、彼の呼吸にも働きかけました。エネルギーの滞りがとれるや否や、彼の呼吸のパターンは変わり、健康状態も改善しはじめたのでした。ダーレンは息を吹き返したのです。最初のセッション直後に彼の顔色が良くなりました。数分のうちに唇はピンクになり頬はバラ色になりました。次のセッションでも彼は新たな呼吸のパターンを維持できていました。その後数週間、数カ月で彼の生命力は目覚め、より積極的に遊ぶようになりました。彼はすぐに妹にも遊び時間になにができるかを教えていました！

私はダーレンの例を他の患者たちにも紹介し、呼吸法を宿題としました。すると彼らもダーレンと同様に良くなりました。私はこの症状改善の例を父にも話しました。B・E・S・Tの基本トレーニングに呼吸法を取り入れるべきだと考えたからです。そうした研究やその利点の研究報告に基づき、B・E・S・Tのトレーニングを受けた医師や医療関係者も特定の呼吸法を利用するようになり、世界中で劇的な成果を上げています。

数年後、高波動のエネルギー体験を体現するには自分のコアでエネルギーを活性化させることが基盤になると理解しはじめた頃には、私は意識的な呼吸がその効果を増すのだと認識していました。自分のからだのなかで不確かな部分、自分が「そこにいる」感覚を発信していない部分を意識して呼吸してみて、私は自分の勘は正しかったと分かりました。そこで私は症状やパターンに呼応するからだの部分を目覚めさせるために、患者や生徒に様々な呼吸のパターンを教えるようになりました。

その後数カ月、数年で、からだのなかのエネルギーのすべてのレベルを順番に活性化していけば、多くの症状や怪我への典型的な反応が予防できるのだと理解しました。この実践法によって「そこに居なかった」ために休眠していたチャクラの各レベルの意識を目覚めさせることができるのです。実践した人々はより積極的に自信を持って、そして思いやりをもって考え、呼吸し、行動するようになりました。より偉大なバージョンの自分自身が実現できたからです。自分の身体的な症状やパターンに呼吸で働きかけたことで、防衛的人格は落ち着き、魂で満たされた自己（ソウルフル・セルフ）が目を覚ましたのです！

このコードの呼吸のパターンは私が日々の自分の日課とし、また患者や生徒にも利用してきたものです。こうしたテクニックの多くは背骨を伸ばし神経筋肉系のダイナミックな癒しを増加させるという伝統的なリハビリテーションの方法を生かしたものです。私の個人的な体現の体験と患者に対する臨床上の良い結果からみて、私は特定のパターンをまとめました。これは日常的に利用すれば、あなたが注目してくれるのを待ちながらまだ眠っているあなたの魂で満たされた自己の側面を目覚めさせられます。

✣呼吸のコードとは？

息はスピリットです。息は生命です。息はあなたです！　息が消えればスピリット、生命、そしてあなたはからだを離れて、私たちが知る限りの物質世界での人生体験は終わります。けれど、これは一方通行ではありません。私たちは実際にここにいる間にもっと生命を、もっと私たちをいまこの世界に吹き込むことができます。スピリット、魂で満たされた自己をからだにもっと満たすことができます。私たちには呼吸を利用する必要性があるのです。呼吸のコードはすべて呼吸に関わるもので、つまりは生命をもっと吹き込むためのものです。地球上で生きる目的である人生をより体現するために、真の自己をもっとエネルギー・フィールドと身体に呼吸で吸い込み、エネルギーを流れさせましょう。

これまでの章でいくつかの呼吸法をご紹介しました。からだに意識を安定させるために、私たちのシステムでエネルギーを動かして魂の言語を学ぶために、そして密度、干渉を認知し、軽くし、クリアーにして、魂で満たされた自己の愛の波動をエネルギー・フィールドに吹き込むためにです。これまでのコードでマスターしたワークを、とくに呼吸にフォーカスすることでさらに深め強めていき、このエネルギーが私たちの真の正体であるという理解を深めていきましょう。

からだの特定の部分にマインドをフォーカスして息を吹き込み、同時に自分を目覚めさせ、その場に「存在」させ、そこから生きはじめるためです。からだと人生に変革をもたらすエネルギーの流れと呼吸とのインターフェイスにとって重要なのはチャクラです。素早く魂で満たされた自己の存在を「構築」し、意義ある変化を実現する方法なのです。からだにエネルギーが流れなければ、人生は流れないことを覚えておきましょう。

このコードでは、チャクラを重要視します。エネルギーのセンターであるだけではなく、あなたの意識の各レベルを宿らせ安定させるポイントだからです。チャクラはあなたなのです！（より身体的ではなく、エネルギーのかたちで）呼吸でチャクラを活性化させることで、苦悩し痛みを感じながら何年もかけて困難な自分の筋書きから学ぶ代わりに、楽に恩恵ある方法で意識的に変わる能力が与えられます。生命力で活性化されていなければ、チャクラは正しく機能できず、その不具合は外界に反映されます。回路が活性化されれば、からだと思考と感情がより調和します。

たとえばルート・チャクラが活性化されれば私たちは帰属感が得られ、人生が自分を支援してくれると感じられるようになり、人生は私たちの健全さと幸福の反映になります。身体的にエネルギーがあり、生き生きと健康でいられます。ビジョンや夢を持ってその実現に向けて行動が起こせます。ルート・チャクラが活性化されておらずに眠っていたり、バランスを欠いていたり、または過剰に刺激されていれば、私たちの思考はバランスや調和を失い、創造者や支援者としてではなく、サバイバルの見地から自分を見てしまいます。

呼吸のコードでは、各チャクラに呼吸で直接エネルギーを吹き込みます。つまり、そうしたチャクラがもたらす能力や資質にエネルギーを呼吸で吹き込むのです。呼吸を意識的に使う最も心踊る利点はなにが起きたかマインドが理解する前に変化が創造できることです。たとえば、太陽神経叢、あなたの個人的なパワーの場所であるマニプーラ・チャクラに息を吹き込んでエネルギーが体内を動くようにすれば、より力を感じながら行動できます。（あなたのマインドでは）意識的にはどうやったらより強力な個人的なパワーや自尊心から状況を見て判断できるか分からない場合にでもです。エネルギーのレベルであなたは変わったので、ただそれができるのです。

意識的な呼吸は統合役として機能します。つまり思考、フィーリング、感覚と身体的なレベルの化学をエネルギーのレベルの波動と回路に編み込むので、瞑想のみよりもずっとパワフルで、それだけで最もパワフルな変革へのツールとなります。チャクラやその他のからだの部分に息を吹き込むことを選ぶことは、その部分の変化を選ぶことで、魂で満たされた自己の一部としてオンラインにすることを選んだことになります。スピリットと微細エネルギーを身体のエネルギーとかたちに吹き込むことを選び、私たちが自分にとって最高の可能性であるイメージを構築することを許すのです。

七十二歳のパットはこのテクニックを使って、生まれて初めて自分の真髄のコアに深く息を吹き込むことができました。その瞬間に彼女は虐待された子供時代からずっと抱えてきた感情の痛みのパターンを受け入れ、赦すことができました。このテクニックはあなたにも役立ちます。

呼吸のテクニックはすべて実現に関するもので、この世界であなたが抱く夢、欲望、ビジョンに息を吹き込みます。そういったわけで、私はこのコードを実現のコードとしても提供しています。このワークは私たちの外界での人生は内なる世界の統合、活性化と回路の構築の反映であることを思い出させてくれます。私たちの内なる世界が統合されていなければ、外界で私たちが実現するすべては無常で持続不可能になりがちです。内なる統合なしで物事を創造するには多くのエネルギーが要り、それを持続させるにはさらに多くのエネルギーが必要です。

防衛的人格でも物事は実現させられますが、それは魂で満たされた自己として創造するものとは全く異なるように見え、感じます。それは自信のなさと恐れに動かされたものだからです。私たちが勝つためには誰かが失わなければならないのです。私たちは自己証明のために自分の健康や仕事の成功を犠牲にしたり、または人間関係を犠牲にすることもあります。こうしたシナリオでも「成功」するかもしれませんが、親密な関係や健康は得られないこともあるのです。

なにかを達成して満足するには、統合された場所にいる必要があります。私たちが魂で満たされた自己に統合して自分の奥深くのコアから動けば、同じくらいの時間またはより早く達成できるだけでなく、誰もが勝利するような方法で自分の欲望を実現できます。誰にとっても充分にあるので、自分の欲望を創出するために重要な物を自分や他人から奪う必要はないのです。統合した場所から実現すれば、私たちの創造物は持続可能になります。自分にとって最善である物事に惹かれるようになるので、欲望自体がより神聖になり、自然に実現できるようになります。

呼吸で息を吹き込むことによりチャクラがより目覚め、お互いと統合すれば、私たちのマインドは自分の真実をより察し、感じられるようになります。私たちの行動は自分の真の本質を反映するようになります。私たちの真の人生の目的が出現し、流れはじめます。生命のエネルギーのより良い流れを支える回路が構築できれば、挑戦や課題を問題とはみなくなります。自己中心に物事をみたり、筋書きにとらわれることもなくなります。その代わりに流れに乗って、つまずく前に障害が生じる危険を解消できるようになります。人生のすべては目覚めのプロジェクトの段階で、どこに愛、光と息を吹き込んで回路を構築する必要があるのかを私たちが見られるようになるためのレッスンにすぎないのだとみるようになります。

私自身の人生はいまではそう展開しているのです。

・私は年老いるほど若くなる

私は三十年前より若返っています。

これは誇張ではありません。からだを絶え間なく流れ続けるエネルギーの量、自分で達成できることをみれば、私は若返っているのです。私は毎週飛行機に乗り、一年に二百五十日以上、観客の前にいます。チームとビジネスも管理しています。講習やワークショップを計画し、執筆しています。世界中の国へのグループ・ツアーを引率しています。私の一日は朝六時に始まり、真夜中まで続く日も多いのです。会議からクラスに、そして飛行機に乗り、執筆をし、インタビューに答え、診療し、訓練し、電話でセッションをしています。もちろん、その間に荷物を詰め込んだりほどいたり、犬を散歩に連れて行ったり、そして自分の素晴らしい人間関係にも貢献しています。毎日、毎週がこんな感じですが、疲れを感じることはほとんどありません。平均の睡眠時間は六時間で——起きて次の日を始めるのを待ち遠しく思います。

どのようにして私はそうできているのでしょう？　すべてはフロー、流れです。

三十年前の私の暮らしを振り返ると、いまとは全く異なる状況でした。二十五歳のときにはこうしたすべてはできずにいました。その頃はクリニックで働いていて、毎日、午後にお昼寝が必要でした。毎冬には気管支炎になり偏頭痛、首、背中、腰の痛み、肩凝りもあり、常にかなり疲労感がありました。いつもどこかが痛かったのです。けれど私のエネルギーが目覚めてからは、そうしたすべてが消えました。私の勤務時間はその頃よりたぶん五時間は長くなりましたが、一日の終わりには多くのエネルギーが残っていて、すぐにまた始められそうです。再生は絶え間なく継続的に行われており、全く驚異的です！

私が体験しているこの絶え間ないエネルギーの再生の最大の恩恵は、人生を生きることへの熱意、そして他人がどう思うかとかその結果成功するかを気にせずに自分の真実を認知し信頼して語る能力が劇的に増大したことです。私の躊躇——恐れの要因は激減しました。私は以前よりずっと人々と親密になり、自分をさらけだして、横道にそれたり反発せずに批評を聞き受け入れられるようになりました。私の完璧主義は和らぎ、人生の不完全さを愛おしめるようになりました。それはより偉大でより意味ある美しい展開の一部だといまでは理解しているからです。私の達成欲は人間としての私たちの在り方の祝福に代わり、他人に自分を提供できる許容力も大きく拡大しました。使えるエネルギーとリソースが私にあるからです。

自分の人生へのビジョンも開花しました。以前は一つの都市の一人の開業者として「自分の持ち分を果たす」ことに努力する個人として自分をみていましたが、世界的なビジョナリーでスピリチュアルなリーダーとしての自分を理解し、受け入れるようになりました。世界中数カ国の人々に教えられるようにと私の中にエネルギーが流れ、状況が許すように、自分を充分にオープンにしたのです。海外からも人々は私のセミナーに出席し、このワークを学び、モーター研究所で診療を受けています。それもより偉大な自己感覚が現れ、実現するのを私が許したからです。

振り返ってみれば、以前は私には重要なことはなにも言えないと思ったり、私のアイデアは他人に違いをもたらせるほど重大ではないという思いから、人前で話すことを恐れていたのですから、これは驚異的な変化です。あなたがいま学んでいる実践法と原則を使って魂で満たされた自己に自分を安定させたことで、私がシェアすることこそ人々が聞きたがっていることだと学びました。私の最も深い部分ではずっとこうなることは分かっていました。現実になる運命だったことに私は生命力を吹き込む必要があっただけなのです。

私たちの誰もがこうした目的を達成する能力を持っています。――自分の奥深くではすでにそれを知っているのに自分のマインドがそれを考慮することを許していなかったり、それが息づくまで長く支援してこなかっただけなのです。このことについて少し考えてみましょう。あなたがなりたいものやしたいこと、創造したい物事はすでにあなたの内にあり、それに光を当てるために必要な回路にあなたがつなげてくれるのを待っているだけなのです。

実際、コードを学びはじめたいまでは、あなたの人生体験全体が魂で満たされた自己だと構成し直し、より効果的で巧みな方向にマインドを向けさせて欲しいのです。あなたは常に自分がいかに偉大で強く有能かの「知」に向かっています。ですから、このコードを学ぶときには滞っている部分はなにかをあなたに自覚させたいからであることを心に留めて、その部分を引き締めて呼吸を通し、それが明かしてくれることを愛おしみましょう！

コードはからだが明かそうとしていることにマインドが注目するためのツールを与えてくれます。マインドとからだがお互いに協力しあって呼吸しはじめれば、自分の真の運命が内側から湧き上がり、それがあまりに明白なので尊重せざるを得なくなります。自分でプッシュしたり努力したりしなくても、防衛的人格による実現のために多大なエネルギーを消費しなくても、新たな展開は自然に起こります。私は世界でのより大きな表現や関わりを生み出そうと努力したりはしませんでした。より大きな表現や関わりに招かれ続けるようになったのです。そうしたチャンスが存在する波動と共鳴する回路を発達させているからです。あなたもそうできるのです。

まだ眠ったままでいる部分に自分で息を吹き込むことで、より偉大なあなた自身を目覚めさせるのです。人生のなかでそうした表現の多くを結局は発見することになるのです。けれどこのワークなら、あなたはそれをすぐに発見し、実現し、祝福できます。こうした劇的な変革を約束するのが呼吸のコードです。特定の呼吸法で各チャクラを個別に活性化し、より的確に積極的にその回路をオンにします。

✣呼吸のコードの実践法

・実践法１　第一から第七チャクラのための呼吸法

この世界のすべてはエネルギーでできており、すべての物質は原子でできており、それはさらに素粒子に分かれ、それらは無限のスペースのなかで動き続けています。すべての素粒子の中と間に存在するこのスペースは物質と同じくらい重要です。実際、統一フィールドはすべての生命が位置する背景を提供します。たとえば、最近の科学研究によれば、植物は土そのものではなく土の分子の間のエネルギーのスペースに根を伸ばすということをご存知ですか？　または人間は私たちが思っているようにに実際に大地に触れずに、エネルギーの「パッド」の上を歩いていることはご存知ですか？　すべてが実はエネルギーなのです！　健康とバイタリティを増強するには、からだの組織を構成する粒子の間のスペースの見えないエネルギーに生命を吹き込み、活性化し、維持する必要があるのです。どうしてでしょうか？　それは私たち自身が本当は目に見えないスペースだからです！　私たちは粒子の間のスピリットなのです。私たちが気づきと共に呼吸すれば、からだに生命エネルギーが流れ、私たちの全体性のすべての側面を意図的に活性化します。

粒子間のスペースが減れば、からだのその部分は高密度になり、私たちはより圧縮されます。私たちが動揺し、緊縮すれば、エネルギーの閉塞が起こり、それが感情的、身体的な症状につながります。エネルギーの流れを最適化するには、粒子間のスペースをなるべく拡大したいのです。「呼吸するスペース」を与えて！　と言ってもよいかもしれません。
古代の東洋の伝統の呼吸法は身体に特定の結果をもたらします。私自身の体現の体験で導入したように、その一部もここに含めました。こうしたエクササイズでは、あなたは各チャクラに特有な癒しと創造性の波動にオープンになり、あなたのからだとマインドの波動を細胞レベルで統合させます。

自分自身が息であり、自分は生きるべきからだを**持っている**のだと覚えておきましょう。それならその家全体に引っ越そうではありませんか？

中央脈管呼吸――第一と第七のチャクラ

安定させるコードの中央脈管呼吸（１４７ページ）は中央脈管のすべてのポイントをつなぎますが、とくにルート・チャクラと頭頂のチャクラを通じてエネルギーを流れさせます。このエクササイズを簡単に復習しておきましょう。息を吸うときにお腹が膨らみ、吐くときに引っ込むように、お腹から深く息を吸います。

1　頭の上からからだを通して背骨の末端まで、そして足の下まで走る縦に脈管をイメージします。

2　ムーラ・バンダ、ハート、目の裏にある安定ポイントを引き締めます。

3　頭の上のスペースの意識を集中させて、息を頭の中心から喉、ハートに吸い込み、お腹まで届けます。

4　次にお腹から、ムーラ・バンダを通して背骨の末端から下の大地に向けて息を吐きます。

5　次の息では、大地の奥深くから息を吸い、背骨の末端を通してお腹まで息を吸い込みます。

6　中央脈管を通してハートから喉、目の奥を通して頭頂から息を吐き出します。

7　次に呼吸を上下させながら、その息になる練習をしましょう。エレベーターの空洞を上下するエレベーターの中の真髄になります。この最後の段階で、深淵な体験が始まります。

このエクササイズで最も重要な点は、中央脈管を上下する息を、どの部分も飛ばさずにしっかり意識的に注意してフォローすることです。あなた自身が脈管を行き来する息になったつもりで練習してください。ただ想像すればよいのです。このエクササイズは宇宙の微細でより高波動のエネルギーと、より地についた身体のエネルギーを体内でつなげ、あなたを構成するそうした様々なエネルギーをより深く統合するための通り道をつくります。すべてのチャクラは中央脈管上にあるので、この脈管はからだの「マザーボード」、基盤のようなものなのです。この呼吸がパワーのスイッチをオンにします。活性化されたこの場所から、各チャクラのワークをよりやたすく、詳細に始めることができます。

壺の呼吸法（仏陀のお腹の呼吸）――第二のチャクラ

この呼吸法は中央脈管呼吸をベースとして、第二のチャクラ、スヴァディシュターナの領域である下腹部を焦点とします。おへその下と骨盤の奥深くの筋肉を引き締めて呼吸し、単にシステムを通過させる代わりに、生命力のエネルギーを体内に保存します。引き締めればそこが単なる通り道ではなく「漏斗」の役割をし、からだにエネルギーをより長く留められます（そして組織をより完璧に活性化させます）。

この実践法は誰にとっても有益ですが、とくに仙骨のチャクラの不調和や閉塞に働きかける上で重要です。この呼吸法によりバイタリティを増し、第二のチャクラの創造のエネルギーを目覚めさせ、自分の「勘」を信じる能力、内なる叡智を育てられます。一ミリ秒ごとに数十億ビットの情報がエネルギー・フィールドにあふれていますが、第二のチャクラの下腹部でそれが育成されるのです。勘を信じることは、私たちの思考するマインドで管理できる以上の情報を精査して意思決定する自分の能力を信じることなのです。

からだの中央脈管を通して頭の上からおへそのすぐ下の第二のチャクラの領域まで中央脈管呼吸を実践しましょう。

1　実践する際にはムーラ・バンダを引き締め、括約筋を内側から上向きに引き上げます。

2　息を吸って吐く間、ムーラ・バンダを実践します。お腹を引き締めつつ同時に膨らませるのは難しいと感じるかもしれません。その相互作用を許すことによってこのチャクラのスペー

壺の呼吸法　第二のチャクラ
（仏陀のお腹の呼吸）

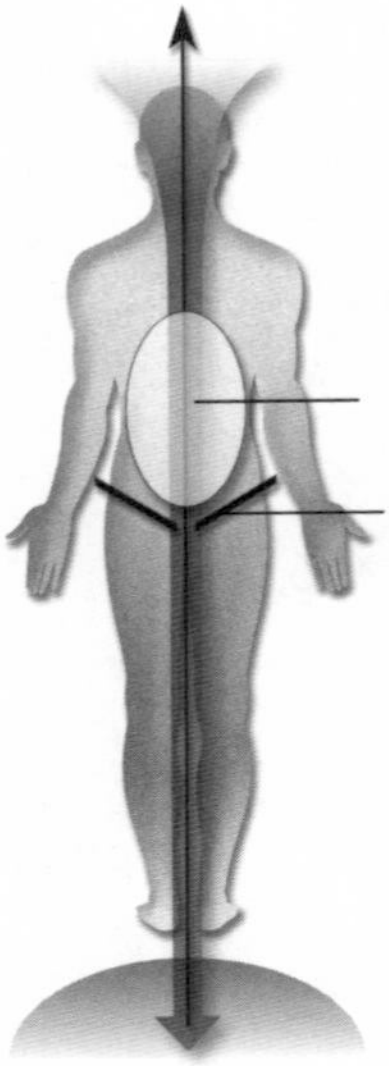

スに気づきの感覚をもたらします。これが先に説明した意図的な内なる抵抗、葛藤です。

3

この呼吸で頭の上から背骨の末端を通して地中に息を吐き、そこから息を吸い上げ中央脈管呼吸を続けますが、この間、ムーラ・バンダは引き締め続けます。これにより第二のチャクラのエネルギーが中央脈管の残りのより高波動のエネルギーに統合できます。

太陽神経叢呼吸法——第三のチャクラ

太陽神経叢呼吸はマニプーラ・チャクラとも呼ばれ、太陽神経叢呼吸を活性化させ、それに関連した利点をもたらすために他の筋肉を引き締めます。この呼吸は第三のチャクラを統合するので、決断力、自尊心を

太陽神経叢呼吸法　第三のチャクラ

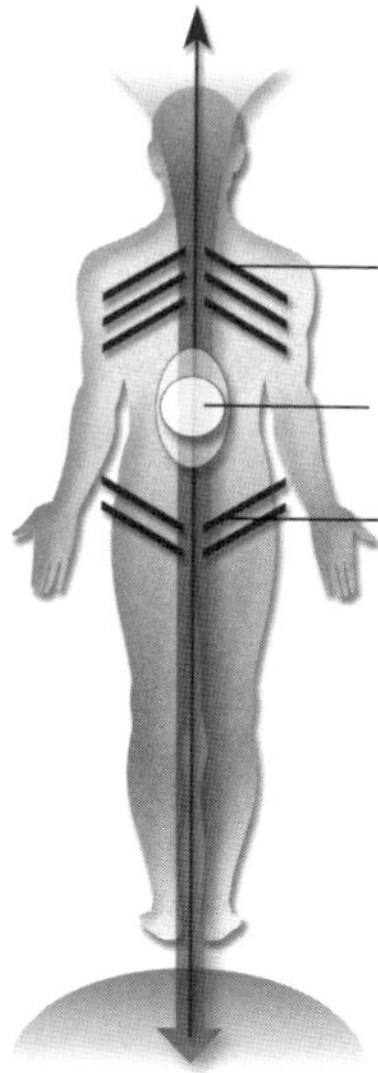

高め、全般的に私たちを力づけてくれます。この領域が活性化していないと、自分が誰かという感覚をしっかり得るのが難しく、尊重する力を欠くのです。他の呼吸法と共にこの呼吸法を実践すれば、あなた個人の情熱の火に油を注ぎ、人生を変えることさえできます。

太陽神経叢呼吸のやり方は次の通りです。

1　ムーラ・バンダを引き締めて、胸の上部の筋肉を引き締め、肩甲骨を引き寄せて下げて、ハートのセンターをしっかり「抱く」か胸の内側で自分自身を抱擁するかのように胸を引き寄せ、中央脈管を通して呼吸します。

2　息を吸う領域をおへその上のスペースから肋骨の下のみに制限しま

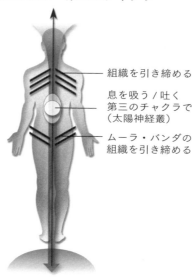

す（叩かれるとあなたから気が抜けるところです）。この限られた領域からの呼吸を私は野球のボール／グレープフルーツの呼吸と呼びます。

3　息を吸うときにはこの胃の上部の領域がグレープフルーツくらいの大きさになるように押し広げ、息を吐くときに野球のボールくらいに戻します。

4　野球のボール／グレープフルーツの呼吸の呼吸を実践しながら、同時に中央脈管呼吸をプラスします。頭の上から息を吸い込み、太陽神経叢の領域で「野球のボール」から「グレープフルーツ」に膨らませて、息を地中に吐き出して「グレープフルーツ」を「野球のボール」のサイズに減少させます。次に逆に地中から息を吸い込んで、太陽神経叢の領域で「野球のボール」から「グレープフルーツ」に膨らませて、息を頭上に吐き出します。

ハートの整合性の呼吸法——第四のチャクラ

ハートの整合性の呼吸法はアナーハタ・チャクラ、第四のチャクラ、ハートのセンターの拡張がポイントで、魂で満たされた自己にあなたの意識を安定させ、愛のエネルギーとハートの接続性の動きを活性化させます。この呼吸法は衝突の和解、愛を受け取り、より大きな喜びと安らぎをただちに招く役にも立ちます。

1　息を吸いながら下腹部、お腹を膨らませる壺の呼吸法から始めます。

ハートの整合性の呼吸法　第四のチャクラ

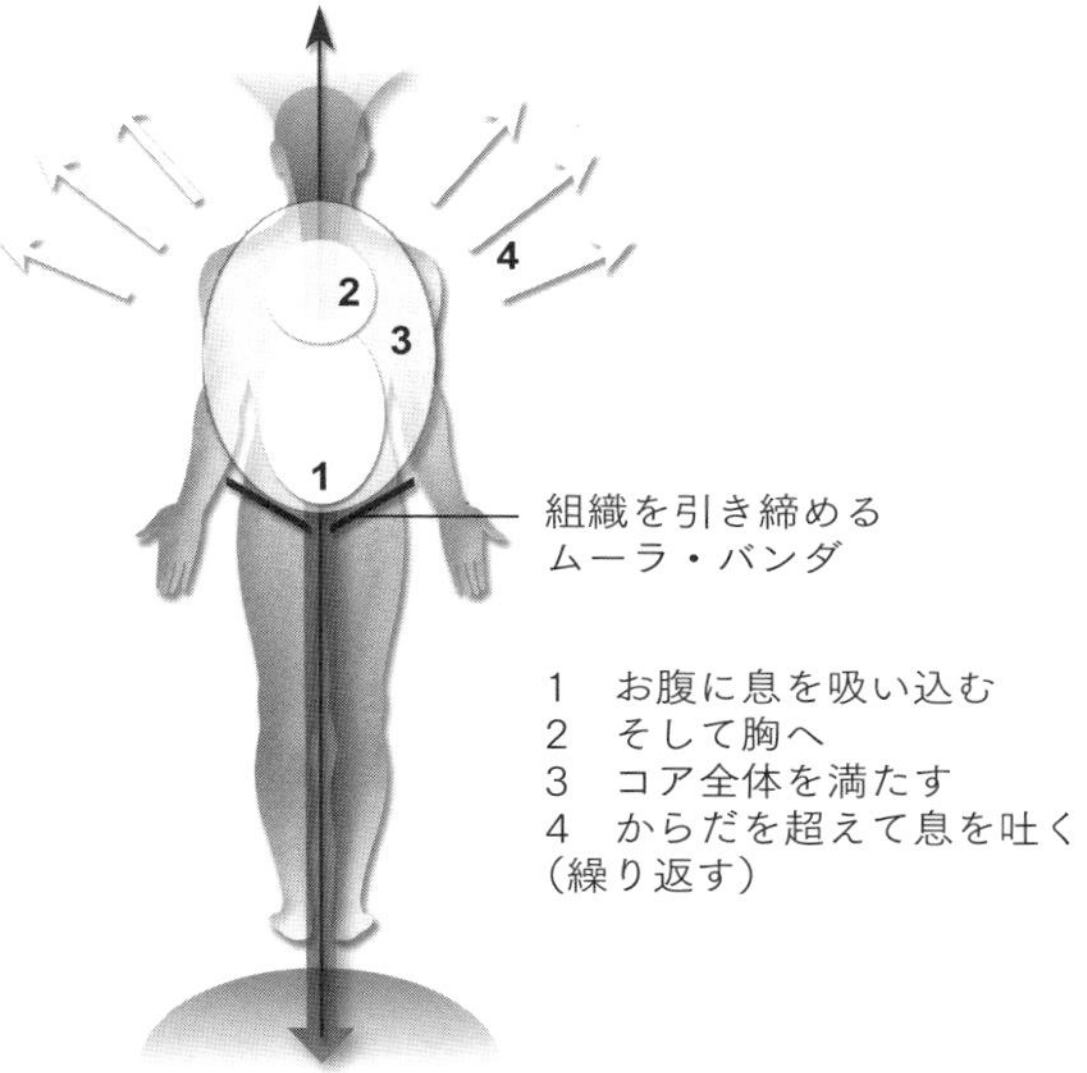

2　胸の真ん中（ハートのスペース）が膨らみ、胸の隙間が引き上がるまでお腹に息を吸い続けます。最後に肺の上部が息で一杯になるようにします。

3　次に、息がからだからあふれ出しまわりに広がるように想像しながら、からだを超えて息を広げます。

4　息を吐くときには、最初に胸と肺の上部を凹ませ、次に続けてお腹、下腹部も胸もカラになるまで息を吐きます。

5　究極的には、息を吐いたらおへそが背骨につくかのように、お腹を内側に上向きに引っ込めます。最後の息まで肺から吐き出すように完全に息を吐ききります。これで戦うか逃げるかフリーズするという生き残りに向けた反応がリセットできます。

6　この一連の動きを六～八回練習した後で、中央脈管呼吸をプラスします。座るか立っている下の地中からお腹に息を吸い込んで頭上に息を吐き出し、次にその反対に頭上から息を吸って地中に息を吐きます。

実現の呼吸法――第五のチャクラ

実現の呼吸法はあなたの真実の場所でもある喉のチャクラ、ヴィシュッダ・チャクラを活性化します。意識のこの側面が活性化できればオープンに正直に人の話が聞け、話せます。単なる個人的な、つまり防衛的人格の見方や意見だけではなく、最も偉大な真実を実現させることにフォーカスできます。これにより人生は恩恵に満ちた展開になります。オープンになり解放され、宇宙の法則にしっかり合致するからです。

この呼吸法を補佐役として利用し、あなたを世界に宣言し実現し、防衛的人格ではなく魂で満たされた自己として行動しましょう。

実現の呼吸法のやり方は次の通りです。

1　ムーラ・バンダを実践して下腹部を引き締め、肩甲骨を引き寄せて下げて胸の筋肉も引き締めながら、太陽神経叢呼吸法を実践します。下腹部とハートのスペースに息を満たします。

実現の呼吸法　第五のチャクラ

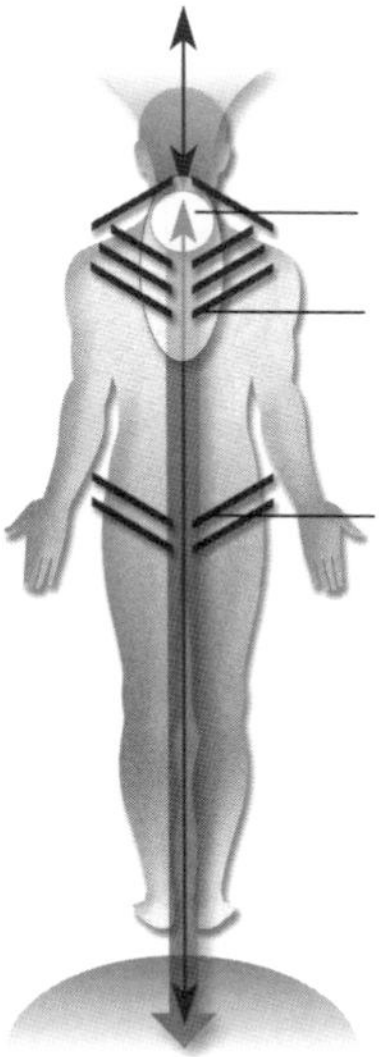

2　アゴをまっすぐにして首の後ろの方に引きます。そこに「固定」するように想像します。この領域を中心に息を吸い吐きます。喉を孤立させるようにコアの残りの筋肉をすべて引き締めます。

3　喉を意識しながら頭上から息を喉まで吸い込み、喉の下から中央脈管を通して息を地中に吐き出します。地中から息を吸い込んでからだを通して喉まで吸い上げ、頭上から吐き出します。喉まで息を吸い、喉から息を吐くようにしますが、息（息としてのあなた自身）が暖かい液体の光のように脈管を上下に動くのをしっかり感じるようにします。

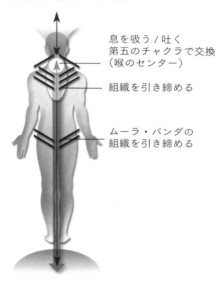

ビジョナリーの呼吸法（内なる視覚の呼吸法）――第六のチャクラ

この呼吸は高次脳中枢であるアージュナ・チャクラ、第三の目を活性化します。これは防衛的人格のヴェールを通り越して物事を見て、魂で満たされた自己の真実を的確に認知する役に立ちます。この呼吸法は明晰さと内なる気づきを増大させるので、自分のからだの微細エネルギーのメッセージが読めるようになるのです。第三の目より下の脈管を安定させるためにこの呼吸法をコードで説明した他の呼吸法と一緒に実践すれば結果は最大限になります。

このエクササイズでは、最初は中央脈管呼吸のベースラインから離れ、額の前方に焦点を置いてそこから脳の中心に向けて息を吸い込み、頭の後ろに息を吐くように想像します。このエクササイズの最中には、とくにムーラ・バンダを引き締めて中央脈管にある安定ポイントを使います。

安定ポイントを感じられるようにまぶたを閉じて目は上目にします。緊張を緩めながらこのエリアに焦点を保ち、焦点を失ったら、再び引き締めます。

1　額の前の焦点から脳の中心、目にうしろの安定ポイントに向けて息を吸い込み、頭の後ろに息を吐くように認知します。あなたの脳の細胞の間と中に息が満ち、脳を活性化し、そこに滋養を与えている感じを想像します。

2　頭の後ろの焦点（息を吸った焦点と同じ距離）から外へ息を吐きます。

3　反対に、頭の後ろから中心に向けて息を吸い込みます。

ビジョナリーの呼吸法　第六のチャクラ
（内なるビジョンの呼吸）

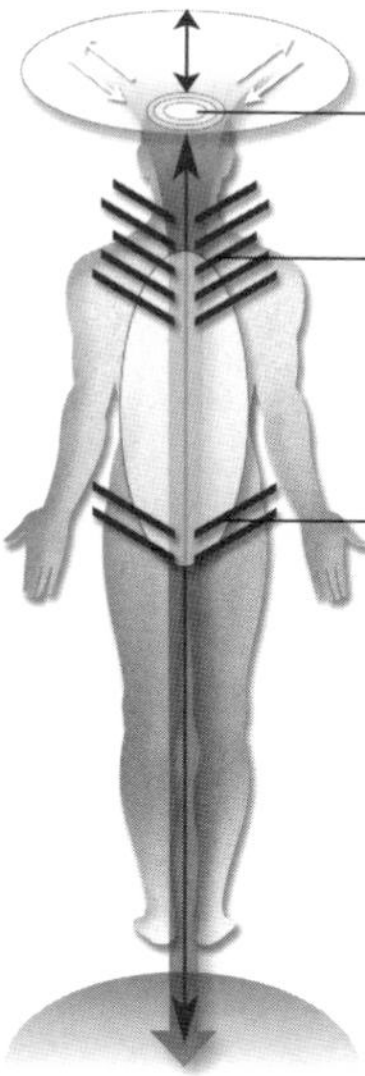

4　ひたいからその前方の焦点に息を吐きます。

5　この呼吸を数回繰り返してから、ひと呼吸ごとにそれを縦に中央脈管とつなげていきます。頭の中心の安定ポイントに頭上から息を吸い込み、脈管をずっと下って地中に息を吐きます。

・実践法２　千の小さなストローの呼吸法

私たちは数千の小さなチューブ、言い換えればナディスと呼ばれるエネルギーのチューブ、脈管によってできています。そのうち大きなものは微細解剖学では経絡と呼ばれます。この呼吸の実践により、私たちにシステムをより生き生きとさせるために、脈管に意識をもたらすことができます。すべての筋肉と接合組織に息づく「スペース」を与えることにより、怪我や慢性痛を癒す基盤ができます。また腕や脚も含み、中央脈管外の上体の外層の組織も生き生きとさせます。あなたの生来の資質、才能とこの世界での目的の表現に大きく役立ちます。阻害物を取り除き、かつてはあなたには手が届かないと思っていた波動、現実と能力を目覚めさせるからです。

このエクササイズをする際には292ページの表で示すように、からだを三つのセクションに分けてイメージします。

- 足から腰まで
- 腰から肩まで（両腕を含む）
- 肩から頭頂まで

1　まず初めに最初のセクション（足から腰まで）のすべての筋肉を引き締めます。

2　自分の微細エネルギー体が数千のストローでできていて、とても濃いミルクシェイクを一センチごとに吸い込んでいるように想像して、足の下からこの部分まで息を吸い込みます。

3　体内を引き締めたまま息をとても強く吸い込み続け、次のセクションまで届いたら息を吐きますが、その下の緊縮は解きません。むしろその緊縮を次のセクション（腰から肩、両腕まで）のすべての筋肉に広げます。次に呼吸を吸うときには息を一センチごとに肩まで上に吸い上げます。

4　からだ全体を引き締めたまま、首と肩に向けて息を吐きます。

5　次に第三と第四のセクション（肩から頭頂、首、顔、口と頭蓋骨も含む）を足します。ストローで吸うように息を一センチごとにこの部分に吸い上げ、頭頂まで吸い上げます。

6　一秒ほど呼吸をとめてから、一つの筋肉も緩めずに頭頂から息を吐きます。

7　からだの外にエネルギーがあふれ、下るのを感じます。それから、すべてをリラックスさせます！　第三章のトーラスの男と彼の三次元のエネルギーを思い出しましょう。

8　深呼吸して息を吐き、ゆったりと力を入れずに「あー」と声を出します。まるで滝の中に立っているように、頭上から新たなエネルギーがからだに入ってくるのを意識しましょう。その気持ちよさを感じましょう。あなたのシステムにエネルギーが補給されているのです。

9　三～四回、この実践法を繰り返します。

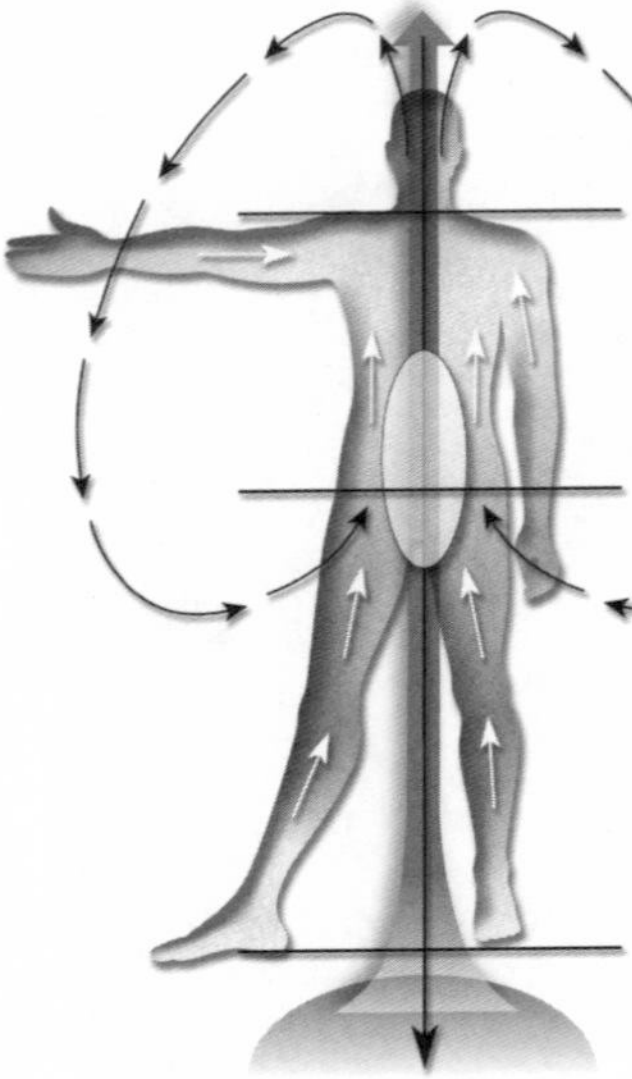

10　最後は三つのセクションのすべてを引き締めて頭頂から息を吸い、からだ全体を下って地中に息を吐きます。

これは上級テクニックなので、エネルギー・コードのコースかビデオ（https://drsuemorter.com 参照）によって学ぶのがベストですが、癒しの効果が素晴らしいので、ここでもみなさまにご紹介することにしました。しっかり効果を得るには、細部まで注意して定期的に実践しなければなりませんが、一旦マスターできたら、からだの微細エネルギーの流れの干渉を取り除けるパワフルな方法となり、トーラスの男のようなフローの流れが実現できます。

この千の微小なストローの呼吸は、このコードの最後の実践法と一緒に、怪我と慢性痛を癒すために使います。あなたもその効果に満足できることでしょう！

・実践法3　シダの葉の呼吸

シダの葉の呼吸はエネルギーの流れを細部まで背骨に統合させることで、私たちがもたらそうとしている変化を持続させられるようにするものです。回路を細部まで構築するのです。というと最初は複雑そうに聞こえますが、慣れれば簡単で自然だと感じられるようになります。

葉先を丸めたシダの葉をイメージしてください。自分でしっかり丸まっているのが分かるでしょう。次にそれが少しずつ伸び、まっすぐになるところを想像してください。このような動きをこれからするのです。小さく丸まって息を吸いながら少しずつ伸び、からだを開いていきます。

こうすることで、エネルギー・システムの特定の場所――下腹部の壁のすぐ後ろでムーラ・バンダの上、背骨の末端の仙骨の前部を使うことになります。東洋の伝統の一部では丹田と呼ばれています。息を吸うごとに上向きにからだを伸ばし、開きながら、この場所をつかみます。各部分が曲線の頂点になるように背骨を椎骨ごとに伸ばしていきます。

その手順は次の通りです。

1　椅子に座ります。またはヨガマットか床の上であぐらをかきます。

2　ムーラ・バンダを引き締め、下腹部の裏、ムーラ・バンダの上で仙骨の前部のスペースである丹田をみつけます。そこに小さな光の玉のようを想像し、次の数ステップを実践する間、光の玉を中央脈管を通じて上向きに引き上げます。

3　息を吐きながらアゴを胸につけます。息を吐き続けながら胸を下腹、さらに膝の方に丸め、シダの葉が閉じるように丸めます。痛まない程度になるべく小さく丸めながら、最後のひと息が肺から解放されるまでしっかり吐きます。あなたの背骨をただ基底部で曲げるのではなく、シダの葉のように完璧な渦を描いて丸まっている様子をイメージします。

4　次に腿を手で押しながら息を吸います。手から遠ざかるように背骨を反対側に押し、背骨の椎骨ごとに起こしていきます。あなたが椅子に縦に座った状態に戻るまでからだを起こしていきます。再び座った状態になります。次は首の頚椎を伸ばします。頚椎に達したら、頭蓋骨の下に至るまで、自分で椎骨一つずつを伸ばしていくよう想像します（注　縦にからだを伸ばしていく間中息を吸い続けます。最初は二、三回呼吸することが必要かもしれません。息を吐く必要があればその状態で止まり、息を吐き、次に再び息を吸って続行します）。

5　次に鼻の先を天井に向け、目を上目づかいで寄り目にして、前頭部の中心を通じて頭頂から息を吐きます。

6　次にその位置から息を吸って吐き、またからだを丸めはじめ、シダの葉が閉じた状態にしな

シダの葉の呼吸

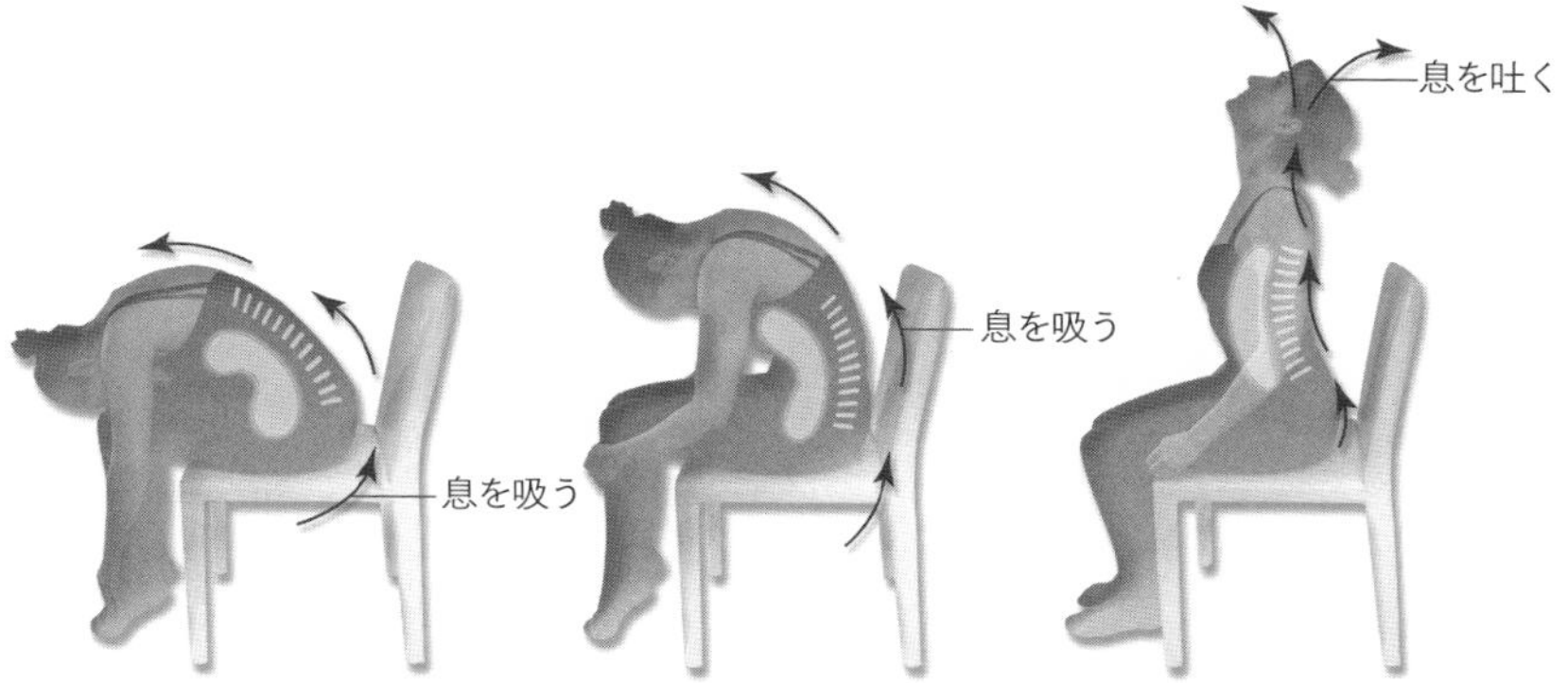

（息を吸いはじめる）
丸くなる

（数回の呼吸）
椎骨ごと

（息を吐く）
背骨を伸ばす

がら息を完全に吐き切り、アゴは胸につけ、胸は下腹部の方を向かせて、前向きに完全に丸まった状態に戻ります。前頭部と頭頂部を床の方に向けます。からだを開いていく過程では、何回か呼吸する必要があるかもしれません。息を吸う必要があればいったん動きをとめて息を吸い、次に息を吐きながら背骨を下に丸めていきます。

7　二〜三回繰り返します。

この実践法で最も重要なのは、背骨全体で統合できるように、背骨の椎骨ごとに意識を集中させることです。このエクササイズを他の呼吸法、（第一から第七のチャクラと千の微小なストローの呼吸）と一緒にすると、さらによりよく統合できます。こうした呼吸法を実践し、そのニュアンスに馴染めば、自分のからだで異なるエネルギーがどう一緒に働いているのかが本当に体感でき、感じられるようになります。からだのなかのエネルギーとして自分の真の自己が感じられれば、エネルギーの動かし方もマスターできるようになります。自分の体内でエネルギーを動かせれば、エネルギーをあなたの人生上で動かせます。あなたが夢に見た魔法のような人生に向かって、状況をすばやくシフトさせられるようになるのです。癒しをはるかに超越して、創造者として生きられるようになるのです。

でもその前に、まずは癒しを実現させましょう！

・実践法4　癒しのための呼吸のパターン

からだの痛み（より正確には癒しの不全や欠如の継続）は患部に流れるエネルギー不足から生じます。詰まりが川のダムのように過剰なエネルギーを蓄積させ、それが痛みとなるのです。最適な流れ、つまり健康を回復させるには、エネルギーが詰まった部分が流れ、循環し、全体のシステムに再統合できるようにします。

からだに弱い部分があるのは、そのあたりに充分なエネルギーが流れていないことを意味します。川のダムの背後のようなものです。そこに意識を向けて呼吸と共にそこにエネルギーをもたらし、ダムを決壊させることによりそのあたりへのエネルギーの流れを増加させる必要があります。この呼吸のパターンでは、必要な部分にエネルギーを動かすことでその部分の機能を回復させます。

そのやり方は次の通りです。

1　患部を引き締めます。ただ単に引き締めるのではなく、内側からその部分をハグするようにします。そこに意識的に接触し、「聞こえているわよ。今回は逃さない。あなたが私に言おうとしていることを受け入れる。一つになれるように、いまそこに行くわ」と心の中で語りかけます。

2　次にその部分を超えたところから、その部分を通して、ハートのセンターに息を吸い込み、脈管の反対側から息を吐きます。その部分を超えたところから、という意味は最も近い末端部を超えて息を吸い込むということです。たとえば、膝が痛むのなら、千の微小なストローと共に膝を引き締めて、次に想像の世界であなたの足の下の地中から息と共にエネルギーを引き上げ、足と下肢を通して膝へ、そして膝を超えてヒップ、下腹部を通りハートまで息を吸い込みます。次に喉、脳、頭頂を経て息を吐きます。ヒップに痛みや機能障害があれば、始めのポイントとして、また足を超えます。問題が肩にあれば、手を超えて、または頭頂のどちらかより関与している方を超えて息をしはじめます。どこから息を吸いはじめても、いつもハートに息を吸い込み、脈管の反対側の端から息を吐きます。

3　問題のある部分を通して息を吸いながら、その道筋の筋肉をすべて引き締めます。呼吸しながら同時に、引き締めてストレッチします。これによりエネルギーをその組織にエネルギーを引き込み通過させ、エネルギーの回路を目覚めさせることになります。ですから、引き締めて、ストレッチして、呼吸しましょう！

癒しのための呼吸のパターン

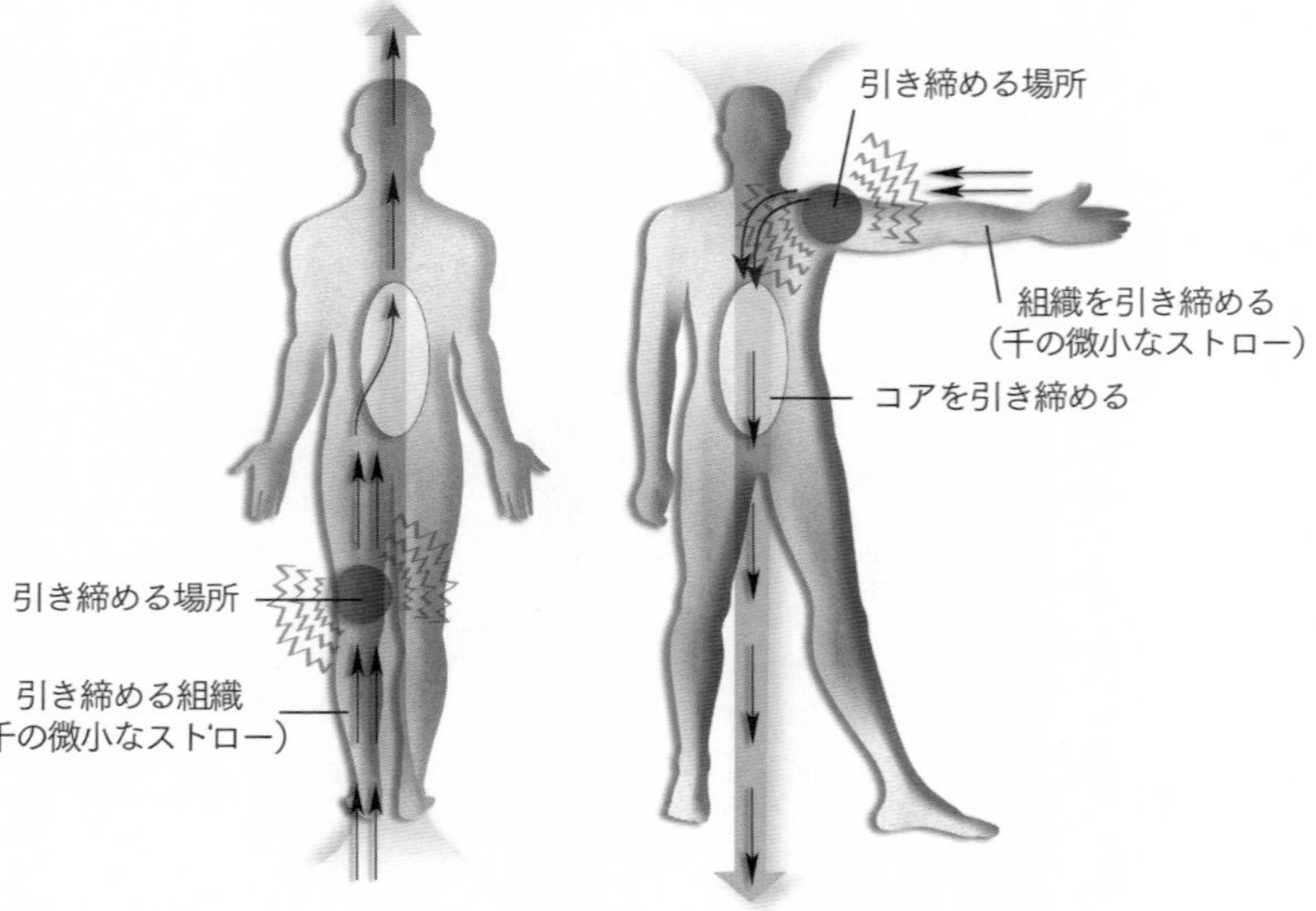

4　次にその反対をします。脈管の新たな端からハートを通して息を吸い込み、患部を通して最初のポイントに息を吐きます。息を通す間、その道筋の筋肉はすべて引き締めたままにします。

この癒しのための呼吸のパターンはからだの痛いところや緊張しているように感じるところ、またはその他の意味でいつも問題を起こしがちなところに利用できます。よくある問題とそれらを癒す特別の呼吸のパターンを紹介しますので、そのビデオを下記のリンクからご覧ください。情報源のページにもその他のオプションやサポートがあります(https://drsuemorter.com)。

各チャクラ向けのこうした呼吸のパターンは身体的、性的、精神的、そして感情的虐待に関わる精神的、感情的トラウマを癒す助けにもなります。からだに持っていく（173ページ）のは私にとってはとくに役立つもので、ここに示したチャクラに関わる呼吸のパターンも同様です。このエクササイズをする際には、自分のハートと深く親密なつながりが感じられるようにとくに気をつけます（これが難しく感じた場合には、247ページのハートのコードを参照しましょう）。これをクライアントと患者に教えたら、感情のたかぶりが減り、すべての見方が変わり、量子の転換が実現できました。ですから、あなたの役にも立つでしょう。

✣呼吸のコードとチャクラの関係　喉のチャクラ

呼吸のコードはハートと喉の中間、首の底部にある喉のチャクラ、第五のチャクラに関係しています。このチャクラの名前はサンスクリット語で「とくに純粋」を意味するヴィシュッダ・チャクラ、喉のチャクラと関係しています。声と呼吸を支配することを超えて、このチャクラはあなたがそれを許せばあなたにとっての真実の道を実現させてくれます。あなたの真髄である魂で満たされた自己の宣伝役だからです。それが外界とやりとりし、真に創造的な私たちの資質を表現します。また想像力を使うことにも関わっています。創造者として動くには、ときには行動を取らざるをえません。その行動がよく受け取られるか、または安全かは定かではなくてもです。この部分を意識的な呼吸で活性化させれば、導かれ触発されていると感じさせてくれるような自己啓発の旅路に出られます。

次の表は喉のチャクラの主な特徴の概要です。チャクラのエネルギーの要素が身体のからだの部分

呼吸のコードとチャクラの関係　喉のチャクラ

名称	第五のチャクラ、ヴィシュッダ・チャクラ
位置	ハートと喉の中間、首の底部の中心
色	青
音階	G
影響するからだの部位	口、喉、耳、首、声、肺、胸、顎、気道、うなじ、腕、甲状腺と副甲状腺
覚醒モデルの「裏面」の特徴	完璧主義、感情を表現できない、創造力の抑制、喉の痛み、甲状腺疾患、首の痛み、耳鳴り、喘息
覚醒モデルの「表面」の特徴	コミュニケーションが上手、瞑想が容易、芸術的なインスピレーション、聞くことができる、「私は愛と思いやりで真実を聞き、話せる」、「私はここで完全に体現する」、「私の人生は私の内なる世界の反映」
実践法	• 第一から第七のチャクラの呼吸（中央脈管呼吸 1 と 7, 壺の呼吸［仏陀のお腹の呼吸］2、太陽神経叢の呼吸 3、ハートの整合性の呼吸 4、実現の呼吸 5、ビジョナリーの呼吸 6） • 千の微小なストローの呼吸 • シダの葉の呼吸 • 癒しのための呼吸のパターン
呼吸法（第八章で説明）	実現の呼吸法
統合を促進させるヨガのポーズ	• コブラのポーズ（ブジャンガーサナ） • 鋤のポーズ（ハラーサナ） • 橋のポーズ（セツ・バンダーサナ） • 音によるトーンニング（オー、マー、ハー）

に反映していることがここでも分かるでしょう。

喉のチャクラの統合により、完璧主義、創造力の抑圧、自分の深い真実を語り分かち合うことができないといった問題が癒せます。つながりと解放感を感じはじめます。コミュニケーションが上手になり、瞑想しやすくなり、芸術表現もできるようになります。甲状腺障害、喉の痛み、耳鳴り、喘息その他の健康上の問題も喉のチャクラのバランスがとれれば改善できます。

このコードの呼吸法と共に次のヨガのポーズを実践すれば、喉のチャクラの活性化と統合が促進でき、エネルギーの流れを改善できます。

✣呼吸のコードのためのヨガ

コブラのポーズは他のチャクラのために使えますし（とくにハート・チャクラ）、他の多くのポーズも喉のセンターに影響しますが、私はここではコブラのポーズを選びました。誰にでもできる簡単なポーズだからという理由です。また、このポーズは中央脈管の前部を上下に行き来する特定のラインのコミュニケーション／気づきの役に立ちます。

・コブラのポーズ（ブジャンガーサナ）

コブラのポーズのやり方は次の通りです。

1　ヨガ・マットか床の上にうつぶせで横たわります。できれば両脚は引き寄せ、足の親指どうしが触れ合うようにします。それが心地よくなければ腰幅より広く脚を広げます。

2　額は床に休ませたまま、指を前に向けて両手を肩の下に入れます。

3　手の平で床を押します。つま先を床に押しつけて両脚を活性化させます。ムーラ・バンダを活性化させ、胃のあたりを引き締め、下腹部は引き上げて引っ込めます。

4　次にアゴを少し引き寄せ、脚とつま先は床に押しつけたまま、無理のない範囲でできるだけ頭と胸を床から起こします。上半身をＣの形に反らせます。肩甲骨は引き下げ、肩が耳の方に上がるのを防ぎます。

5　アゴを天井と壁が出会うあたりに向けて、喉をさらします。単に頭を後に曲げるのではなく、首を伸ばし、関わらせます。

6　そのまま息を吸って吐いて、息が脈管を上下するのを感じます。

7　このポーズを終える際には、ゆっくりアゴを下げ、胸と頭を下げて床につけます。腕は頭上に上げるか横に戻し、頭は片側に向けます。深く呼吸してからだをリラックスさせます。そしてこの実践法の次の部分に移ります。

では次にこのコブラのポーズに呼吸のコードとボディアウェイクの実践法を組み合わせましょう。

1　手を肩の下に入れて両脚を触れ合わせてうつぶせで寝ます。腿を引き締めり、なるべく膝を寄せます（またはお互いの方向に）。

2　つま先を床に押しつけて、あなたが寝ている六十センチくらい下にエネルギーの貯蔵庫があると想像します。

3　ムーラ・バンダを引き締めてお腹を床に押しつけて、中央脈管の前部を通して息を足の下からあなたのコアに吸い込みます。オープンなお腹のスペースの中の自分自身を感じましょう。肩甲骨を一緒に下げて引き締めて、上半身の前部を通して息をハートと胸に吸い込み、喉を開きます。

4　目を上目づかいにして緊張を感じ、そのスペース、頭頂から息を吐きます。

5　次に息を吸うときには、頭上六十センチくらいのところから脳の中心、からだの前部を通して喉と胸、お腹に息を吸い込み、オープンなお腹を床に押しつけます。

6　次に息を吐くときに、ムーラ・バンダを引き締めて、背骨の末端、脚、足を通して息を吐きます。千の微小なストローのときのように脚をしっかり関与させ、つま先で床を押します。このポーズでからだ全体に通じるつながりのラインを体験しましょう。

・喉のチャクラの統合に役立つその他のヨガのポーズ

コブラのポーズと共にこれらのアーサナを使い、呼吸のコードの効果を高めることができます。あなたが注意を引きたい部分を絞るのは有益ですが、そのポーズでリラックスすることも有益です。こうしたポーズで呼吸のコードの実践をする際にはそれぞれ自分の判断に従ってください。

- 鋤のポーズ（ハラーサナ）
- 橋のポーズ（セツ・バンダーサナ）
- 音によるトーンニング（オー、マー、ハー）

このコードで魂で満たされた自己をよりフルに体現し、自分にとっての真実の道で望みを実現させ、人生のすべての領域に癒しを生み出せるように、意識的な呼吸で各チャクラを活性化させ、フローをもたらします。次の化学のコードは体現のパズルのもう一つの重要な要素を提供してくれます。共に体現がどう働くかを理解し、それが最も体内で起きやすくなる条件を創造するためです。円満な健康とバイタリティが待っています！

第九章　化学のコード　体現への鍛錬術

二十年前、ジョンは抱えきれないほどの医療記録をもって私の診療室に来ました。一つのセクションのファイルだけで二十センチくらいの厚みがあり、検査結果、診断記録、造影結果、治療記録、血液検査の結果、整形外科と神経科の所見、関節痛、痛風、糖尿病、潰瘍、潰瘍性大腸炎、慢性頭痛、首の痛み、腰痛、膝の痛み、甲状腺と副腎の疲労、湿疹、乾癬、呑酸その他、多くの症状の回復予測などが満載でした。彼は声を震わせて「余命一年以下と言われました」と言いました。「あなたのクリニックはこうした患者に驚異的な成果を上げていると聞いてきました」

彼はとてもよい人でしたが、困っていました。私は彼に同情しました。「お座りください」と私は言いました。「なにが分かるかみてみましょう」

彼の記録を見ながら彼と数分話しているうちに、彼がたびたびポケットに手を入れて小さななにかを摑んで口に入れているのに気づきました。最初は血糖値をコントロールするためにナッツか種子を手づかみで食べているのかと思いましたが、血糖値の管理にしては頻繁すぎるし、規則的すぎました。

私は聞かざるを得ませんでした。「ジョン、なにを食べているの？　スナックかなにか？」

「ああ、これですか、塩です。私は塩が好きなんです。ただ好きなんですよ！」

「それで一分半ごとに塩を口に入れているのですか？」と私は尋ねました。

「はい、毎朝、塩を袋に入れてポケットに入れ、一日中、口に入れています」

私はすぐに彼に起きていることが分かりました。ロケット科学のような難題ではありません。岩塩依存症です！　塩は彼のシステムを脱水させ刺激過剰にする有害物質でした。高血圧を引き起こし、からだを極度な酸性にしていました。彼はその上、砂糖、ソーダ、ニコチン、カフェインなど他のたくさんの物にも依存していたのです！

それから数週間、私たちは彼のからだの化学に自然な方法で働きかけました。私のクリニックで使うバイオエナジェティックスで治療し、常に刺激を求める彼のニーズに関わる潜在意識の滞りを一掃しました。翌月には彼はほとんどの症状から癒されました。残りの症状も管理可能な状態になり、その後数カ月、よくなり続けました。

その七年後、以前よりずっと幸せになったジョンが私のクリニックに姿を見せました。数年間会っていませんでした。彼はフロリダに引っ越したのですが子供に会いに来たついでに私にお礼を言いに来たとのことでした。生まれたばかりの孫の写真を見せて、自分の人生を祝福していました。

「スナックは？」と私はからかいました。

「とんでもない！　あまりに快調で、台無しにする気にはなれませんよ」と彼は答えました。

❖化学のコードとは？

　数年前、私が父と兄と一緒に主催したバイオエナジェティックスによる自然の癒しに関するセミナーにブルース・リプトン博士を招聘しました。彼が"The Biology of Belief"（邦訳『「思考」のすごい力』ＰＨＰ研究所、二〇〇九年）を書く以前のことでしたが、エピジェネティクスと呼ばれる科学の新たな領域における彼の画期的な研究について講演してくれたのです。エピジェネティクスは遺伝子の発現、つまりなにが遺伝子の振る舞いの引き金になるか、そして遺伝子がいかにライフスタイル、年齢、病気、さらには思考のパターンに影響されるかに関する考察でした。この領域は私たちが持って生まれた自分自身を癒す能力についての疑問に答えるものとして注目されていました。

　からだの各細胞の表面にはアンテナ、受容体があり、周囲の環境から受けるエネルギー的、科学的なメッセージをもとに、遺伝子にどう行動すべきかを伝えている、ということを知ったのが私にとっての最大の収穫でした。遺伝の結果である私たちのＤＮＡの配列、つまり私たちが親や祖父母から受け継ぐ素因にはかかわらず、細胞は自分の表面の受容体が受け取る環境「情報」に応じて行動するのです。「情報」と自分の細胞のためにつくる環境を私たちはかなりコントロールできるということは素晴らしい朗報です。私たちは**意識的**に、**意図的**に、自分の遺伝子にどう行動するかを伝えられるということだからです。

　他のすべてのものと同様に人の細胞が情報を得るにはエネルギーが必要です。身体が化学物質を生成する際にはそのエネルギーが、エネルギー・フィールドからの情報に従ってホルモンや酵素といった物質になるのです。そうした化学物質が内なる「環境」を創造し、細胞に働くよう指示し、身体全体の化学を管理します。私たちのエネルギー・フィールドがシフトすれば、からだの化学も変わります。たとえば、甲状腺と副腎のホルモンの生成の仕方を究極的に決定するのはエネルギー・フィールドです。こうした分泌腺の細胞がその細胞の表面のアンテナのような受容体を通してからだの領域のエネルギーを「感知」するのです。

細胞はフィードバックの循環の対等なパートナーなので、その逆も真なりです。からだの化学はエネルギーに影響するのです。つまり、からだの化学が魂で満たされた自己を体現するための私たちの努力を促進することも阻害することもできるのです。

このコードでは、からだが鎮静化してリラックスし、バランスがとれ、そして効果的な自然の状態になるような環境の創造の仕方を学びます。身体が最適な状態にあればエネルギー・フィールドは生き生きします。閉じていた回路のスイッチを入れ、欠けていたエネルギーを統合し、からだが生来の自己治癒と創造力を発揮できるようにからだを力づけ、魂で満たされた自己を到来させましょう。言い換えれば、身体が最適な状態にあれば、私たちは人生のすべての領域で健全性を実現するためのステージを構築できるのです。

このすべてに大きな役割を果たすのが、からだのpHバランスです。

・からだのpHバランスの重要さ

この章のはじめで紹介したジョンの筋書きは、つまりはからだの化学についての筋書きです。とくにここではからだを流れる体液のpHバランスについてみてみます。細胞の環境としてみたときに、からだがどれだけ酸性（低pH）かアルカリ性（高pH）かということです。これは重要です。というのも細胞はアルカリ性の環境では健康を保ち、生き生きし、自己修復のパワーが持てるのです。ところが環境が酸性化すれば、（胃の細胞は除外して）細胞は壊れ機能不全になります。

すべての病気の九十五％はからだが酸性の状態で起こります。ガンは強酸性状態の極端な帰結です。胃酸過多、骨粗鬆症、高血圧、痛風、関節炎、高コレステロール値、甲状腺機能低下症、糖尿病、脂肪過多その他多くの一般的な病気もからだの環境が酸性になったことによる症状です。残念なことに多くの人のからだは細胞の癒しが起こるには酸性すぎるのです。その結果、慢性病や慢性症状が蔓延しています。私たちの多くは一日中、岩塩を舐め続けたりはしませんが、気づかぬ要素によって自己治癒を妨害されているのです。

私たちのからだは常に生き残りを最優先にします。尿や唾液のpHレベルが生き残りにとって脅威か（酸性すぎる）、安全か（適度にアルカリ性）を私たちのシステムに告げるのです。人の細胞はアルカリ性環境で浮くようにできており、その機能の副産物として酸を生み出します。酸性すぎるのは実際には生命に危険がある状態なのです！　極度に酸性な状態はアシドーシスと呼ばれ、心臓病、脳卒中、腎臓その他のからだの主なシステムの不全を招きます。ですから、深刻な病気や、その他癒すべき他の問題や課題があっても、からだはまずその癒しにエネルギーを配分する前に、pHバランスを直そうとします。

アルカリ性の維持を常に優先させるので、その一方で怪我や病気が慢性化してしまうのです。つまり、けっして癒えなくなるのです。たとえば、腰痛を訴える人がいて、その人のpHが酸性すぎたら、医師として私がその身体症状に働きかけても、永遠に改善はみられないことにもなるのです。なぜでしょうか？　それはその人のからだがシステムの機能不全を防ごうと、すべての癒しのエネルギーを酸性の中性化に費やしているからです。人は腰痛で死ぬことはありませんが、酸性過剰の科学的不調和では死にかねないのです。科学的なバランスが回復するまで、からだのシステムは生命維持にとってより脅威な問題の管理にすべてのエネルギーを使うので、より優先度が低い問題の癒しは起こらないのです。

過去三十年間に私が行った数千件の診療例を見ても、科学的な不調和が腰痛、膝の怪我、頭痛、ウツ病、不安症の癒しを妨げることは明らかです。からだをアルカリ性にすることで化学的に症状に対処すれば、からだのシステムは注目する対象を変えて、深刻でない問題にも対処しはじめます。

こうした証拠がすべてあっても、pHバランスは議論の的です。その理由は、どの体液を調べた結果か、患者の栄養摂取の状態、感情的な状態、テスト期間中の他の健康上の要因といった変数が多すぎて、検査の結果に矛盾が生じているからです（からだは骨や筋肉からのアルカリ性をもたらすミネラルを犠牲にしてまで、できる限り長く血液のpH値は守ろうとするので、検査では唾液と尿が使われます）。またpH値の結果や推奨は誤解されがちでもあります。たとえば、ステージ4のガンの患者は尿検査の結果、アルカリ性と出ることがありますが、それはからだの化学的バランスがよいからではなく、細胞が破壊されていることによります。過去四十年間、多くの栄養摂取の推奨や流行のダイエットが流行っては廃れるのを私は見てきました。私と父が臨床で発見したのは、アルカリ性の「貯蔵庫」（細胞外の液体、究極的にはからだのミネラルの大部分が保存されている筋肉や骨の組織）を維持し、必要に応じてそれを使えるようにするために身体をアルカリ化させる食事療法を選べば、からだは癒せるようになります。

私たちの癒しや変革の難易度を究極的に決定するのは精神的な意志の力や感情的な規律ではなく、からだの化学だという説もあります。システム全体にとってもエネルギー・フィールドのフィードバックの循環にも同等に重要な要因だからです。実際、人生における私たちのすべての望みの実現にとってからだの化学は重要です。それが魂で満たされた自己につながり、触発され、気分を引き上げ、率先力を示し、すべてのレベルで自己治癒する能力を促進も抑制もするからです。

そこで重大な疑問が生じます。「からだの化学のバランスはどうとればよいのでしょうか？」

私たちのからだの化学には多くの要素が貢献しています。様々な材料が最後に混じり合ってできる複雑なホームメードのスープのようなものです。その材料には食べものや水、呼吸する空気、私たちが摂取、吸収する物質や化学物質などがあるのは明らかです。より明らかでない材料は私たちの思考、感情、信条――意識と潜在意識などです。

興味深いことに、潜在意識が棲む脳の中の「部屋」はからだの化学のスープがつくられるところでもあります。東洋の伝統ではブラフマンの洞穴、創造の洞穴、または協力の洞穴などとも呼ばれるこの領域は脳の中心にあり、新たな現実を生み出す創造的思考の発生源と信じられています。からだの数多くの機能の司令センターなので、ここで起きることはからだの化学に多大なる影響を与えます。からだのホルモン、神経伝達物質とシナプスの反応の相互関係は極めて複雑ですが、次のように単純に考えることもできます。

あなたの脳の中央に小さな洞穴があると想像してみてください。この洞穴の床は視床下部と呼ばれる脳の領域で、体内、つまり内なる世界から情報を受け取り、その情報に化学的に反応する部分です。

化学的な不調和は究極的にはこのレベルで調整されるのです。次に、この小さな洞穴の中であなたが座っているところを想像してください。あなたが床から外に足を伸ばせば、脳下垂体の近くに届きます。ホルモン系をコントロールする分泌腺のマスターです。視床下部と脳下垂体は直接関係しあっており、前者は「コミュニケーションのセンター」で後者はどのホルモンがどれだけ必要かという情報を交換しています。洞穴の壁は視床でできています。外界からの報告を五感からの神経信号として受け取ることもその機能の一つです。そして洞穴の奥深くに座するのが松果体で、その細胞には私たちの目にあるのと同様のロッドとコーンが含まれます。松果体も目もフォトンを受け取るのです。脳の中心には外界への開口部はないので、この腺は私たちのエネルギー体や魂で満たされた自己の光のような、可視の光より波動の高い光を受け取っているのかもしれません（私の個人的な体験ではそうです）。そして洞穴の床はトラップ・ドアで、その下には私たちが否認、抵抗し、潜在意識から切り離された体験、まだ目覚めていない私たちのすべての側面が棲む潜在意識があります。こうした細胞と腺の反応のすべてが私たちのエネルギーと生理に影響し続けているのです。

主な材料のいくつかは視床、視床下部と松果体の情報収集活動を通してこの洞穴に運ばれます。この洞穴の中でのすべての情報拡散と通信の結果がからだの化学の「スープ」となり、脳下垂体、脳脊髄液、その他の神経的なメッセージとして私たちの細胞に送られます。私たちの脳とからだの細胞はこのスープのメッセージに浸り、反応するのです。

このスープの化学は私たちがどれだけよく癒えるかだけではなく、いつどこでどうやって、魂で満たされた自己としての多次元的で永遠のエネルギー体として、より偉大な真実に目覚めるかも決定します。この化学が私たちの量子の転換に貢献するのです。

私たちのからだの化学の「スープの鍋」に入ろうとする二つの材料をみてみましょう。

私たちが摂取する食べ物

私たちの消化器系は薪を燃やすストーブにたとえてみることができます。ストーブにくべた薪は燃料として消費され、副産物として灰になります。同様に私たちの体内で代謝された副産物も「灰」と呼びましょう。アルカリ性の副産物は「アルカリ性の灰」、酸性の副産物は「酸性の灰」と呼びます。

私たちが摂取する食べ物や飲み物は消化された後でからだのpH値に影響します。コーヒーなどは摂取するときも代謝されても酸性です。一部の野菜は摂取するときも代謝されてもアルカリ性です。そしてオレンジやレモンなどは摂取するときには酸性ですが代謝されたらアルカリ性になり、ステーキなどは摂取するときにはアルカリ性が強くても後に強い酸性になります。

健康な細胞環境をつくるには、酸性の灰になるものではなくアルカリ性の灰になる食べ物をずっと多く食べなければなりません。または、酸性の灰が消化器を通り抜けて腎臓や直腸の組織を傷つけ細胞の破壊や病気、疾病を起こさないように、酸性の灰を中和するアルカリ性物質の貯蔵庫を利用せざるを得なくなります。酸性の灰になる食べ物をたくさん食べれば、アルカリの貯蔵庫から返せないほど多くのアルカリを借り出すことになります。ときどきなら問題にはなりませんが、長期的には常に酸性灰となる食べ物を摂取すれば、アルカリの貯蔵庫を減らし、からだは緩衝壁をつくりだせなくなります。そうなれば、システムはどんどん酸性化します。そうした状態ではアルカリ環境で機能するようにできた細胞は壊れだし、病気になります。

脂肪の蓄積は酸性の身体の化学反応です。脂肪はアルカリ性なので、からだは進む酸化を中和するためにアルカリ性の脂肪と水分を蓄積します。アルカリ性の環境の方が体重は減らしやすいのです。

ここでエピジェネティクスが登場します。長い間、ある種の病気（糖尿病、心臓と循環器障害、さらにはガンも）は遺伝によると考えられていました。遺伝も一つの要素かもしれませんが、先に述べたように、私たちの遺伝子の振る舞いの引き金となるのは単に私たちが遺伝で受け継いだDNAの特徴だけではなく、私たちの細胞が存在する日々の環境にあるのです。多くの場合、長期間にわたる酸性灰となる食べ物の摂取がからだに酸性の状態をもたらし、それが病気の発生を奨励することになるのです。

これはうれしい驚きといえます！　あなたが避けられないと信じて諦めていた病気の状態は実際にはからだの化学をアルカリ性にすることで避けられ、さらには逆転することもできるのです。B・E・S・Tの臨床医たちの長年の患者の臨床例から見ても、酸性の食べ物の摂取を減らし、アルカリ性の食べ物の摂取を増やした人は自己治癒力を高めています。こうした助けを差し伸べれば、私たちのからだは自然な状態に自動的に戻りはじめるのです。

化学のコードはあなたのからだの化学に新しい「スープのレシピ」を創造し、あなたの細胞の機能の最適化に必要なアルカリ性の状態をつくりだすツールを提供します。アルカリ性の状態はただ個々の細胞の適切な働きに必要なだけでなく、細胞がその化学を生成し、脳にその情報を翻訳できるように、エネルギー・フィールドから細胞の表面に、そして細胞の中に、情報を正確に伝えるためにも必要なのです。そうなれば、生活の中でも感覚器系は正確な運動反応をもたらします。

アルカリ性にする食べ物は主にフルーツと野菜です。その他の食べ物は程度は異なるものの一部は酸性の灰となります。最も酸性が強いのは動物性タンパク質で、次が乳製品と穀類です。カフェインはからだを酸性にする性質が強く、砂糖、ソーダ、アルコール、また人工着色料や人工香料を含む加工食品も同様です。そして、もちろんニコチンの有害性がデータで証明されているだけでなく、からだを酸性化します。アルカリ性をもたらす食べ物をよりたくさん食べるだけでは、ある種の食べ物の酸性を帳消しにできるとは限りません。たとえば、一日の許容摂取量以上の動物タンパク質を摂取すれば（三十グラム以上）、どれだけ野菜をたくさん食べても、二十四時間以内にアルカリ化できる以上の酸を生み出します。

私の父はよくこう言っていました。「できる限り自然に近い状態で食べ物を食べなさい」けれど遺伝子組み換えの登場で、その解決策も存続の危機にあります。遺伝子組み換え食品は哺乳類の腎臓、肝臓、心臓、副腎、脾臓にとって有害だとする研究結果もあります。からだに「本当の食べ物」と認知されないせいだと私はみています。私と同様、多くの人は自然な化学結合を変えればからだは完全には代謝できなかったり代謝が困難になったり、したがってその処理にからだが多大なる努力を強いられる酸性灰がさらに蓄積されることになると考えています。ですからできるだけ遺伝子組み換えされていない有機食物を食べるべきなのです。

食生活は私たちのからだの化学の健康に大きな役割を果たしますが、より大きな影響力をもつもう一つの要素があります。それは私たちの思考です。

私たちが考える思考

思考は化学物質を生み出します。低波動の思考は酸化する化学物質をつくります。高波動の思考はアルカリ化する化学物質をつくります。愛の体験は私たちのシステムをアルカリ化する効果が最高です。

たとえば、私たちがストレス下にあると、その反応でストレスから自分を守ろうとして化学物質（「ストレス・ホルモン」と呼ばれるコルチゾールなど）が生成されます。コルチゾール過剰が長引けば戦うか逃げるかのモードになり、濾過、清め、癒しといったからだのニーズに応えるより先に生き残りを優先するので、からだに酸性の状態を起こします。私たちが喜びに満ちていれば、からだは異なる化学物質（「気持ちよいホルモン」のドーパミンなど）を生成し、からだの化学にも異なる結果が出ます。

アーサー・ガイトンの"Textbook of Medical Physiology"（邦訳『ガイトン生理学』エルゼビア・ジャパン株式会社、二〇一八年）によれば、入ってくる刺激の処理の優先順を決める門番役である網状起動システム（ＲＡＳ）は私たち自身の思考によって凌駕されます。その結果、いかなる規制もなく、私たちの内なる思考が戦うか逃げるか凍てつくかの反応に直接影響し、からだの化学に影響を与えることになります。私たちがからだの化学的バランスによい栄養摂取をしていても、それを思考が台無しにすることもあり、実際にそうなっていることを私たちは知っています。つまり、アルカリ化の完璧な食生活をしていても私たちの思考（意識と潜在意識）が怒りや憎しみ、後悔、またはからだに酸性を蓄積させる一番の原因である心配しすぎといった低波動の感情を生み出していれば、からだを酸性の状態にするのです。そうです、長期間に、または習慣的に心配していれば、アルカリ性食品をどれだけを食べても、からだは私たちがアルカリ化や中和できる以上の酸を生み出すのです。

pHの不調和の原因が栄養摂取の場合には、数週間以内で酸性のpHは変えられます。しかし、唾液と尿のpHを検査した結果、とても酸性が強いことが分かった患者の多くが、私が食生活を記録するように指示するまで、それは長い間――彼らのからだに違いを起こしていたはずの長期間――ほぼ完璧な食生活を続けていたことが分かりました。そうした場合には次のステップはどんなタイプの思考を彼らが日常的にしているか、そしてその結果彼らが感じている感情を調べます。ときには患者自身に自分がとても困難な状況に置かれているとか、ストレスや恐れ、心配、怒りを体験している自覚がある場合もあります。しかし、多くの場合には、顕在意識のレベルでは彼らは否定的な思考や感情はもっておらず癒しや愛すること、赦すことにフォーカスしていますが、それでも彼らのシステムは酸性の状態で動いています。こうした場合には、その下にある潜在意識のパターンが酸性化の原因です。その解決には私はクリアリングのコードとB・E・S・T、B・E・S・Tリリースで各患者のトラップ・ドアの下にある潜在意識の緊急体制を解除し、視床／視床下部の関係の「司令センター」をリセットします。

からだの化学における潜在意識の役割を過小評価はできません。緊急事態は去りいまは安全なのだというメッセージをからだが受け取らなければならないのです。そうすれば、私たちはリラックスしようと意図するときに実際にリラックスできるようになります。バケーションに行けば、実際にリフレッシュできるのです。からだは修復的な化学の状態に再び棲み、私たちは実際に自己治癒できるようになります。

顕在意識で過去の体験を理解し許すだけでこれが達成できるとは限りません。そこでエネルギーのレベルでクリアリング・コードを実践して、新たな神経回路を構築しなければなりません。それがなんであるか正確には分からなくても潜在意識による干渉を解消しはじめるためにです。化学のコードはそれにパワフルなリソースを付加します。からだの化学を最適化すれば、エネルギーの流れをよくし、魂で満たされた自己にオープンになるために私たちがとる行動の効果が大きく高まり、力づけられるからです。

変革を支援し歓迎してくれるタイプの化学物質をつくりだしからだの中に存在させられれば、からだの化学にとっての安定要素になります。エネルギー・フィールドとからだの化学の間のフィードバックの循環の継続的で積極的な一部となり、様々なかたちで極端な状態に陥っても魂で満たされた自己で居続けやすくなります。言い換えれば、ストレスに強くなるのです。防衛的人格でいるにしても、魂で満たされた自己でいるにしても、ストレスに強くなれるのです！

化学のコードを利用する目標は安らぎ、調和、喜び、健全さと自己治癒にふさわしいからだの化学の「スープ」をつくりだすことです。私たちの体内の化学が健全な生き方に見合えば見合うほど、極端な状況に陥っても完全性を保った状態に留まれる可能性が高まります。私たちの身体の状態を変えれば完全性がより実感しやすくなり、そうあるべき真の状態である健全さにエネルギーを安定させられます。

これをよく物語っているのが私のクライアントのバーバラの話です。

バーバラの症状は膝の痛み、腰痛、感情の揺れ、無力感と下腹部の膨張だけではありませんでした。ウツ、不安、不眠もあり、仕事にも集中できずにいました。多くの物事に過敏すぎて、どんな活動や人間関係にも関わりたくないと思うようになっていました。ときにはもう少しで人生を完全に諦めたいと思うところまでいっていました。

からだの化学をアルカリ化しはじめてからたった十日ほどで、バーバラの関節痛は気がつくほど改善しました。三週間以内で彼女の不安はかなり落ち着き、朝まで眠れるようになりました。感情の揺れと集中力の問題も日々よくなりました。「自分の体内から新たな人間を産み出しているようです！」と彼女は言いました。しかし、数週間後にバーバラは仕事から解雇されてしまいました。彼女は自分の労働条件にあまり満足はしていませんでした。彼女のボスはよく会議をスケジュールしては直前にキャンセルするなど態度も一貫しておらず、会社をよくするためのバーバラの助言を無視するなど仕事への彼女の多くの貢献への配慮に欠けていたからです。それでもバーバラは、それもメールで解雇されるとは予測していませんでした。彼女は動揺しました。仕事は収入源であるだけでなく、世界における彼女の表現だったからです。「私はこのアルカリ化のプログラムの最中で、そのやり方を知っていることを、神様に感謝します。こうしたことにこれだけよく対処できたことはかつてありませんでした。以前なら数週間、数カ月は落ち込んでいたでしょう」と彼女は言いました。より強くなり、アルカリ化したからだの化学のおかげで、バーバラはかつてよりしっかりと世界における自分の感覚を意識できていました。心の奥深くではその仕事は彼女の運命に見合ったものではないことは分かっていて、起きた事態はすべて彼女のためになると分かっていました。彼女の安定感は外界からもたらされるのではなく、内側、偉大なところからもたされるようになっていたのです！

化学のコードの実践では癒し、全体性と魂で満たされた自己の真の輝きに必要なアルカリ性の環境を創造するための食べ物と思考／感情を通して、からだの化学に働きかけます。ここで紹介するのはからだのpHを最適化するためのアルカリ灰栄養プログラムと、考えるべき思考のマスターに役立つエクササイズです。エネルギー・コードのその他の実践法と一緒に続けていれば、あなたのからだの化学のバランスはすぐによくなりはじめるでしょう。

では栄養プログラムからはじめましょう。

❖化学のコードの実践法

・実践法1　アルカリ灰栄養プログラム

アルカリ灰栄養プログラムでは癒しと細胞の若返り、活性化に向けて、からだのpHとホルモンのバランスを最適化するのに役立つ食物を特定しています。アルカリ化を長く続けるほど、あなたは若返るのです。

七十五～八十％は新鮮なフルーツと野菜

たくさんのフルーツと野菜を生で食べるのが理想的です。最初からは大変なら、ゆっくりでよいのです。からだが酸性すぎてたくさんの生の食べ物の消化に必要な酵素を適量、生成していない場合もあるからです。とくに高齢者や長期間ジャンクフードやファストフード、揚げ物などでからだを酷使してきた人の消化器系ではそうした場合が多いです。けれど、少しずつ始めれば高齢者でも耐性はどんどん強まります。食生活をアルカリ化して数週間で九十代の人の消化が若返った例も見ています。「アレルギー」（口内炎や皮膚、鼻孔の症状など）で食べられないフルーツや野菜があれば、食べられる物を食べましょう。そうした反応はあなたが酸性すぎる証拠で、あなたが食べられる生の野菜やフルーツからアルカリ化の効果を得る必要があります。あなたのpHの値が上がれば、より多くの野菜やフルーツが食べられるようになります。からだは需要と供給の法則に従って多くの酵素を分泌するので、初めて食べるものはまずは調理して食べれば、耐性はつきやすくなります。それでも自分自身の変革とより「生きた」食べ物がたくさん食べられるようになる可能性にオープンでいましょう。

異なる食べ物の代謝には異なる酵素が必要なので、一緒に食べるものによってもからだが代謝できる能力は変わります。ある食べ物の消化を助ける酵素の働きは、他の食べ物のための他の酵素により弱められることもあります。たとえば、タンパク質を消化する酵素、プロテーゼは炭水化物を消化するアミラーゼ、マルターゼ、スクラーゼ、ラクターゼとは異なる環境を求めます。タンパク質と炭水化物を一緒に食べれば、単独で食べたときや一緒に消化しやすい他の食べ物と食べたときより酵素の能力は弱るのです。メロンは水分が多く消化酵素を薄めてしまうので、重たい食事とは別に食べた方がよいのです。それで消化の過程がよりゆっくりになるので、ランチの後でスイカを一切れ食べると不快なほど満腹に感じるのもこのためです。同様に、食事の最中には水やその他の水分は大量に摂取しない方がよいのです。

あなたが関節痛、慢性的な鼻詰まり、アレルギー、筋肉痛、様々なタイプの慢性頭痛を持っていたり唾液pH値が低いときには、次のガイドラインが役立ちます。消化を助け、アルカリの貯蔵を増やしてくれます。

- タンパク質はでんぷん質とではなく野菜と一緒に食べましょう
- でんぷん質はタンパク質とではなく野菜と一緒に食べましょう
- フルーツは単独で食べましょう

あなたのpH値を高める食物の組み合わせ

- 75～80％はフルーツと野菜を食べましょう
- フルーツはフルーツだけで食べましょう
- メロン類は単独で食べましょう
- タンパク質はでんぷん質とではなく野菜と一緒に食べましょう
- でんぷん質はタンパク質とではなく、野菜と一緒に食べましょう

下記はやめましょう

- タンパク質とでんぷん質を一緒に食べるのはやめましょう
- １食に４～６種類以上の食べ物を一緒に食べるのはやめましょう
- 乳製品は避けましょう

上記はあなたのpH値が酸性すぎるときに、pH値が上がるまで実行します。

- 乳製品は避けましょう

あなたのpH値が低いときには、その値が上がり症状が改善されるまでは、動物性タンパク質の摂取を極力控えましょう。

また、一日のうちであなたのシステムがある種の食物の消化に最もよい反応を示す時間があります。早朝からお昼までは、あなたのシステムはフルーツと野菜を最も容易に消化できます。アルカリ化しようとするときには、この時間にはヘビーなタンパク質を食べるのは控えましょう。最も大きな食事は午後十二時から六時か七時くらいまでに食べれば、最も容易に消化されます。からだが消化モードになっているのです。次にからだは収集のサイクルに移り、その日にあなたが摂取したすべてによい栄養素からの恩恵を得てそれらを細胞の構造に吸収します。これが早朝の三時頃まで続きます。この間あなたのシステムはその日摂取したすべての毒素の排泄を始め、役に立たないので保存する必要のない消化の副産物をまだ荷降ろししています。朝起きたら、このサイクルがお昼頃まで続いています。理想的には夜の七、八時以降は食べない方がよいのです。

pH唾液検査――その結果の解釈

	色	兆候	アルカリ性	栄養上の勧め
7.2から8.0	青から青	心配、不安、からだの消耗に向かう	貯水湖は使用可能	ベジタリアンなら米かシリアルを足してもよい
8.0から6.4	青から緑／黄	問題の予兆　慢性ストレス	少し貯水湖は使用可能	野菜、玄米を増やす
6.4から5.5	緑から黄	問題の予兆　慢性ストレス	少し貯水湖は使用可能	野菜、玄米を増やす
理想 6.8から8.0＋	緑から青	好ましい反応、ストレスをうまく対処	貯水湖のレベルは適切	75％フルーツ＆野菜、25％肉＆穀物
5.5から5.5	黄から黄	すぐに変化が必要	貯水湖は消えたか、利用されていない	調理した野菜だけを少しずつ増やす
5.5から6.4-8.0	黄から緑／青	ベストでも最悪でもない	貯水湖はOK、からだはストレス	肉＆乳製品を減らし、フルーツと野菜を増やす
6.2から6.8	緑から緑	望ましくない	貯水湖は使える	調理した野菜を足し、肉は少なく、フルーツを少し

早朝に目が覚めてしまう理由は二つあります。一つは有害な、または酸性化食品を摂りすぎて負担が増え、排泄のサイクルの時間帯にシステムにストレスが生じていることです。二つ目は、意識の発達に関する東洋の伝統によれば、排泄のサイクルの間にはより高波動のエネルギーが使えるので、顕在意識が眠っている間には潜在意識と細胞レベルでの意識が高まるからです。そのため絶食すら推奨されることが多いのです。私はデトックスとクレンジングのプログラムで多くの人を導いてきましたが、減量、エネルギーの波動の上昇、喘息、アレルギー、慢性頭痛、腰痛、大腸炎、胃潰瘍、植物過敏症、湿疹、不眠、いらだち、食物依存症その他の癒しに役立ちました。からだの化

学を改善すると、顕在意識がこの新たな「波動のラジオ局」を選び新たな回路を構築できるように、あなたに目覚めて「欲しい」とあなたのシステムは考えるのかもしれません。

ですから、夜中に目が覚めても決して動揺せず、朝疲れてしまうことを恐れてはなりません。むしろ、そっと中央脈管呼吸をして密度の高い部分をスキャンし、あなたの波動を上げるチャンスにしましょう。そして、起きている時間に、pHを調べます。理想的な範囲なら波動が高まっているのです。そうでなければ、新たな波動に合わせ、魂で満たされた自己をよりオンラインにできるように、必要な変化を自分にもたらしましょう。

エネルギー・コードの許容性

このワークを始めてから酸性化すると分かっている食物をどうしても食べたくなったら、規律が足りないと思うことはありません。あなたの渇望には実際にはより深い意味があるのです。それは以前お話した、私たちが進化するときに起こる宇宙の拡張――そして安定、宇宙の拡張――そして安定というサイクルに実は関係しているのです。私たちがからだの化学のスープを変え、統合しはじめると、私たちのエネルギー・フィールドが拡張することがあるのです。つまり、私たちのフィールドの一部が、意識の拡張に呼応するより高波動にジャンプするのです。突然自分が認識できなくなります。それはいつもより高い波動で思考しているからです。マインドは開かれ、深い細胞と波動のレベルで自分自身が奇妙に感じます。

これが起きると、私たちの潜在意識は馴染んだエネルギーにつながり、より落ち着きが感じられる方法を探そうとします。その結果、私たちはからだとマインドが落ち着けるように自分の波動を低くする「心地よい食物」を渇望します。こうした「安定させる食物」は肉類や乳製品、アイスクリームや揚げ物のような脂肪分が多い食物、砂糖やでんぷん質の炭水化物など刺激となる食物の場合が多いのです。こうした食物はエネルギー的に高密度であるだけではなく、からだを酸化させる悪影響もあり、酸性は私たちのエネルギーの波動を低下させます（砂糖は私たちを昂揚させるにしてもです。これは拡張のようにみえますが、その拡張は短時間しか続きません。砂糖の摂取の長期的な副産物は細胞活動の増加で、それが酸を生みだすので私たちは酸性灰の状態になり、私たちの波動を低下させるのです）。

そうした仕組みもさることながら、みなさんに本当に知ってほしいのは、渇望は正常だということです。あるときあなたがその渇望を自分に許したら、その渇望がとまるだけでなく、いま拡張したエネルギーのレベルに安定し、統合を促進することもあるのです。ですから、意識的に渇望を満たせば、統合の過程を進む役に立ちます。しかし、**意識的**に、ということが肝心です！　無意識に心地よい食物への渇望を満たし続ければ、私たちを脱線させるか、逆戻りさせる二つのことが起こりがちです。気づきなしで渇望に耽れば、「脱落した」ように感じ、自分をむち打ちはじめます。自分は弱虫で、意志の力、規律、自己愛がないと自分に言います。こうした自己批判は私たちを防衛的人格に戻してしまい、多くの時間とエネルギーを浪費し、私たちの勢いをほんとうになくさせてしまいます。より意識的に起きたことに異なる解釈を与えれば、私たちは自分を責めたり虐待せずにすみます。これが、先に進むための鍵なのです。

無意識に長い間渇望に耽り続ければ、遅れをとることにもなります。けっして正しい食べ方で自分の世話をすることはできないという考え方に感情的に降伏するリスクが生まれます。このため、どれくらい自分の渇望を許すかには警戒が必要です。からだは三日、七日、二十一日のサイクルで働きます。渇望その他の食のパターンが三日以上続いたら、七日目にやめるように注意しなければなりません。グラウンディングの助けとしてあなたが学んだコードを実践し続け、その七日の間、安定させ続けましょう。安定させるのに二十一日もかけることはしたくないでしょう。これは重要です。多くの研究結果が、二十一日で習慣になるとしているからです。それだけ長い間、渇望や酸性灰を生む食のパターンを続ければ、そのサイクルから抜け出しにくくなります。

そうした心地よい食物が欲しいと感じたときには、管理しながらほんの少しだけ食べるのが理想的です。あとは呼吸法、処方されたヨガのアーサナ、その他のエネルギー・コードをしっかり実践することでグラウンディングできます。こうしたバランスがとれれば、真に持続可能な場である魂で満たされた自己でいることに心地よさを求める習慣が創造しやすくなります。長い目で見れば、食物その他の外界の資源から得られる心地よさは一時的には効いても決して長続きはしないのです。

・実践法２　意識的なエクササイズ

前向きなからだの化学を構築し、魂で満たされた自己にとって理想的な環境を創るもう一つの方法は、意図的で意識的に身体のエクササイズに関わることです。

エクササイズしている最中の私たちは、完全に自分のからだの内側に存在していないことが多いのです。多くの人は音楽を聞いたりテレビを見たりし気をそらしながら、トレッドミルやウエイトのトレーニングをします。より長い間しっかり運動できるようにマインドを他に向けるのです。「そうするとワークアウトしやすい」と彼らは言います。

エクササイズをしながら中央脈管呼吸をすれば、実際にはそれと同じかよりよい結果が得られます。私はプロのスポーツ選手やトライアスロンの選手、アドベンチャー・レースのチャンピオンたちが自分自身の記録を破れるように、ワークアウトしながら中央脈管を通して呼吸するようトレーニングしてきました。エクササイズやトレーニングをしながら意図的に意識的に中央脈管を通して息を上下させれば、疲れずにより早くより先まで行けます。それは魂で満たされた自己に自分の気づきを向けるからで、あなたは実際に偉大なエネルギー源からエネルギーを引き出せるのです。このように意図的なエクササイズすることを私は意識的なエクササイズと呼んでいます。

あなたがからだを動かしながら同時に意図的に呼吸を使えば、意識の集中（マインド）、動き（からだ）と息（スピリット）をつなげる回路を構築しはじめられます。これは偉大な古代の東洋の師たちが数千年前に言っていたのと同じ、マインドとからだと息の一体化で、比較的短期間でからだの化学に真の変化を起こせます。

そうした気づきをもって行えば、ヨガは真に完璧な意識的なエクササイズの例になります。ボディアウェイク・ヨガはこの中央脈管呼吸の意識的な要素と精神的な集中をヨガの伝統的なポーズに取り入れたものです。けれど、あなたがヨガに興味がなければ、他にも意識的なエクササイズで魂で満たされた自己のための回路を構築する方法はたくさんあります。他の体操やジョギング、重量挙げも私がコースワークで詳しく教え、特別なやり方で中央脈管呼吸を足せば、意識的なエクササイズになります。

下記は一般的なエクササイズ、重量挙げで、あなたが息を吸い吐くときに中央脈管を動くエネルギ

意識的なエクササイズ

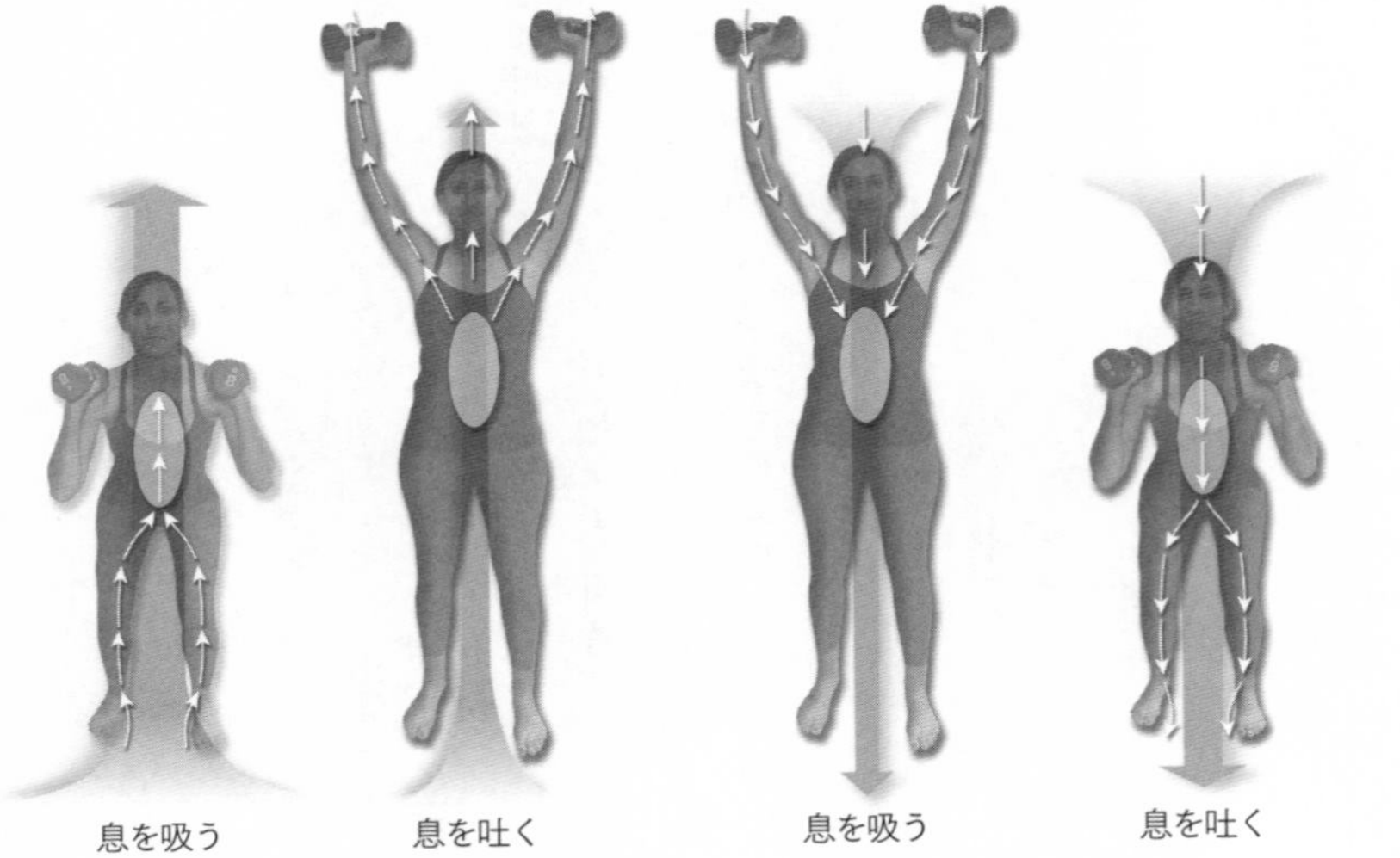

ーの流れを示しています。

1　重量挙げで持ち上げるときには、地中からムーラ・バンダ、コアに息を吸い込みます。

2　下に下ろしながら、中央脈管を通して頭頂から息を吐きます。

3　次にこれを逆にして、頭上から息を吸いながら始めます。

4　脈管を通してエクササイズの間中、繰り返します。

このようにエクササイズしながら体内のエネルギーを動かすやり方を私は数百人の患者やクライアントに教えてきました。驚異的な結果が出ています。実際にただちに気持ちよさが力強く体感できるので毎日のワークアウトがより楽しくなるだけではなく、常によりたくさんのエネルギーを維持できます。そして、もちろん、これをあなたのエネルギー・コードの実践に加えれば、あなたの人生全体での変革を驚異的に加速させられます。

・実践法3　思考による化学

このエクササイズではあなたの思考を使い意図的にアルカリ性の体質を育成します。前向きで高波動の思考にフォーカスして、酸性状態をもたらす低波動の思考の反復を認識し、考え直します。健康なからだの化学を創造し、あなたの細胞にとってよく、あなたの魂で満たされた自己にとっての安泰な「住処」となる環境づくりに向けた他の領域での努力も必要です。

1　安定ポイントにつなぎとめ、中央脈管呼吸から始めます。

2　次にあなたの人生における勝利の瞬間にフォーカスします。なにか挑戦に勝利し、素晴らしい大勝利だと感じた瞬間です。なるべく詳細に思い出し、その反応としてどんなふうにエネルギーが体内を動いたかに意識します。頭の上や肩のまわりに明かりが灯ったように感じたかもしれません。またはハートが広がったように感じたかもしれません。そのあたりをそっと引き締めて意識を集中してそこにフォーカスします。

3　次にその同じ波動がからだ中で感じられるまでそのパターンに留まり、そっと中央脈管内で息を上下させます。つまり、あなたのハート、頭または喉（または感覚を感じたところどこでも）で感じた感覚をお腹、ヒップ、脚などでも感じるようになるまでです。全身をオープンにして、その感覚で満たしましょう。

これは懐古的で瞑想的な呼吸の実践法です。システム全体が同じ波動に共鳴するように、オープンな状態をつくるのです。その波動がからだの化学に作用するからです。からだ全体がその勝利の波動に関わるようにします。それを体現するのです。インスピレーション、愛、喜びといったさらに高い波動についても同様に実践できます。前向きな様々な（ラジオ局の）波長に合わせてその独特の波動を体現することにより、私たちは思考を通してからだの化学に働きかけはじめられるのです。

これは、それだけではあなたを癒すことにはならない「前向き思考」と同じではありません。前向き思考だけでは、たとえそれによって顕在意識と潜在意識の間のトラップ・ドアを開けたとしても、からだの自然な癒しの過程を阻害する否定的な思考からあなたを遠ざけられるだけです（トラップ・ドアが閉まっていたら、私たちの意識的な考えは健康や健全性に大きな効果は与えません）。この実践法でマインドは前向きにフォーカスしていますが、自己暗示にかけたり、マインドの力だけで夢を見るといった単なる前向き思考をするだけではありません。そうした波動をしっかり全身にもたらすのです。からだの組織の波動を上げ、そこであなたを（目覚めさせ）、あなたが誰でどうなるのかにより強い影響力をもつところにエネルギーを安定させます。

また、このエクササイズを利用して**やり方**を学び、さらにそれに**「はい」（肯定）**を混ぜることもできます。つまり、あなたが実際にその夢を実現した感覚で夢の可能性を併合するのです。私たちは目標や夢を等身大より大きく感じがちです。それが欲しいけれど、すぐに「そんなことが可能だと考えられるものか」とか「そんなことはかなうはずがない」と考えてしまいます。けれど、なにかを信じなければ、それを「所有」しなければ、そのエネルギーを取り込めないのです。言い換えれば、そのエネルギーが私たちの中でしっかり生きられないことになります。すでにご存知のように、私たちのコア、エネルギー・フィールドになければ、それは実現しないか、しても長続きはしません。なにかを実現させるにはただ信じるだけでは不十分で、感じて、微細エネルギー体と身体で一体になったときにそれは持続可能になるのです。そこに至るには、私たちの夢の波動を体現し、自分のエネルギーの流れを自分が望む結果のパターンにシフトさせなければなりません。このエクササイズがその役に立ちます。

やり方と「はい」（肯定）を混ぜる方法は次の通りです。

1　座って「はい」（肯定）を想像します。宇宙全体があなたに「はい」と言っているように、大きな「はい」以外なにもないように、ただひとことです。あなたが可能な限り最大の需要と充足の状態——あなたが巨大に拡張して完璧で完全な状態になったようにです。

2　あなたにとって最高の「はい」（肯定）の状態になったときにからだのなかでエネルギーがどう感じられるか、どう流れているかに注目します。どこかで一方向にあなたのエネルギーが引っ張られているようなところはありますか？　ある場所で大きく拡張し、その他の場所ではより軽く感じるかもしれません。

3　次にあなたの目標について考えてみます。それはまだ目標で実現されていないので、それについて考えるとあなたのエネルギーは変わるでしょう。それは、その目標に関する潜在意識が干渉して、その実現を阻止しているということなのです。それは困難だ、またはそんな素晴らしいことが自分に起きるわけはない、という思い込みかもしれません。その信条がなんであれ、それから受ける感覚は、絶対的な「はい」（肯定）とは異なるはずです。

4　目標を求めるからだのエネルギーのパターンを覚えておきます。その負荷は何でどこでエネルギーが強調されていたかを覚えておくことで、あなたの気づきにエネルギーを安定させます。

5　「はい」（肯定）のパターンに戻ります。そしてゆっくり行ったり来たりして、二つのパターンがあなたの気づきのなかでつながるようにします。すぐにそれらはお互いを完全にみつけ、同じエネルギーのパターンで「はい」（肯定）を含むフォトンの流れの通り道をつくります。そうすればからだはその組み合わさったパターンに慣れ、それが馴染んだ在り方だと認識します。

このエクササイズはあなたの最も偉大な「はい」（肯定）を実現させるエネルギーの通り道をつく

ることにより、夢があってもその実現のさせ方が分からないと躊躇する傾向の克服に役立ちます。

あなたの夢はあなたのものだと認識しましょう。それはあなたの一部なのです。そうでなければ、あなたはなにか別のことを夢見ているはずです。それらがあなたにとっての最善に尽くすとき、それらは「あるべき」ものなのです。そして、あなたの意図、望み、夢がなんであれ、すべてはまずからだで起こることを常に覚えていましょう。

・実践法4　エネルギー・コード、脳のヨガ

ヨガではからだの特定の場所を動かすと同時に、意識的に呼吸しながらそのからだの部分にフォーカスします。驚くべきことには、私が脳のヨガと呼ぶヨガでは同じように脳の組織も活性化できるのです。

高次脳中枢とブラフマンの洞窟から来るメッセージはからだの化学的バランスの鍵（その他も含め）になるので、この領域を起動し活性化させ、より効果的にお互いとコミュニケートできるようにします。私たちはそれを「エクササイズ」によって行います。やりながら動かし呼吸するのです。これにより脳の領域が目覚め、魂で満たされた自己としての自分を認識する能力開発に寄与してくれます。

このエクササイズの一般的なアドバイスは目を動かすときには頭は動かさずに目だけ動かします。エネルギー・コードの脳のヨガのやり方は次の通りです。

1　鼻をまっすぐ前に向けアゴを床と平行にして、心地よくできる範囲でなるべく上に、天井を見るように目玉を向けます。すぐに目の裏側に緊張を感じるでしょう。

2　次に上目づかいのまま、安定ポイント、ムーラ・バンダ、ハートと喉を引き締めます（このエクササイズの間中、安定ポイントは引き締めたままにします）。

3　地中から深く息を吸い、中央脈管を通してあなたのコアまで吸い上げます。リラックスした状態で息を吸い、気持ちよさを感じてください。次にあなたのコアから中央脈管を通して目の裏の緊張したところを通過させて頭上に息を吐き出します。

4　次に壁に巨大な時計があると想像します。あなたの目がまっすぐ上を見ているときには時計は十二時だと考えます。次に目を時計の一時に動かします。一時を見ながら、頭上から深く息を吸い、緊張を感じている目の裏を通じて中央脈管からあなたのコアに息を吸い込みます。コアから息を吐き、ムーラ・バンダを通じて地中に息を吐き出します。

5　次に目を時計の二時に動かします。息を脈管の末端からコアまで吸い込みます。そこから息を吐き、チャンネルを通し、新たな緊張を目の裏に感じて、頭上に完全に息を吐き出します。

6　目を時計の三時に動かします。前回と同じように安定ポイントを引き締めて、腹式呼吸で頭上から息をからだに吸い込み、からだを通して地中に息を吐き出します。

7　同様に時計の方向に目を動かしながら呼吸します。「一時間」たったら一回終了です。

8　一回転し終わったら、ナディ・ショーダナ（サンスクリット語でナディは「脈管」、「流れ」の意味で、ショーダナは「清め」の意味）として知られるエクササイズをします。人差し指を第三の目に置き、親指と中指で交互に鼻孔をおさえます。右の鼻孔を開けて息を吸ったら右の鼻孔を閉じ、左の鼻孔を開けて息を吐きます。次に左から息を吸い、左を閉じて、右の鼻孔から息を吐いて終わります。六回繰り返します。

理想的にはこの脳のヨガを全部で四回、目を開けて時計まわりに一回、時計の反対まわりに一回やったら、今度は目を閉じて時計まわりに一回、時計の反対まわりに一回します。毎回、四回する必要はありませんが、エクササイズを始めたら、数回でやめずに、一回転はすることをお勧めします。そしてバランスをとるために逆回りもします。

いったんこのエクササイズを終えて自然に前を向くと、あなたの頭の中心でなにかが起きていることをすぐに感じるでしょう。自己、または主体としてのより偉大な感覚――世界を見ている自分に内側に存在している感覚を感じるでしょう。脳のヨガは私たちが活性化させたいブラフマンの洞窟とよばれる第三脳室のなかや周辺も起動させます。それにより電磁波のエネルギーの循環と流れが増大し、健康なからだの化学の「スープ」の創造に最適な環境を育てます。ピアノの練習をすればするほど指の感覚や動きのしなやかさが養われるのと同様で、このエクササイズは脳の主要な領域の感覚と運動機能のコミュニケーションを構築します。

✣化学のコードとチャクラの関係　第三の目

化学のコードは眉毛の間の上の額の中央に位置する第六のチャクラと関係しています。このエネルギー・センターは直感力、高次の叡智、透視能力とひらめきの資質を持ち、第三の目とも呼ばれています。サンスクリット語では「司令」を意味するアージュナー・チャクラです。この章で学んだように脳の中央（ブラフマンの洞窟）にありからだの化学と意識の覚醒を管理する松果体と脳下垂体に関係しているのは偶然ではないのです。このコードで処方した精神的身体的なエクササイズと栄養摂取の推奨はこの松果体と脳下垂体の活性化、第三の目の安定化、そして健康とバイタリティと力に向けてからだのエネルギーの波動を上げるために重要です。ここではそのエネルギーを融合させることにより天（松果体）と地（脳下垂体）の世界を融合させます。その統合により私たちは第六感を育てられます。それは私たちが生涯を通じてすべきことなのです。

第三のチャクラに問題がある人々は自分の中やまわりで起きていることがはっきり「見えなく」なります。エネルギーやからだの化学を直さなければならない場所についてのからだからのシグナルを無視したり、または低波動の思考やからだにストレスを与えている人間関係のパターンに対して盲目になりがちです。自分自身の内なる知——からだとエネルギー・フィールドで起きていることについ

化学のコードとチャクラの関係　第三の目

名称	第六のチャクラ、アージュナー・チャクラ
位置	額のまんなか、脳の中心に向かう内側、眉と眉の間の少し上
色	インディゴ
音階	A
影響するからだの部位	目、頭蓋骨基底部、鼻、左目、左脳、副鼻腔、脳下垂体と松果体
覚醒モデルの「裏面」の特徴	悪夢、幻覚、頭痛、学習障害、視力低下、神経障害、緑内障
覚醒モデルの「表面」の特徴	カリスマ、高度の直感力、健康的な視点、執着からの解放、洞察に満ちた創造、超能力、「物事の背後」を見通す能力、「私は目の裏側の存在」
実践法	• アルカリ灰栄養摂取プログラム • 意識的なエクササイズ • 思考による化学 • エネルギー・コードの脳のヨガ
呼吸法（第八章で説明）	ビジョナリーの呼吸法
統合を促進させるヨガのポーズ	• 下向きの犬のポーズ（アド・ムカ・シュヴァナーサナ） • ショルダースタンド・肩立ち（サーランバ・サルヴァンガーサナ） • 子供のポーズ（バーラ・アーサナ） • 高貴な戦士（第4の戦士）のポーズ（ヴィパリータ・ヴィラバドラーサナ） • バランシング・ポーズ

て視床下部から来るメッセージを信じることが難しくなる場合もあります。頭痛、目の疾患や目眩も起こるかもしれません。からだの化学が不完全で自己制御能力に欠けることから依存症的行動やウツに苦しむこともあります。

上の表が第六のチャクラの主な特徴の概要です。ここでもチャクラのエネルギーの特質が身体領域に反映されていることが分かります。

このコードと並んで次のヨガのポーズがこのエネルギー・センターの統合とバランスに役立ちます。

✣化学のコードのためのヨガ

下向きの犬のポーズはおそらく最も代表的なヨガのポーズでしょう。まず最初にヨガの生徒が習うポーズの一つで、どんな流派にも共通の最も一般的なポーズです。子供たちは遊んでいるときに自然にこのポーズをします。自然に地球上での人生に魂を統合させるポーズなのです。脳にエネルギーと注目、血流を向けるので、第三の目にもとてもよいポーズです。

・下向きの犬のポーズ（アド・ムカ・シュヴァナーサナ）

下向きの犬のポーズのやり方は次の通りです。

1　マットの上に両手と両膝をつけます。手は肩幅に開き、人差し指と中指が前を向くようにします。すべての指と手の平がしっかり床に触れるように、マットに手の全体でグラウンディングします。

2　脚は腰幅に開き、足の指を曲げ、ゆっくりと腰と背中を起こします。からだが逆さのV字型になるようにできる限り両脚はまっすぐ伸ばします。足の指と中足骨全体をマットにつけグラウンディングします（かかとが床についたら、足の外側の端も含めかかとまでグラウンデイングします）。足の指はマットの前方にまっすぐ向けるか、少し、内側に向けます。

3　腕をまっすぐに伸ばし、肩甲骨を耳から遠ざけ、肩の上を広げます。肘の内側をそっと天井の方に向け、両手がしっかりマットについたままになるようにします。

4　背中の上部を丸めないように少しアゴを引き、頸椎（首）が背骨の他の部分と一直線になるようにします。おへその方を見ます。

5　少なくとも六十秒間（またはできる限り長く）そのポーズを維持します。

6　ポーズをやめるには、目線を手に移し、膝を曲げてゆっくり床に戻ります。

次に下向きの犬のポーズでボディアウェイク・ヨガを実践しましょう。

1　下向きの犬のポーズを維持しながら、あなたの足がマットの下、地中のエネルギーの貯水湖に安定したと想像します。床に両手足をしっかりグラウンディングさせられ、そのエネルギーに接続します（中底骨がしっかり床につくように一旦足の指を浮かせて床に戻してもかまいません）。

2　両脚を活性化させます。両脚がまっすぐなら、膝蓋骨と太腿の筋肉を引き上げ、大腿骨の頭をヒップソケットに入れます。膝が曲がっている場合には両脚の骨のまわりの筋肉をただハグするようにします。すべてが活性化されたのを感じます。

3　ムーラ・バンダを引き締めます。呼吸のコードの千の微小なストローの呼吸のように、地中から両足、両脚を通して呼吸と共にエネルギーをあなたのコアに吸い込みます。息を吸いながらコアをエネルギーで満たします。両手はマットにグラウンディングさせますが、肩甲骨が耳の方に寄らないようにします。肋骨の横の筋肉（広背筋）を胸の中心に向けて包み込むようにしてハートのあたりを引き締めます。これにより手がしっかり床についたのを感じます。

4　目をしっかり上目づかいにして目の裏側の緊張を感じながら、頭上に息を吐きますが、同時に両腕から手、大地にも息を吐きます。

5　次に息を吸うときには、目を上目づかいにしたまま、頭上六十センチほど先からと手がマットに接触しているところから六十センチほど下からも息を吸います。息が頭と脳の中心、喉、胸を通るようにし、同時に、息が腕を昇り、肩からハートに流れるようにします。そしてこの混じった息がすべてお腹に行くようにします。ハートを引き締めて、いい気持ちを感じましょう！

6　息を吐くときには、ムーラ・バンダを引き締めて、背骨の末端から脚を通じて吐き出します。両脚をしっかり関与させたまま、手足の四点をしっかり床に押しつけます。

・第三のチャクラを統合させるためのその他のヨガのポーズ

下向きの犬のポーズと並んで化学のコードのワークの効果を高めることができるアーサナが下記のポーズです。あなたが注意を向けたいところを引き締めることにも役立ちますが、そのあとではそのポーズでリラックスすることも有益です。各ポーズで呼吸のコードの実践法を利用して、ご自分の判断で練習しましょう。

- ショルダースタンド・肩立ち（サーランバ・サルヴァンガーサナ）
- 子供のポーズ（バーラ・アーサナ）
- 高貴な戦士（第4の戦士）のポーズ（ヴィパリータ・ヴィラバドラーサナ）
- バランシング・ポーズ

あなたは自分の真の本質と、本当のあなたを体験することからあなたを遠ざけているものを解放／統合する方法をたくさん学んできました。魂で満たされた自己の表現と拡張を促進するように自分の思考、感情、そして食物さえも処理する方法を学びました。

次に、最後のエネルギー・コード、スピリットのコードではあなたの本質的な自己であるあなたのコアにつながるとどうなるか、そのつながりを保ったまま生きるとどうなるかを学びます。

第十章　スピリットのコード　たくさんが一つになるところ

何年も前、私がすでにエネルギー・コードの実践法を使いはじめて、それが私や生徒たちに驚異的な身体的な癒しや精神的、感情的なシフトを起こすことが分かってからしばらくたった頃に、私はヨガを日課にする気になりました。うれしいことにヨガは実際に私の回路を起動させ私のからだの化学、エネルギー・フィールドと私の魂で満たされた自己（ソウルフル・セルフ）についての情報を解釈し統合する能力開発を促進させてくれることが分かりました。

ヨガのポーズをしてからだのどこかに緊張を感じたら、そこを引き締めてそこの組織と接触します。そしてそこに息を「通す」のです。ヨガのクラスでは緊張があるところに息を「吸い込む」ように教えられましたが、息を「通す」のは全く別でした。それまで私がやっていたことでは対処できなかったコミュニケーションの接続回路を構築できるからです。そうすると緊張はすぐに解け、より力強く、スタミナをもって、より容易にそのポーズに深く入れました。強くなっているのにからだはより軽く感じるようになりました。

ある日、私は早起きして、通っていたヨガ教室まで三十分ほど車で行きました。私はとくに気に入っていた先生のクラスに出たかったのです。けれど、着いてみるとその先生ではなく代理の先生がいました。私はがっかりしました！　エネルギー・コードの原則を実践し、教えてもいましたが、私は既成概念、先入観、予測の虜になっていて、期待過剰になっていたので、計画通りにいかないことに失望したのです。

　その先生のクラスは前に出たことがありましたが楽しめませんでした。彼のクラスがよくないわけではありませんでしたが、彼のペースはそのときの私の好みよりかなり遅かったのです。クラスの最初の数分間は、私は不満を感じ、考えごとをしていました。「これは私が今日望んでいたことではないわ！」そして、十分くらいたってから、私はこう考えました。「スー、馬鹿げてるわよ。今朝六時よ。五時に起きて三十分も運転してここに来た。次の一時間、完全に不満な状態でいるか、お手上げするしかないでしょう。すべてはあなたのために起こることは覚えているでしょう？」そう考えて、私はそのクラスのいつもよりゆっくりとした意図的なペースに身を任せました。

　先生の指示のペースに合わせて呼吸をゆっくりさせ私のコアに落ち着くと、指示された動きが目新しく感じ、役に立つことに気づきました。三つの異なるポーズの流れを繰り返していると、私のマインドは私の内側でも外界の部屋の中でも完璧な存在になり解放されました。先生の声は聞こえていましたが、同時に深いコアの自分自身の内なるバージョンにも驚異的なほど同調していました。

　突然、私は私の体内にもやのような白い物質がぶら下がっているのに気づきました。目を閉じると、そのエネルギーが保っているポーズに対応するパターンになるのが見えました。そして私がゆっくり次のポーズに移りだすと。そのもやのような物質は意図的に動きはじめ、私が充分に落ち着けば、それまで体験したことはないポーズをワクワクするようにきめ細かくできるように導いてくれました。

そしてそのパワフルな存在が叡智の感覚で私のシステムを次のポーズに導いてくれました。私は細胞レベルでそれがヨガの起源だと分かりました。内側でなにかがただそう悟ったのです。ポーズは私たちの真髄によって導かれたもので、意図的にそのポーズをとることで、私たちはこの古代の叡智により容易にアクセスできるのです。

私はスピリチュアルなバージョンの自分自身を目撃していたので、ただ動きをとめてそこにいたいと思いました。このエネルギーを私の気づきに導いてくれたのは私のフォーカス、意図、降伏、呼吸と私のからだの動きの完璧な組み合わせであることはわかっていたので、それを維持したかったのです！　私は先生の指示通りではなく、ゆっくりと動きました。私の内側で起きていることへのフォーカスを失いたくなかったからです。皮肉にも私にとってはゆっくりすぎるクラスを教えていた先生が、いまは速く動きすぎているように感じました。

この状況はいかに私たちが人生のペース、物事が私たちに届けるスピードを受け入れ、起きていることを信じてそれを完璧にするよう協力しなければならないかをみごとに物語っています。そうすることにより私たちはワンネスのスピリチュアルな波動の中でしっかり生き、私たちが創造者として生きる能力とチャクラとブラフマンの洞窟の重大な要素やその他の高度な脳の中心を積極的に使えるようになります。外界の人生の展開を信じて協調しつつ、同時になにが起きているのかの内なる気づきが得られるのです。私たちが呼吸の仕方、そこに存在する仕方を学び、内なる世界と外界を同時に尊重すれば、魂で満たされた自己としてたやすく人生を過ごしはじめられるのです。

そのヨガのクラスのことを後で考えてみて、私はマインドとからだと呼吸と動きのコラボにより、以前は完璧に静謐な瞑想でしか到達できなかった微細で統括的なバージョンの私自身を体験できたことを認識しました。私自身の微細な波動をより認知できるように、より多くの回路を起動させられたのです。そしてこの波動は私の意識的な努力なしでの、自動的な、新たな回路構築の過程を生み出してくれました。以前にはちょっとしたこと（たとえばヨガの先生の指示や室内でのその他のこと）に気が取られて集中を少し欠くことになり、異なる「ラジオ局」にダイヤルする微細な現実を感じるといったことには気づかなくなっていました。けれどそうしたレベルの統合をみつけられれば、同じことを他人にも教えられると気づき、私の心は弾みました。

この出来事の後に私は自分の生徒にも、動きの最中にもやのような、白いスピリットのような物質にダイヤルをあわせ、自己の深い感覚に落ち着く方法を教えるようになりました。すぐに彼らはヨガマット上でも外でも、より深い認知ができるようになりました。私たちは実感を伴ったスピリチュアルな存在であることに気づき、自分の真の本質の現実を見ることができるようにマインドを訓練すればよいだけのことなのです。

✣スピリットのコードとは？

「私はあまりスピリチュアルではありません」という人によく出会いますが、それはあり得ません。私たちはスピリットでできているのですから。スピリットはエネルギー。体内ではスピリットは息。真のスピリチュアリティは宗教的、神秘的というよりもっと実感しやすいものなのです。それは日々、一刻一刻起きている、マインドとからだとエネルギーが一体となった一つの領域――魂で満たされた自己への融合なのです。

このような自分自身の一体化に関わり、その一体性から行動を起こせば、「スピリチュアリティ」は私たちが体験し、表現し、生きたものになります。自分の人となりと切り離せないものになります。マインドを自分の勘、直感に導けば、スピリチュアルな人生を生きられます。スピリチュアルなエネルギーに自分が導かれているのではなく、自分がスピリチュアルなエネルギーなのだ――スピリットが「現実」の私たちで、それは私たちが見つけたり使うものではないのだと認識すれば、**スピリチュアルな存在**として行動を起こせます。

自分のからだのシステムの中で常に湧き上がっている深いコアの叡智と簡単につながることができるツールを提供することにより、この真実に私たちが安定する役に立ってくれるのがスピリット・コードです。このコードでは、自分のエネルギーを感じて管理するだけではなく、エネルギーが孤立したものだとみるのをやめるようにマインドをフォーカスします、いつも一緒にいる二人が、お互いが言いかけた文を途中から引き受けて終わらせるように、調和を達成するために一方から他方に合図する必要はなく、両者ともに同じ一連の意識に存在しているのです。

これが私たちの究極の目標です。マインドとスピリットがとても親密に安定して協力しあい、一つになるのです。このワンネスが量子の転換です。魂で満たされた自己が完全に防衛的人格に浸透し、マインドとからだが魂に仕えるという適切な役割を担い、この世界で魂はマインドとからだを通じて表現するのです。この融合の結果が愛に満ちパワフルに人生に関わる魂で満たされた人格です。

達成したりコントロールしたり他人を喜ばせようとする代わりに、私たちはそのままでよく、人生は安全なだけではなく常に私たちのために展開していることを私たちはすでに知っています。実際、考える必要は全くないのです。人生はただ私たちが生きるためにあります。このリラックスした場所から私たちはどんなペースでなにがやってきてもしっかりと存在し対処できます。さらによりよい反応の仕方を探すのではなく、創造することができるのです。躊躇せず疑うことなく私たちは人生体験を生み出せ、そうした体験が今度は自分の真髄たる本質と、ここにいる真の目的をもっと明かしてくれるのです。

防衛的人格で生きていれば、私たちは五感で外界にフォーカスし、ときどき勘や腹の虫を働かせます。しかし、内なる世界に注意を引き戻せば、私たちはより深遠な真実が常に自然に明かされていることを認知できます。第二のチャクラから中央脈管を上昇するこの真実は常に私たちのものでしたが、私たちのマインドがどう人生は「あるべきか」といったことに気を取られすぎていて認知できずにいたのです。

マインドが魂で満たされた現実に気づき、それを深く信じはじめれば、常に湧き上がっている進化の過程により素早く気づき、解釈できるようになります。すぐに、すべての思考、行動、反応には深い知の裏付けがあるようになります。私たちの反応はコラボになり、新たな可能性を実質的には協同創造し、実現することになります。私たちがエネルギー・コードで開拓しているのはこれで、そうした認知が自然に本能的にできるようになります。外界からのどんな合図よりも大きく響くようになるように、そうした信号を感知する回路をもっと構築することなのです。そうすれば、マインドが受け取る魂が満たされたコミュニケーションに基づいて意識的に行動を選ぶ（または行動しないことを選ぶ）ことでこの仕組みを堅固にできます。私たちの生来の叡智と真実に従ってこのように人生を生きることが魂で満たされた自己としての人生なのです。

私は三十年間にわたって、あちこちを旅しながら数万人に講演してきましたが、自分の勘に従ったことを後悔している人には会ったことがありません。勘が働いたがそれを無視して後に「後悔した」という声は数千回聞いたことがあります。この数字を参考にすべきなのです！

どうしてよいか分からなくなったという瞬間は私たち誰もが体験します。もし自分のコアに直接注意を向けられていたら、信号が湧き上がってきて、より高次な道に導いてくれたことでしょう。けれど、私たちはそうした注意の向け方の訓練は受けておらず、そうした勘を受信できませんでした。その代わり、おそらくは防衛的人格の限定的な精神的、感情的、感覚的な情報に基づき意思決定してきたでしょう。そうした選択の結果はまちまちですが、自分の内なる知にアクセスして導かれた結果とは通常は異なるはずです。スピリット・コードでは、からだとマインドとスピリットの完全な統合を目指します。その結果、自分が向かう方向が明快で確かになり、必要に応じて指示が無理なく得られるようになります。なぜなら、そこで生きているからです。

けれど、あなたがからだとマインドと呼吸とエネルギーを完全に統合しても、ときには勘を求めることになり、そこにはないこともあるでしょう。どんな信号も感知できず、ただ中は空《くう》のように空洞で暗いのです。それには正当な理由があるので、自分は不出来で、不適切で欠けているから真実に従う能力が育たないといった古い筋書きを自分に語りはじめないようにしましょう。その理由はあなたが創造の空の中にいるからなのです。

・創造の空に足を踏み入れる

人生体験は一直線上に進むと多くの人は信じています。けれど実際には、複数の円を描きながら展開しているのです。事実、お互いの上に積み重なり、上昇する渦巻のようになっています。各円を巡る旅で、そのサイクルを終えてより高次の地点に到達し、全体性に向けた私たちの可能性に一歩近づきます。私たちはこのようにして進化するのです。私はこのシステムを人生のサイクル、そしてより大きなものは進化のサイクルと呼びます。一つのサイクルが完了すると次の進化の過程に移れるのです。

このサイクルには三つの部分、言い換えれば段階があります。最初に私たちは**創造します**。新たな信号、新たなインスピレーションを受け取ってそれを現実にするイニシアティブをとります。この段階では、私たちはビジネス、人間関係、子供、芸術作品、音楽作品といった新たなにかを世界に産み出します。次は**持続**の段階で、「プロジェクト」はその役目を果たし、私たちはその恩恵を得ます。ここでは私たちは貢献し、生きている実感を感じ、富や成功も得られるかもしれません。そして、そのプロジェクトが役割を終え完了したら、私たちは充足感や完結感を感じ、次に進みたくなります。**持続**のサイクルで体験したことに執着していなければ、最後の段階の、**解体**に移れます。そこではプロジェクトは終わり、新たなサイクルを始めるためには、それを手放さなければなりません。

通常私たちにとって問題となるのがこの**解体**の段階であることは驚くに値しないでしょう。自分がサイクルの途中にいて次がすぐ始まろうとしていることに気づかず、自分がいま立っているところから先が見えなければ、手放すのは困難です。サイクルを進みながら自分の深い真実と完全に一体化して存在しておらず、それがどう自分の進化と拡張に寄与してくれるかを認識していなかった場合にそ

人生のサイクル

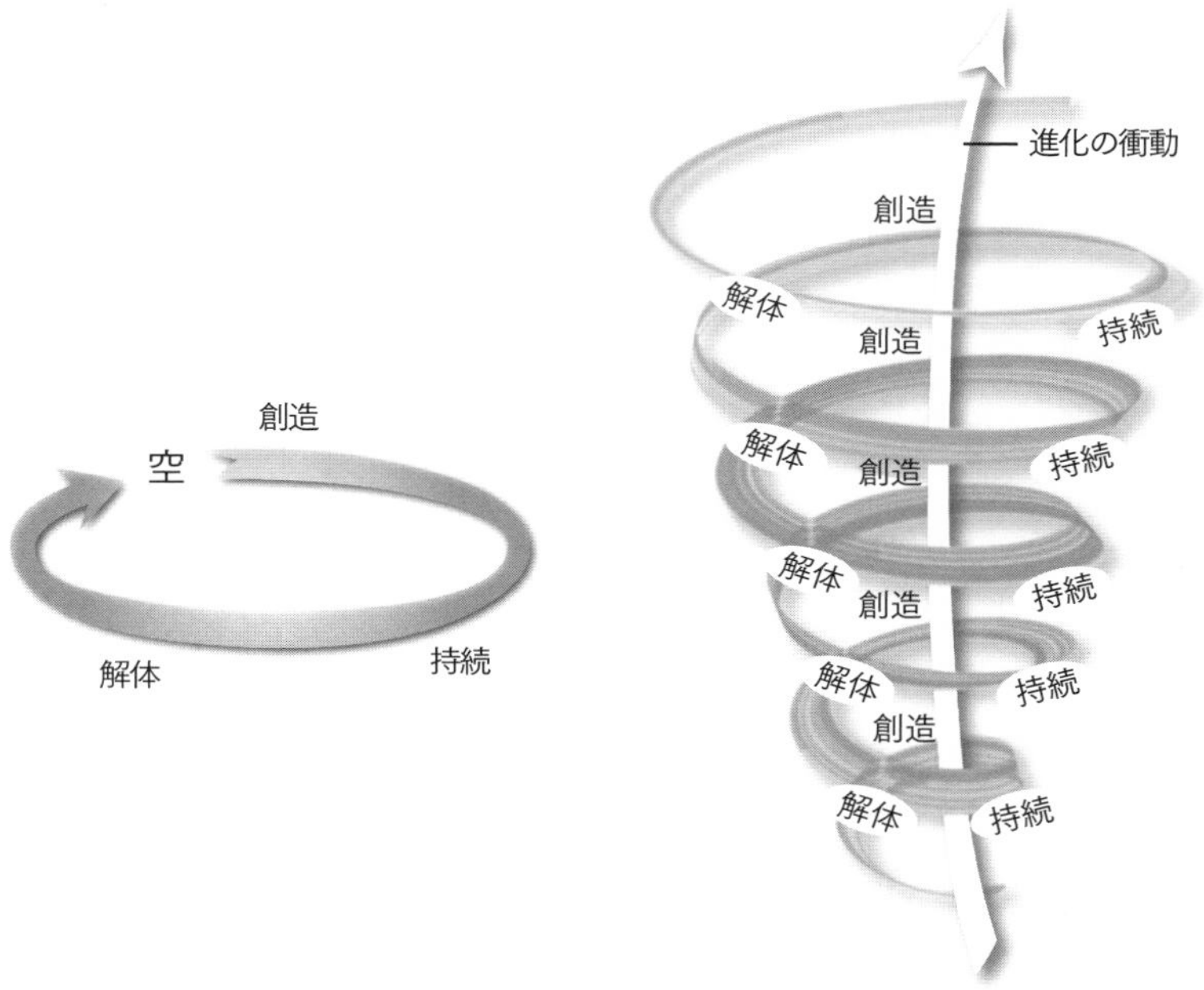

れはとくに困難です。

手放すのが最も難しいのは人間関係です。恋愛関係や友人との関係、職場での人間関係を長く続けすぎた経験は何回くらいありますか？　それは自分にとって最善と知りながら、別れられずにいたことはどれだけありましたか？　なにかを構築するときには私たちはそれを永遠に続かせたいと考えます。けれど、愛は永遠とは言うものの、物質世界における認知はそのサイクルが完了するまでしか続きません。

同じサイクルを回り続けるという選択肢はないのです。心地よくない段階を避けることはできないのです。しかし、そうした段階を防衛的人格として生きるか魂で満たされた自己として生きるかの選択はできます。

もちろん、私たちの目標はなるべくたくさんの回路を目覚めさせて魂で満たされた自己として人生に臨み、その体験にフルに身を任せることです。そうすれば、「私は人生に臨み、すべてを捧げた。なにが起きても起こるべくして起きたのだ」と言えます。一方、引き下がってすべてを捧げなければ、手放して先に進むことは難しく、次の創造の衝動が湧き上がる準備がしにくくなります。

いったんこの進化のサイクルが起こっていることに気づき、私たちの創造的な本質は常にこの星の上で生まれ変わり続けているのだと認識すれば、その流れに任せることは安全だと認識しやすくなり、各進化の衝動が湧き上がるのを許し、認知しやすくなります。

たとえ私たちがサイクルの全段階をフルに受け入れても、サイクルの終わりは実際にはそれでおしまいではないと分かっていても、創造の空に遭遇することはありえます。空は休止、静止、一つのサイクルが終わり、次が始まる前のオープンスペースです。この場所では次になにが起きるかの勘と内なる知を自分の内側に探してもなにもみつかりません。自分が誰かも分からないように感じるかもしれません。私たちはどこにもつながらず、いくつかの心拍の間、サイクルの外側で、可能性の中に浮かんでいます。

これは正常なのです。私たちが空に到達したら、それは私たちが古い境界の端に来て、それを乗り越え、未踏の自分自身の部分に足を踏み出したからです。魂で満たされた自己にとっても参照にするものはないので、直感はまだ導いてくれません。私たちは空、未知に座することに慣れ、それに身を任せることを学ぶ必要があります。それにより次の創造への準備ができるからです。古代の東洋の伝統の一部では、すべては同時に存在する、としています。すべての波動を一緒にした音であるオームの音、そして「内なる音」のナダ、それに呼応する沈黙は共に空の象徴です。この「無」にいることに快適になれば、自己をフルに表現する量子の転換が可能になります。

これを学ぶのは重要です。それは皮肉にも空は豊かさでできているからです！　その内側になにか特定のものを確認することは不可能です。無は欠けているか不在だからです。したがって私たちの仕事は、その広大さの中にあるものに意味を与え、アイデンティティを与えることです。言い換えれば、可能性のビュッフェから私たちが欲するものを創造することなのです！

この章の実践法とツールは過去に執着せずに上手に空を通過して人生の次の創造の過程に進む役に立ちます。これをより容易にできるほど、魂で満たされた自己の本質に安定した状態に留まれ、あなたの真の自己を表現するための回路が構築できます。恐れや疑い、不確かさで防衛的人格に引き戻されることはなくなります。究極的には自分の体験のすべてが自分の味方で自分をさらなる成長に導いてくれるものなのだと信じ、恩寵に満ちた状態で生きることをスピリットのコードで学びます。苦しんだり悼んだり、疑ったり、またはその他のやり方で人生の自然のサイクルに抗うのではなく、体験のすべてを受け入れることにより、あなたはより素早く成長し統合でき、真に欲することを実現させられます。

このコードの戦略は、過剰に働きすぎているマインドを鎮め、魂で満たされた自己に注意を集中させ、しっかりそこに存在し、常に湧き上がる衝動を自己認識できるようにします。このコードはこれまでの一般的なエネルギー・メディスンの研究が到達した以上のところに導いてくれます。自分のエネルギーを自己と認識し、そこから生き、とても異なる現実を創造します。分離はなく、自分は実際にスピリットでできていて、自分がスピリットなのだと知るほど、エネルギーとして自己認識できるほど、新たななにかに進むことを安全と感じる前に他人からの合意を必要としたり、疑問を感じたり、不審に感じて思い直すことなく、行動が取れるのです。スピリットの自己からの情報を常に解釈して物質世界の人生に活かせば、私たちは天を地上に誘えます。私たちは天と地の分離がない天地に生きる真の創造者になるのです。

❖スピリット・コードの実践法

・実践法1　あなたの瞑想法を見つける

あなたを本当の自分に導くことが仕事だと認識するようマインドを訓練するには、まず、本当のあなたに耳を傾けなければなりません。私たちが求めているこの「あなた」はあなたの奥深くで、真のまがいのない魂で満たされた自己として存在するあなたで、ハートの中心ではそれが自分自身だと知っているあなたです。ピュアな真実で充足した人生を生きるには、あなたのマインドは常に安定してこのバージョンのあなたを参照し、そのあなたに仕えなければなりません。そのためには、常に思考するだけではなく、本当のあなたが明かしていることを認知するという本当の仕事ができるだけの長さ、スローダウンすることが必要だとマインドに教える必要があります。

それには常に考えすぎをいまの習慣にしているマインドを毎日邪魔するために、時間を使えばよいのです。究極的にはマインドの訓練には子犬を訓練するように反復が必要ですが、エネルギー・フィールドは一瞬で変えられることを覚えておきましょう。あなたの目的はその二つを協力させて、変化を長続きさせることです。この訓練は長期間する必要はありませんが、最初のうちは定期的に実践する必要があります。高速扇風機のように急回転で思考するマインドをスローダウンさせ協力体制にさせるための最善の方法は瞑想です。

瞑想では私たちはフォーカスを外界から引き戻して内側に向け、真の自分、魂で満たされた自己に耳を傾けます。これまでエネルギー・コードでしてきたことに似ていますが、今度はエネルギー・フィールドを（私たちと切り離されたなにかのように）認知する代わりに、私の場合にはヨガの教室で起きたように、真の自分を自動的に認知し解釈できるように、マインド（それも私たちです！）を訓練し調教することにフォーカスします。

思考するマインドを思考から解放するのはもちろんのこと、スローダウンさせるだけでも容易ではありません。防衛的人格としてのマインドがしたいこととは矛盾するからです。瞑想の実践法のなかにはあなたに向くものと向かないものがあります。描かれたり書かれたものを見る視覚的な方法の方が学びやすく覚えやすいという人もいます。からだを使って運動学的に学んだ方が学びやすい人もいます。インストラクションや説明を音声で聞きながらの方が学びやすい人もいます。

次に紹介するのは主な学習法に基づいた特定の瞑想法です。あなたがすでに設定済みの回路を利用するものです。理想的には毎日二十分瞑想するといったように定期的に継続的に実践すれば、魂で満たされた自己に耳を傾ける必要があるときにマインドを静止させられ、内なるガイダンスに常にアクセスできるための回路をさらに構築する役に立ちます。

あなたが視覚型なら、次のような瞑想法を試してみましょう。

1　快適な状態で座り、目の前のキャンドルに火をつけます。タイマーを五分間に設定します。

2　数回、ゆっくりとお腹から呼吸して、次にムーラ・バンダ、ハート、喉と目の安定ポイントを引き締めます。

3　ゆっくりそっと中央脈管呼吸をしながら瞑想します。

4　次に、ただキャンドルの炎を見ます。目標は五分間の間中、しっかり炎を見ながらフルにそこにいることです。つまり、どうしてもあなたのマインドに浮かんでくる思考を邪魔しなければならないのです。思考が浮かびはじめたら、「あとで考えることにする。いまは、キャンドルの炎だけ。他にはなにもなし」と自分に言います。次の思考が浮かぶまでに、数呼吸はできるかもしれません！

瞑想の目的は思考しないようにマインドを訓練することです。そうすれば、内側で目覚める深遠な存在を認知でき、マインドの過剰な働きにコントロールされずに外界でフォーカスすべきことを意識的に選べるからです。「私がやっていることは正しいのかしら？」、「私にはできない」、「そんなバカな」といった思考は一般的で完璧です。なぜなら、それはどれだけマインドがショーを操っているかを示しているからです。ですから、繰り返しますが、思考が浮かんだら、ただ、「だめ、いまはできない。いまは、ただキャンドルの炎」と言えばよいのです。マインドに視覚的なフォーカスの対象を与えれば、魂で満たされた真のあなたを認知するという本来の役割を果たしやすくなるでしょう！

あなたが体感型なら、次のような瞑想法を試してみましょう。

1　快適な状態で座り、数分間ゆっくり呼吸します。中央脈管を通して息を上下させようとはせず、ただ息に注目し、それが自然な動きで鼻から鼻孔の奥深くに入り、喉から肺の下部まで下る様子に注目します。

2　数回呼吸してから、そっとゆっくり、ハートを引き締め、次に喉を引き締めます。そっと呼吸に注目し続けます。引き締めたあたりを息がどう通過するかを、まるであなたが体内でその息と一緒にいるように、しっかり感じます。たとえば、鼻孔を通る息の冷たさや温かさを感じるかもしれないし、鼻に入る息の流れに気づくかもしれません。息を吐くときには、喉や肺でなにが起きるかに気づくかもしれません。息は上昇するときの方が分かりやすい場合もあれば、下降するときの方が分かりやすいこともあります。各瞬間、各動きごとになるべくたくさん認知しましょう。

3　次にゆっくりと四、六、八と数えながらゆっくり息を吸い、意識的に呼吸を長くしはじめます。次の同じ数だけ息を吐きます。究極的には十、十二、十四まで数えられるように、またはそれ以上に呼吸をゆっくりにします。吸う息と吐く息の長さは同じにして、からだ全体を息が旅するのを感じるようにします。最初のうちは数を数えるのが役に立ち、また必要でもありますが、この実践法を定期的に続けていれば、数を数えなくてもあなたのシステムがリズムを感じて認知できるようになります。

このように呼吸を追跡する役割をマインドに与えれば、体感型の人はいつもの「暴走列車」のようなマインドの邪魔をし、魂で満たされた自己というコアのエネルギーの流れに着地する機会を与えられます。

あなたが聴覚型なら、次のような瞑想法を試してみましょう。

1　邪魔されない場所で静かに座ります。

2　特定のエネルギーの共鳴をもつシンプルな言葉やマントラを選んで何度も繰り返し唱えるか歌います。瞑想でよく使われるマントラの一つは「宇宙の音」の「オーム」です。「サット・ナム」は「真実、アイデンティティ」、「私は真実」を意味します。「オーム・ナマ・シヴァーヤ」はシッダ・シヴィズムでは「宇宙の意識は一つ」を意味します。「ハレルヤ」、「アレルヤ」、「私は私として存在」、またはシンプルに「私という存在」でもよいのです。

3　続けて百回以上、または最低五分間以上は好みのマントラを歌うか唱えるか、また（その方がよければ）心のなかで言います。マントラのサウンドがあなたの気づきに先立ち、マインドが落ち着いてくるのを感じるでしょう。最終的には二十分間くらい続けるようにします。

マインドの気がそれだしたら、ただそっとムーラ・バンダを引き締めて、気を取り直してやり直します。

聴覚が強い人はマントラの復唱によってとても楽に瞑想できます。言葉やフレーズを繰り返すことでトランスのような効果が生まれ、マインドの静止を助けるのです。そのサウンドがあなたのシステム中に響き、あなたは自分の体内にいる感じがして、それが「シーンの背後の存在」へのあなたの気づきを助けます。マインドとして自己認識しなくてすむような見方ができるようになるのです。マントラを口に出さずに「言ったり」、心の中で意図するだけでも、聴覚を使った学びによく反応する回路が活性化し、マインドは静止します。

瞑想中に自分のコアにそっと存在する能力を完璧にマスターできたら、こうした三つの実践法から最大の恩恵が得られるように意図的に筋肉をリラックスさせましょう。

また、アー、ア、エー、オ、オーといった深い母音のサウンドは私たちのエネルギー・センターをオンラインにしはじめることにより、私たちの意識の目覚めを促します。第二部のエネルギー・コードのチャクラの表で見たように、各チャクラはそれぞれ特定の音階と関連し、同じ周波数で波動しています。そうしたこともあって私たちは音楽を愛し、ハミングや口笛を吹いたり歌ったりしたくなるのです。特定の波長の波動に晒されているからです。とくにクラシック音楽は私たちが喜び、若返り、インスピレーションを感じるフルの「キーボードの活性化」の状態に私たちを導きます。それはたくさんの周波数の波動が同時に異なるリズムで放たれ、チャクラをとても満足のいく充実した方法で活性化してくれるからです。東洋の文化のマントラのような異なるトーンのサウンドや波動も、意識をはっきり目覚めさせながらも静止と存在性を増すようにエネルギー・センターを活性化してくれます。こうした様々な理由からマントラや音楽で、からだを通じて波動を調整すれば異なるエネルギー・センターとそのレベルの意識の統合性と調和が高まります。

瞑想を学ぶ人々から最も頻繁に聞くコメントは「瞑想しようとするのですが、私のマインドはすぐ考えはじめるのです」というものです。それは正常で、だからこそ瞑想すべきなのです！　すぐに判断しようとせずにその体験を受け入れ、魂で満たされた自己と思考するマインドの間のよりよい関係を構築しましょう。その過程を愛おしんでください。

一週間に三回でも四回でも瞑想すれば、こうした瞑想のエクササイズは絶え間なく流れる思考を止め、思考する意識を超越したあなた自身を体験し、私たちすべてが求める存在の深遠な状態が体験できます。自分の思考の「合間」に入れるように天井の扇風機の回転をゆっくりにして、そこになにがあるか見てみる必要が私たちにはあるのです。

次の実践法ではいくつかのパワフルな個々の要素を一緒にして、魂で満たされた自己へのシフトに役立つ動く瞑想を創造します。

・実践法２　中央脈管呼吸をしながら自然のなかを歩く

自然のなかではあなたはよりリラックスしています。ストレスは消え、自分に対して心地よくなり、あなたのなかの偽の部分が落ちて消えたかのように、「真の自分」でいられる感じがします。ウキウキと楽しく感じ、たぶん、頭もスッキリするでしょう。

自然界のエネルギーは私たちをなだめて生き生きさせ、最も創造的な思考を支援してくれます。防衛的人格の生き残りのための生理反応から、魂で満たされた自己の創造的な生理反応にシフトさせてくれるのです。自然のなかを歩けば、そのエネルギーが私たちを鎮め、リフレッシュさせ、自分自身の美しい表現にグラウンディングさせてくれます。自然の波動の共鳴のなかでは、身体的にもエネルギー的にもこの星で最もパワフルなイオン交換環境が、量子の転換に向かう私たちを支えてくれます。

このコードのこの時点までのワークの多くは、エネルギー・フィールドと中央脈管呼吸に働きかけながらの座っての瞑想でした。このツールは私たちを動かし、私たちの真の真髄のバージョンを生きさせる支えになってくれる回路を潜在意識に構築する助けになります。瞑想に引きこもって魂で満たされた自己の美しい静止にアクセスするだけでは充分ではないのです（もちろん、それはよい出発点ですが）。究極的には私たちは魂で満たされた自己として生き、リアルタイムに毎日の暮らしでの動きにあわせられるようになります。ただ真の自己が瞑想的な空の中だけで存在するのではなく、物質世界での私たちの体験全体を変えることができるのです。

自然のなかで歩くのはエネルギー・コードのワークにとって完璧な行動です。自然の波動が魂で満たされた自己の波動なのです。私たちは自然から切り離されてはおらず、自然は私たちなのです。自然のなかで時間を過ごせば自分の真の波動を見つけて自分の内側で調和できます。中央脈管呼吸によって自分のエネルギー・フィールドへの気づきを深め、真髄たる自己を目覚めさせるための新たな回路を創造し、全体としての自分を認識し、そう生きることから私たちを妨げている、分散しポケットに詰まったエネルギーを統合できます。この二つを組み合わせ、ウォーキングの自然で規則的な動きを足せば、からだと脳と呼吸はさらに高次に変質します。

中央脈管呼吸をしながら自然のなかを歩くやり方は次の通りです。

1　森、野原、海辺、川辺、山中、または自宅の近所でも、自然界と接触できる場所を選びます。

2　第八のチャクラ、また北極星とも呼ばれる頭上六十～七十センチくらいのところに意識を向けて、両手をまっすぐ頭上にあげて、指を鳴らします。そのスペースを記憶します。このチャクラがあなたの人生の目的の高波動のエネルギーの住処です。

3　あなたの基盤となるエネルギー・コードの四つの安定ポイントを使って中央脈管呼吸を実施します。息を吸うときには呼吸を安定させる新たなポイントとして北極星も加え、脈管に息を上下させます。いつもと同様、よい気持ちを感じましょう。

4　あなたの周囲の美しい自然界とあなたの内なる世界の感覚の波動をマッチさせます。内なる聖域が求めるものとして外界の聖域を参照するのです。その二つを一致させましょう。とても素晴らしいエクササイズです！　私の先生の一人はこう指示しました。「毎日一時間は自然の中にいなさい」。それは私の体現に深く役立ちました。

自然の元素は私たちのシステムの側面、進化のサイクルの段階と呼応しています。たとえば、水は感情体の元素で、進化の過程の創造の段階に関連しています。水の流れはとくに滞ったエネルギーと創造性を流れさせてくれます。地はルート・チャクラの元素で、進化の過程の持続の段階に呼応します。森のなかで歩くことには多大なグラウンディングとバランスをとる効果があるのです。火の元素は太陽神経叢の精神体、進化の過程の解体の段階に関係しています。古いパラダイムを焼き尽くし、精神上の影の部分に光をあててくれます。気（風として）の元素は創造の空に関係しています。拡張を許し、高密度のエネルギーの分解により新たなサイクルの出現を助けてくれます。

こうした元素が一緒に私たちのエネルギーの統合を助けてくれます。たとえば、先住民が火のまわりで踊るときには、明快なビジョンが得られるように高密度なエネルギーと精神的なブロックを焼きつくしながら、文化と思い出の共有にグラウンディングするのです。私たちが山の頂上に立つときには、時間が止まって、空のなかに足を踏み入れたように感じるかもしれません。

でも、それでいて、数百万年かけて生態系として循環する山に支えられているのです。

私たちが統合し、より多くの回路ができれば、自分の中で湧き上がる進化の衝動をより正確によりホリスティックに解釈できます。私たちの欲望は内側で目覚めたビジョンによるもので、魂の目的のより高次な場所から選択ができるようになります。全体性に基づいているので、私たちのアイデアは先進的で創造的になります。そして、その全体性と統合性を毎日の日常生活に活かし、魂で満たされた自己としてよりフルに生きられるようになるのです。

そうです、こうしたすべてが海辺や森のなかをただ歩くことから始まるのです！

・実践法3　マインドフルで思考レスな存在

マインドが忙しく駆け巡っているときには私たちはしっかりその場にいません。未来か過去のどこか他の場所にいるか、マインドレスに習慣的に情報を処理し、予想がつくから、または馴染んでいるから、といったことから自分を特定の状況に落とし込んでいます。自分の予測を買ってしまうのです。人生が自然に展開する間を与えずに、既知の帰結や時期尚早の結果に至るのです。これを変えるには、あまり考えないようにする「思考レス」の新たなパターンを育成しなければなりません。

私の人生はこの素晴らしい例といえます。

予測から現在へ

数年前、私が魂で満たされた自己として生きはじめる前には、朝目を開けた瞬間から、私のからだはその日に体験するはずのすべての緊張を抱えていました。クリニックを運営し、他の医師やスタッフを管理し、患者の診察をこなし、父の実践法を教え、といったすべてをこなすための慌ただしいタイムレースを続けていたからです。足を床に着ける前に私はすでにハイ・パフォーマンスのモードになっていました。私は自分のからだのなかにハイ・パフォーマンスのストレスと多忙さのエネルギー的なパターンができていたので、それに従って毎日展開するしかなかったのです。

これが自動操縦というものなのです。成長の余地がどこにもありません。創造性や自発的な喜びの余地がありません。真のあなたである魂で満たされた自己が出現し、認知される余地はありません。あなたが自動操縦にまかせていれば、地球に来たときに意図したような人生は決して送れません。

このプログラムから抜け出すには、自分のコアに深く落ち着き、自分がいる現在の瞬間に完全に入ります。結局のところ、あなたが今現在の瞬間にいれば、そこには問題は存在しないのです。この異なるエネルギーを有効に活用しましょう。

今日では私は起きたときには、その日のことを少しでも考え出す前に、行動に移るように意図しています。私のマインドがなにかを理解したり解釈したり、予測したり、分析したり、分類しようとしたときにはただ中央脈管呼吸に意識を落とします。呼吸と自分の魂で満たされた自己の愛すべき存在にマインドを完全にフォーカスさせて、ただ生きるという回路を働かせます。

私の生徒がこれから起こることに対して心配したり動揺していたら、意識を落とし、自分にこう尋ねるように言います。「この瞬間、たったいま、私は大丈夫かしら？　明日はとんでもない日かもしれないし、来週は困難かもしれないけれど、たったいまの私は大丈夫かしら？」

すると顕在意識はこう認めざるを得ません。「たったいま、この瞬間には、私は大丈夫」。では、次の瞬間は？　その次は？　その答えはいつも同じです。

こうしたいくつかの瞬間を歩めば、潜在意識のレベルで新たな認識に目覚めはじめます。いまここに来れば、あなたは大丈夫なのだと。現在の瞬間にグラウンディングせずに先を予測して自分より先走りするから、心配や不安を感じることになるのです。

マインドフルで思考レスの現在を育成するための方法は次の通りです。

1　朝起きたときには、ベッドから出る前に中央脈管をスキャンして自分のからだのどこが活性化しているか、他より気にかかる場所はどこかに注目します。

2　活性化しているところ、またはエネルギーの流れがあまりよくないように感じる部分を引き締めます。中央脈管を通してゆっくりそっとそのあたりに息を吹き込み、統合させます。

3　チャクラの表を見て、そのからだの部分とエネルギー・システムが関係している意識の側面を見ます。日中、意識的にその部分にもっと注意を向けるようにしましょう。あなたの人生でそれがなにを明かしてくれるのかに気づき、それをより拡張してくれるように頼んでもよいでしょう。

4　足を床につけ世界に向かって歩き出したら、その日の活動のなかで、どれだけ完全にいまに存在し続けられるかをみてみましょう。ベッドから起き上がり、鏡を見て、歯を磨き、トイレに行く、といった毎日の日課をしながら、完全にいまここの存在を保ち、未来や過去について考えることはやめるのです。いま実際にしていることにただ喜びを感じましょう。あなたが現在にいればいるほど、あなたは魂で満たされた自己として楽しく生きられます。

はじめのうちは、現在に留まるためにはスローモーションで動かなければならないように感じるかもしれません。けれど、あなたが回路を構築すればするほど、「いまここにいる」ということで人生をより容易に生きられるようになります。これは素晴らしい習慣となります。実践するのは朝一番、マインドが完全に自動操縦にならないうちが最適です。顕在意識と潜在意識はこの時間に最もお互いに同調しているので機能の新たなパターンを創りやすいのです。あなたの毎日によりマインドフルで思考レスの存在を持ち込めれば、たとえあなたが動いている間でも、その深い内なる静止を持続させるための回路をより多く構築できます。

あなたが現在の瞬間に安定し、統合して必要な回路を起動させたら、未来について考えている最中でも現在の瞬間の生理機能が保てます。その瞬間に着いたときにすべきことが正確に分かると知ることで、完璧な心地よさで未来にアプローチできるのです。それは条件も執着も判断も拒否も恐れもなくこの瞬間にアプローチしているいまと同様に、未来にもアプローチできるからです。

・実践法４　魂で満たされた自己に関わるためのパターンを融合する

あなたのからだと人生を最も速く直接的に変えられるのはエネルギーのレベルでです。エネルギーなら他のなによりも速く、明らかに思考や信条のパターンを私たちが変えられるより速く変えられるからです！　思考の巨大なパワーはフォトンに指示し「現実」がこの三次元世界に実現する原因となります。このエクササイズでは、より速く魂で満たされた自己として自己認識し、体現できるように思考とエネルギーに一緒に働きかけます。

自分自身をどう定義するかは私たちが人生に創造するものに実感できる影響を与えます。「私がいます」という言葉を使うたびに、私たちはエネルギーの配列を指示するパワフルなパターンを生み出し、物質世界は実現への青写真としてそれに従うのです。ですから、「私は」というときには意識的であることが極めて重要になります。

いますぐに、「私がいます」と言うときに体内で生理学的にどう感じるかに気づいて欲しいのです。「私がいます」と宣言すれば、確認しようとしていることの資質にはかかわらず、特定のエネルギーが体内を駆け巡ります。防衛的人格で言う「私がいます」と魂で満たされた自己が深く安定させてくれる「私がいます」ではエネルギー的に異なる感じがします。

魂で満たされた自己としての自己認識を宣言をするときにからだを流れるエネルギーのパターンを知って欲しいのです（魂で満たされた自己はあなたのなかの神性の絶対的で揺るぎない存在ですが、防衛的人格は認知、判断、限られた信条の反応的世界を象徴します。この実践法はこの関連しあう二つのエネルギーのパターンを一つにします）。からだのどこでエネルギーのパターンが活発になったかに注目しましょう。駆け巡っている感じがするのはどこですか？　どこで一つになっていますか？　どこで強調されていますか？　この新たな存在のおかげでなにが背景に後退しているようですか？　たとえば、気づきやすいパターンの一つは、部屋に熊が入って来たら戦うか逃げるかの筋肉が働きますが、私たちがコアに移るとからだの外側の筋肉は緊張を解きます。からだの中央脈管にマインドをフォーカスさせ、コアにより深く筋肉を働かせ、そこで呼吸すれば、そうした外側の筋肉は自動的に緊張を解きます。からだの中央の垂直線に整列すれば、身体的にも感情的にもよりセンタリングできます。

私は魂で満たされた自己への個人的なシフトが起こり、内なるガイダンスが統合しはじめたときに、頭蓋骨の中で目の裏の筋肉の働き方が極端に変わったのに気づきました。外側から内側に反応する代わりに内側から外向きに働くための回路を構築しはじめると、定期的に緊張が解けるようになりました。私の第三の目が開くと、エネルギーが見えエネルギー体として生きる異界に頭頂のチャクラがつながりはじめました。

　あなたも自分のコアに包括的に意識を落とすときには両目に注意を向けるとよいでしょう。より容易に筋肉をリラックスでき、目の裏に無理なく「座っている」感じがするかもしれません。

　これに気づいた私は意識的に魂で満たされた自己にシフトする玄関口として目にフォーカスしはじめました。化学のコードの脳のヨガでご紹介した時計回りの呼吸が魂で満たされた自己の真髄のエネルギーの活性化に役立ちます。ヨガの伝統では直視する実践法はドリシティと呼ばれ、特定の目の位置に関係する高次脳中枢を目覚めさせるためのポーズにエネルギーを向け増幅させるために使われます。けれど、この直視の恩恵はヨガのポーズを保たなくても得られます。

　このエクササイズは防衛的人格と魂で満たされた自己を融合させはじめる役に立ちます。そして、究極的にはパワフルに関わり愛に満ちた地球人のバージョンである真のあなた、絶対的で神性なあなたが出現する助けになります。

1　はじめに、防衛的人格を引き出すために、上手だったらと思いながら上手でないことを考えます。たとえば、もっとお金が欲しいとか、身体的によいシェイプで強靭だったらよいのにとあなたは思っているかもしれません。または今日やりたいことがたくさんあるのに、必要な時間が足りない、と考えてみましょう。ただ、あまり心地よくなく、能力があまりなかったら、その準備ができていないことを想像しましょう。こうした思考によってからだで感じるプレッシャーが防衛的人格の存在です。

2　少しの間、そうしたことを想いながら、どんな考えや感情が浮かび上がるかに気づきましょう。こうしたシナリオにフォーカスしたときにからだにどんな感覚を感じるでしょうか？　首のあたりが緊張したり、心臓に流れるエネルギーが急上昇したり、または足に力が入らない感じがしましたか？　エネルギー的にあなたの内側で起きていることをしばらく感じて、覚えておきましょう。

3　次に自己の感覚をより高めるために、背骨、お腹、ハートのあたりにフォーカスして存在できるよう、からだのコアに深く意識を下ろします。外側の筋肉をリラックスさせて、深くリラックスした状態でそこから呼吸します。そうしながら「私がいます」と自分に言います。このようにフォーカスすれば、エネルギーの流れ方が劇的に変わります。

4　どんな異なる考えや感情が浮かんでいるかに気づきます。そして体内でエネルギー的に起きていることを**感じます**。突然しっかりグラウンディングした感じがしましたか？　またはハートのセンターが広大に広がりましたか？　しばらく感じながら、あなたにコアからくる微細なシフトのすべてをマインドに認知させ、心の中に記録しておきましょう。

5　次にこの二つのパターンを融合させます。中央脈管を通して魂で満たされた自己のコアから深く流れるエネルギーを呼吸で吸い込み、緊縮した防衛的人格のパターンに吹き込みます。「一緒」に呼吸します。その二つは一つになりあなたは限定的な思考に関わる古いパターンを解消して、新たな前向きなパターンを生み出します。電磁波のエネルギーがより統合し、グラウンディングし、ゆるぎなく流れはじめます。一日中、限定的な思考をもつ自分を観察しながらそれでも絶対的に健全なところに深く座していることが感じられます。とてもよい気持ちです！　自分を外界と比較する傾向に関する新たなベースラインが設定され、あなたの内なる「私がいます」のガイダンスのための新たな一連の回路が起動します。

このように二つの孤立したエネルギーのパターンをつなげることで、行く先は明快で、問題を脅威と考える必要はもはやない、という身体的な証拠をあなたの潜在意識に与えられます。古い話題について考えるときにからだがよりリラックスしているので、より元気づけられたように感じることをあなたは身体生理的に潜在意識に示せるのです。これはとてもパワフルです！　エネルギーをシフトさせる体験を潜在意識が持てば、成功のフィードバックが得られはじめます。「分かるでしょう。これはシフトできるのよ。このエクササイズによって、防衛的人格のバージョンで喉と肩の大きなエネルギーの緊縮の塊を、私のシステムの元気づける真のバージョンにシフトできた」と感じはじめられるのです。

このスピリット・コードの実践法はからだの生来のコミュニケーション・システムを一方通行の出口から双方向のスーパー・ハイウェイに変え、そこでは私たちは常にエネルギーの流れ方を感じ、即、より触発され勝利に満ちた、または拡張できるなにかに呼応する新たな流れに招き入れます。からだに体験させたいことと合致するように、からだのエネルギーを常に動かし続けたいのです。そうすることで私たちは意識的に変わり、人生を創造し続けるのです。繰り返しますが、これが真の創造者の在り方なのです。からだがどう働くかを認識し、その天才ぶりを利用することで、からだを通じて自分が愛する人生を創造する全能力を私たちは持っているのです。

魂で満たされた自己をからだでどう感じるかが認識できたら、それが自分なのだ、と言葉とエネルギーの在り方の両方で肯定することによって、完全に体現するスピードとアクティブなマインドを劇的に増加させられます。言い方を変えれば、魂で満たされた自己のパターンを体現しながら「私がいます」という宣言や、その他の創造的な宣言をすることによって、限定的な考え方を導いた以前のエネルギーのパターンを解消できるのです。逆で後退的なやり方である外側から内側にあなた自身とあなたの人生を変えようとすることをやめて、真にうまくいく唯一の方法である内側から外側への変革を開始できるのです。

❖スピリット・コードとチャクラの関係　頭頂のチャクラ

頭頂のチャクラとも呼ばれる第七のチャクラはときとして「超意識」とも呼ばれる私たちの本質のより高次な側面に関係しています。サンスクリット語では千の花弁の蓮の花を意味するサハスラーラ・チャクラで、身体を超越した次元へのアクセス・ポイントです。

頭頂のチャクラがより統合されれば、私たちは恐れに満ちて常に考え続けるマインドから出て、思考レスのマインド、超意識にシフトできます。言い換えれば防衛的人格から魂で満たされた自己に移れるのです。執着的な考えは止まります。私たちは安らかで、フォーカスしており、オープンで、利用可能で、批判的でなくなります。これが起きると私たちはスピリット自身として自己認識しはじめ、防衛的人格による偽の自己は崩れ去り、解消され、弱まり、揺らぎ、突然に人生で初めて、気にしなくなります！　隠れ続けられないことも気になりません。エゴイスティックな自分のイメージを維持することは役に立たないからです。弁解したり、口論では最後の一言を言わなければ、といったことは重要に思えないだけなのです。突然、誰かに挑戦されていても、しっかりそこに存在し続けられるようになります。「君の思い通りにはならない」とか「あれやこれには君は不足だ」といった、以前なら口論につながっていた言葉も気にならなくなります。自分の実際のスピリチュアルな源として自分自身のエネルギーに安定し、つながっているので、他人の行動や反応によって飛び出したり、欠けたり、自分が欲するフォーカスや意図を失ったりはしなくなるのです。真髄たる魂で満たされた自己を構築したので、様々な状況での私たちの人格はもはや防衛的である必要はないのです。私たちはただ自分のハートと愛に満ちた存在に留まります。すべてが私たちの神性な目的に仕えるために起きることを知っているからです。

魂で満たされた自己になれば、防衛的人格に属していた自信のなさや麻痺、自己不信は窓の外に消えます。自分が誰だか私たちには分かっているのです。なにが自分にとって重要かは明らかなのです。どう行動すべきかを私たちは知っています。恥の意識も躊躇も羞恥心もありません。真の魂で満たされた自己でいられて、その自己として世界で愛に満ちた行動をとることが心地よいのです。

頭頂のチャクラが統合されていないと、私たちは行き詰まりを感じます。自分自身を他人、スピリット、さらには自分自身のエネルギーからも切り離された存在と感じます。それが意志やエゴの闘い、執着的な思考、ウツ、不安、また、癲癇やアルツハイマー病のようなその他のマインドに関わる病気を導

スピリット・コードとチャクラの関係　頭頂のチャクラ

名称	第七のチャクラ、サハスラーラ・チャクラ
位置	頭頂
色	紫／白
音階	B
影響するからだの部位	頭蓋骨上部、皮膚、大脳皮質、右目、右脳、中枢神経系、松果体
覚醒モデルの「裏面」の特徴	ウツ、強迫観念、混乱、化学物質過敏症、慢性疲労、癲癇、アルツハイマー病
覚醒モデルの「表面」の特徴	神性な人格、磁力、奇跡的な業績、超越、自分に対する安心感、高次の目的とのコラボ、内なるビジョン、「私は神性な存在」、「私はそれ」、「人生は私のすべてを反映している」
実践法	• あなたの瞑想スタイルを見つける • 中央脈管呼吸をしながら自然の中を歩く • マインドフルで思考レスな存在 • 魂で満たされた自己に関わるためのエネルギーのパターンの融合
呼吸法（第八章で説明）	中央脈管呼吸法
統合を促進させるヨガのポーズ	• 屍体のポーズ（シャバーサナ） • ヘッドスタンド（シールシャーサナ） • ウサギのポーズ（ササンガサナ） • 立位の開脚前屈ポーズ（プラサーリタ・パドッタナーサナ）

きます。反対に、頭頂のチャクラが統合されれば、私たちのエネルギー・システムが千の花弁の蓮の花のように開花します。私たちは自分の最も本質的な状態に向かって拡張し続け、受け入れ続け、進化し続けます。それが魂で満たされた自己の愛すべき存在なのです。

上の表は頭頂のチャクラの主な特徴を示しています。

このコードの実践に合わせて行うと、頭頂のチャクラの統合とバランスに役立つのが次のヨガのポーズです。

✣スピリット・コードのためのヨガ

シャバーサナは多くのヨガ教室で最後にとるポーズで、たいがいは誰もが好きなポーズです！　屍体のポーズと翻訳されていますが、それは単に完全に静止し、身を委ねているという意味です。中枢神経系に多大な恩恵があり、頭頂のチャクラと関連づけられています。

・屍体のポーズ（シャバーサナ）

シャバーサナの（伝統的な）やり方は次の通りです。

1　脚は腰幅に開き、腕はからだの両側で伸ばし、マットか床の上に仰向けに横たわります。足は開き、手は手の平を天井に向けてリラックスさせます。首は自然なカーブを保つように落ち着かせ、後頭部を床に休ませます。

2　足からはじめて全身を意識的にリラックスさせます。完全なソフトさと身を委ねる感覚が波の様に脚を上昇し、ヒップ、コア、そしてハートもリラックスします。リラックスした感覚を腕から手首、手まで、そして胸の上部、喉、顔、頭皮まで広げます。全身をエネルギーがより自由に動くのを感じます。

3　呼吸を、深すぎず浅すぎない通常のリズムでしてリラックスします。意識を内側に向けます。からだで完全にリラックスしていない部分があれば、それをマインドに発見させ、意識的にやわらげます。そしてすべての積極的な思考を超越した領域に完全に意識を向けます。

4　少なくとも五分か十分間は、そのリラックスした状態でいます（できれば、より長く）。

5　ポーズをやめる準備ができたら、まず、指と足の指をそっと動かします。頭を左右に動かし、後頭部がマットに接触しているのを感じます。準備ができたら、両膝を胸の方に近づけ、横向きにからだを回します。胎児のポーズで一呼吸か二呼吸してからゆっくりとからだを起こして座ります。

次にシャバーサナのポーズでスピリット・コードとボディアウェイクを実践しましょう。

1　ポーズを保って床に横たわっている間に、あなたの下の地中六十センチくらいのところに膨大なエネルギーが溜まっているのに気づきます。

2　エネルギーの波があなたのからだを上昇する間、意識的にそれが中央脈管を追い、コアから湧き上がるトーラス・フィールドの流れとしてからだを通して上昇するようにします。

3　中央脈管呼吸を始めます。からだの各部分がリラックスするに従って、あなたのコアと脳の中心により深く意識を下ろします。思考を超越したところにマインドを解き放ち、その思考レスの状態があなたのシステムの深い内側、骨盤底に安定するようにします。

4　千の微細なストローで各筋肉をリラックスさせたように、足から始めて全身の各部分をリラックスさせていきますが、ハートとムーラ・バンダは最後に手放します。

5　深い静止の状態で数分間留まり、魂で満たされた自己があなたの気づきに浮上するようにします。

6　ポーズから移る準備ができたら、まず四カ所の安定ポイントをそっと引き締め、中央脈管呼吸をしながら、コアから動かしはじめます。深い内なる「マー」のサウンドを囁けば、この重大な瞬間に魂で満たされた自己の表現が明かされるのが強調されます。

7　いったんコアが活性化できたら、小さな筋肉群（指、足の指など）を動かしはじめます。エネルギー・コードで内側から外側へ新たな回路を構築することをここでは覚えておきましょう。この実践法はこの回路を拡張します。

・頭頂のチャクラを統合するのに役立つその他のヨガのポーズ

シャバーサナの他に下記のアーサナを使えば、スピリット・コードのワークの効果を高められます。あなたが注意を向けたいところを引き締めるのに役立ちますが、ポーズでリラックスすることにも役立つことを覚えておきましょう。最初にコアを活性化させてからリラックスさせますが、各ポーズであなたの最善の判断でボディアウェイクを実践してください。

・ヘッドスタンド（シールシャーサナ）
・ウサギのポーズ（ササンガサナ）
・立位の開脚前屈ポーズ（プラサーリタ・パドッタナーサナ）

おめでとうございます！　エネルギー・コードを構成する七番目で最後の実践法の修了です。あなたはこれで魂で満たされた自己として生きるための量子の転換に必要なすべての知識とツールを得たことになります。こうしたすべてのエネルギー・コードにより、あなたの体験の神性な創造者である魂で満たされた自己の見方、体現と表現を拡張するための能力を目覚めさせました。

次の第三部ではあなた自身の量子の転換を速めるために、どうコードを毎日の継続的な実践法として導入できるかを紹介します。そして、真の創造者としての状態で生きはじめる覚醒モデルの表面の人生がどんなものかを見てみます。

第三部

新しい生き方

―― 体現した人生

第十一章　一日ごとに量子の転換を起こしていく

本書の第一部では自分自身や自分の人生、そして世界に対する新たな見方を学びました。私たちは実際には輝かしい魂、エネルギー体で、自分自身の偉大さに目覚める道筋にあり、人生やそこで起こることのすべてはどこで私たちが目覚める必要があるかを示すものなのです。第二部ではエネルギー・コードのプログラムを使った目覚め方を学びました。自分自身としての新たな存在の仕方と人生への対応の仕方を学びました。この第三部では新たな生き方、量子の変換を一旦成し遂げるだけではなく、魂で満たされた自己を体現できるように、覚醒モデルの表面に毎日いるための回路を継続的に構築する方法を学びます。

魂で満たされた自己が「目覚める」感覚をすでに体験したあなたは、いままで学んだことのすべてをどうしたら最も簡単に取り入れて人生に最大の違いを生み出せるのかが知りたいでしょう。この章はそのためにあり、エネルギー・コードをあなたが実際に使い、人生の一部、新たな習慣にするための明確で簡単なスタートの仕方をいくつかお教えします。魂で満たされた自己を体現させて、この地球上での運命を身体で成就させるための積極的で効果的な活用法です。

こうした実践法は最も慌ただしい日々にもうまく適用できます。あなたのスケジュールに組み込む方法はいくつかあります。規則的なやり方を好む人は、短くても体系化した日課を好むかもしれません。そうでなければ、あまり規則的ではなく、取り入れられやすい（でも同様にパワフルな）日課のアイデアもあります。ただあなたにとって最適なオプションを選んで始めればよいのです。いちばん大事なのはいますぐに始めることです。現実のあなたであるあなたのエネルギー体に意識的にいますぐに関わりはじめるのです。スピリチュアルで身体的な体験をするスピリチュアルな存在としてのあなたの真の本質で、今日から生きはじめるのです。あなたの人生にこれ以上大きな違いをもたらすものは他にはありません。

こうした実践法の目標は、あなたのエネルギーが滞り、高密度になっている部分を解消し、高波動のエネルギーを取り入れてできる限り継続的に均一に回路を構築し、魂で満たされた自己をまだ目覚めていないあなたの意識とからだに溶け込ませて活性化することです。この融解と統合を一旦体験したら、あなたは決して後戻りはしないでしょう！　けれど、これは「一回やって終わり」といったものではないことは覚えておきましょう。量子の転換を起こして覚醒モデルの表面で生きることは単なる認識的な理解だけでは実現できません。体現することによって起こるのです。

この変革を現実のあなたが棲む粒子の間のスペースで起こすには、この世界での新たな在り方として、こうした粒子として常に生き行動しなければなりません。それにはマインドを繰り返し訓練することが必要です。頭の中の筋書きに反応して自分を守り、弁護しようとするのではなく、からだのエネルギーの流れを追うことをマインドの基本設定とするのです。

継続的にコードの実践法を実施することにより、人生をプッシュし、人生に舵取りしたいというマインドの欲求をなだめられます。マインドのそうした欲求があなたの注意をコアから遠ざけ直感的な領域から引き出しているのです。

他の実践法と同様、エネルギー体としての自分の真の本質を見るようにマインドを訓練するには意識的な努力がいります。魂で満たされた自己を体内でフルに体験するのに必要な新たな回路をいたるところに構築して、あなたのシステム全体を働かせるにはしばらく時間が必要です（多くの時間とは限りませんが）。あなたがこうした実践法をマインドフルに行えば、その違いはすぐに感じられるでしょう。けれど、完全な統合は瞬時には（たぶん）起きません。忍耐が必要です。あなたは自分の個人的な進化に役立ち、ここに来る前にバス停で結んだ合意に基づいたペースで統合するのです。

心配はいりません。実際、気持ちよく感じることでしょう！　そして、実践法を定期的に実施しはじめれば、勢いが生まれます。細胞記憶は筋肉記憶と似ていて、新しくより高い（魂で満たされた自己の）波動に共鳴しはじめたら、あなたのすべての統合に向けた実践法が調合されます。言い換えれば、毎日最初からやり直すことにはなりません。エネルギー・コードの実践法を毎回するごとに、前の続きから始めることになるのです。その実践は自主的な支援と持続力によるものになります。

神性な自分の本質を目覚めさせ体現しようというあなたの努力の波動はこの効果をさらに高めます。真の努力は愛の一種で、その波動は魂で満たされた自己の波動だからです。あなたの努力があなたが到達しようとしているところまで連れて行ってくれるのです。あなたの真摯な心からの貴重な意図はあなたの目的と同じエネルギーを生み出すからです。エネルギー的にはそれは原始的な脳の上位にある高次脳中枢の波動とマッチします。このようなアプローチの仕方によって、マインドが旅に出たことに気づく前に、そこに到着できるのです。あなたの真摯な努力を通じたこの波動の体現により、あなたはそこに着くのです！

本書の冒頭で私が述べたことをここで繰り返したいと思います。より健康で、より幸せで、より元気づけられた全く新たなバージョンのあなたに数カ月、場合によっては数週間でなれるのです。けれどそれにはあなたが学んだことを適用しなければなりません。あなたがなにを選ぼうと、時は同様に経ちます。どう時間を使うかはあなた次第なのです。ですからあなた自身の広がりと体現に向けて、努力と情熱と目的意識をもってこのワークを受け入れて欲しいのです。そうしたことにあなたは感謝すると私は約束できます。

ですから、どうやったらあなたがこうしたワークをあなたの日常生活に最もうまく取り入れられるかをみていきましょう。私はよく私の講習会の生徒から、「こうした実践法はいつすべきですか？」と聞かれます。最初に私が言うのは、あなたへの最初のオプションでもある「しないことがないようにしましょう！」です。

❖しないことがないようにしましょう！

自分が開かれたことに有頂天になった後、私はそれを繰り返すことに執着するようになりました。医師としての私のアプローチの努力は科学的なので、密教的でなかなか達成できないと通常は考えられる状態をシステム化（そして何度も繰り返せるように）できました。私の研究中に、こうした実践法はいつでもどこでも、なにをしている間でもできることを発見したのです！　私と同じような情熱を持てとほのめかしているわけではないのですが、あなたも毎日エネルギー・コードを実践すべきだと私は思います。

人は感覚神経回路を開発しながら同時にほとんどどんな活動でもできます。毎日の活動のなかでこうしたシンプルな神経回路構築を実践すればするほど、それは自然に無理なくできるようになります。中央脈管呼吸、主体——対象——主体／からだに持っていく、の二つの基本的な、しないわけにはいかないエクササイズをどれだけ頻繁に、どれだけ多くの異なる日常の間に実践できるか挑戦してみましょう。毎日のスケジュールをこなすなかでどれだけ多くの時間を回路構築に費やせるか、自分自身との競争を始めましょう。それがあなたにとって自然になるまで、あなたの「すべき」リストにしましょう。

下記はあなたがすぐ始められる回路構築が可能な活動のリストです。もちろん、これに限る必要はなく、あなたの可能な活動の項目を自由に足しましょう。

下記のようなときに回路構築ができます。

- ベッドで横になっているとき
- 電話中
- テキスト・メッセージでやりとりしている間
- インターネットを眺めている間
- テレビを見ている間
- 料理中

- 食事中
- 皿洗いの最中
- トイレにいるとき
- お風呂やシャワーの最中
- 散歩、ジョギング、その他のエクササイズ（化学のコードの意識的なエクササイズ参照）
- 列で待っているとき
- ヨガの最中（これだと得点ダブル！）
- ショッピング中
- 自然の中で過ごしている間（これも得点ダブル！）
- 動物と触れ合っている間
- 車の運転中
- 通勤中
- 読書中
- コンピューターに向かっている間
- セックスしている間
- 教えたり講演している間
- なにかを決めようとしているとき
- 洗濯中
- 困難なことを思案中

- 歯を磨いている間
- ガーデニングしているとき
- バケーション中
- ――――――――（あなたの自由！）

私はコードを開発中、回路をいつでもどこでも構築しようとしていたときには、車の運転を始める前にシートベルトに手を伸ばすといった単純な動作をコードの実践のリマインダーとチャンスにして利用していました。肩越しにシートベルトに手を伸ばすときに少しだけ余分にからだをねじって、次にハートを引き締めて、中央脈管を通じて息を行き来させて、その日の邪魔にならないように新たな回路を構築したのです。次に、私はちょっとそれを先に進めました。ドライブウェイでリアウインドウを見ながらバックするときに、意識的に少し余分に首をまわして、アゴをひき、両目の後ろを感じたのです。そして息を脳の中心から頭頂を通して吐き、高次脳中枢の回路を構築し、ハートから私の創造の天才までの高速道路を開通させました。

こうしたアプローチをとれば、人生の偉大なる冒険は「買った物を持ち上げたり、片付けている間にどうやって回路を構築させられるかしら？　スーツケースを持ち上げるときや倉庫から引っ越しの箱を動かすときには？　腰を痛めないように膝を曲げて物をからだに近づけて抱えるといった物の適切な持ち上げ方にマインドフルになるだけではなく、中央脈管に息を上下させられるかしら？」というったようになります。

要は、あなたの人生を生きながら、どれだけ創造的にコードを実践できるか、ということなのです。

他にどんな方法が考えられますか？　もっと多くのアイデアや会話にあなたも参加したければ、私のフェイスブックのページ、Facebook.com/DrSueMorter. をお訪ねください。私のコースの生徒やその他、このワークを実践する人たちのディスカッションや様々なサポートが掲載されています。

これを新たな生き方にするには、最初のうちは自分に親切なリマインダーを送る必要があるかもしれません。トイレの鏡とか冷蔵庫、車のダッシュボードなど、一日の暮らしであなたの目が行くところにメモを貼りましょう。（たとえば十五分おき、三十分おき、六十分おきなど）スマートフォンその他のデジタル機器でアラームをセットしましょう。またはある種の活動とエネルギー・コードの実践法を組み合わせましょう。その活動をするときには必ずコードも実践するのです。私の生徒の一人はトイレに行くたびに中央脈管呼吸をすることを習慣にしました。彼女は尿道炎を自然に癒す方法としてこれを始めたのですが（そしてそれは二十四時間以内に癒えました）、新たなエネルギー・コードの実践の日課にしたのです。「やってもいいわ。この瞬間、他にすることもないのだから。いい時間の使い道だわ！」と彼女は思ったのです。

次に、あなたの日常に「もっと時間をみつける」必要なくあなたの人生にエネルギー・コードの実践法をカジュアルにさらに統合できる方法をご紹介しましょう。

・座っていることから「休む」とき

今日の健康上の大きな問題は、長い間座り続けることです。健康を害するとして私たちは頻繁に休みをとるよう奨励されています。三十分間座っている間には八分間は立ち、二分間は動かなければならないという識者もいます。そこでその休み時間にボディアウェイク・ヨガを実践することをお勧めします。ヨガにはただ立ってストレッチするよりも多くの利点があります。全く異なる効果があるのです。ヨガはからだを聖なる幾何学の形にし、高波動のエネルギーが流れるので、私たちの究極の目標である魂で満たされた自己のラジオ局に、努力せずとも自動的にチャンネルを合わせることになるのです。一回の休みに一つのチャクラのための一つのアーサナだけ（そして毎日七つのチャクラをすべてカバーする目的意識で）することもできるし、または各休みにどのチャクラがそのときに注意を求めているかを素早くスキャンして、そのためのポーズをしてもよいでしょう（各チャクラのために推奨するヨガのポーズのリストは下記の三十分の日課を参照）。ヨガの代わりに休み時間にモーター・マーチやmパワー・ステップをしても、中枢神経系と電磁波システムの統合に絶大な効果があります。「座っている間の休み時間」の他のパワフルな使い方は呼吸法を実践することです。椅子から立ち上がるたびに、シダの葉の呼吸をしてもよいでしょう。立つ準備ができたら、からだを前方に丸めてからゆっくり背骨をまっすぐに起こします。千の微小なストローの呼吸も同様にパワフルです。

休みに椅子から立ち上がれなければ、右手を後ろに伸ばして椅子の背の右側をつかみ、右足を前に伸ばし、左足はあなたの後ろ、たぶん、椅子の下にひきます。四つの安定ポイントを引き締めます。左手を（からだを斜めに横切って）右膝の方に伸ばします。アゴは左肩の方に向けます。大きく中央脈管呼吸で息を脚を通じてからだまで吸い上げ、頭頂から吐き出します。ふつうに座っている姿勢に戻ります。頭上から大きく息を吸ってからだを引き締めてハートを通してからだに息を下らせ、脚から足の下の地中に息を吐きます。反対側も同様に繰り返します。体現に向けた重要な通り道を生き生きさせるという点では、呼吸と共にエネルギーを動かすだけでも、実際に立ち上がるのと同様の効果があります。

その日にあなたが必要だと感じた呼吸法のエクササイズを選んですればよいのです。創造的な叡智のためには壺の呼吸、個人のパワーには太陽神経叢の呼吸、愛と喜びにはハートの整合性の呼吸、あなたの真実を話すには実現の呼吸、あなたの究極の人生のマスターに向けた内なるビジョンを強めるにはビジョナリーの呼吸。こうした各呼吸がからだの中心のコアに需要な生命力をもたらし、一日中エネルギーを分散して失う代わりにエネルギーを統合し保存できます（こうしたエクササイズの復習はこの章の後半にあります）。

・常に内側にも視線を向ける

最後に、この章は回路の構築に向けた積極的な対策についてですが、感情的に刺激されエネルギー・フィールドの昂揚を感じたときに常に反応するあなたのやり方としては、常に「内側にも視線を向ける」ことと、「からだに持っていく」ことを覚えておいてください。これは最も高速で最も直接的な意識の進化の道（そしてあなたの人生の癒し）なのです。からだの感覚を通してあなたはどこに最も努力が必要かの指示を魂で満たされた自己から直接得ているからです。

私はいつもからだに持っていきます。なにか特定のことを考えていたり、将来のプランを練ったり、招待にどう応えようか思案するときなどには、いつもからだの内側で生きていることに注意を向けます。私が特定の考え方をしているときに私の内側のコアでエネルギーが流れているかどうかを参照にしているのです。阻害物があったり滞ったり、またはギャップがあるせいでうまく流れていなければ、感覚や昂揚を感じたところを引き締めて中央脈管を通じて息を通して回路を築くことに忙しくなります。ですから、みなさまにもこれを型にはまった修行としてではなく、常にやることにして欲しいのです。

この「決してしないことはない」レベルの注目と気づきで人生に臨めば、どんな体験や瞬間も私たちの癒し、拡張、進化、言い換えれば、魂で満たされた自己としての目覚めを促進するための回路構築のチャンスになります。つまりは、どれだけ素早く変革を起こしたいかということになります。あなたも私や私の生徒と同様、常に集中した状態でいられる覚醒モデルの表面の祝福の人生を早く始めたいでしょう！　それでよいのです。やりすぎということは絶対にありません。

この内側を向くこと、呼吸と可視化は実際にはその瞬間にも人生全体にもあなたをよりしっかり存在させます。あなたを目覚めさせ、常に注意している状態にし、自動操縦に滑り込んだり、暗示的な生き方になるのを防いでくれます。常に深く自分のコアに注意を向けているので、体験をうまくたやすく意識的に処理するための生来のリソースにアクセスしやすくなるのです。またあなたが愛し愛される許容力も高まります。

ではあなたの日課にエネルギー・コードをより体系的に取り込む例をみてみましょう。使える時間に応じてここに提供するもののなかから選択して実践すればよいのです。よりたくさんやったほうがよいのですが、すべてが役に立ちます！

✣朝と就寝時の日課

回路の構築に最適な時間は朝起きたときと夜眠る前です。半分眠り、半分起きた状態のときに顕在意識と潜在意識の間のトラップ・ドアは最も大きく開いているので、お互いが最もコミュニケーションしやすいのです。顕在意識と潜在意識がつながれば、私たちの最も奥深くにある真実が顕在意識に浮上します。そこから最もオーセンティックなやり方で私たちのハートの希いを達成できるよう自分を導けるのです。毎日の最初と最後にエネルギー・コードの実践法をすることをお勧めします。この日課では、一日を中央脈管スキャンで始め、変革的な愛の波動に浸ることで一日を終えます。

・朝のスキャン

一日を始める前、まだベッドに横になっている間にスピリット・コードのマインドフルで思考レスな存在のエクササイズをしましょう。中央脈管をスキャンして、注意を求めている部分を引き締めて統合します。このエネルギーを優先させて利用することで、その日の目的を決めましょう。その日一日にフォーカスすべきことの推奨は68ページの表を参照してください。そして常にその部分に息を通すことで、エネルギーの流れを奨励しましょう。たとえば、スキャンで首が痛いと感じた場合には、この気づきへの対応として、まず首のあたりを引き締めて中央脈管とつなげ、そのあたりに息を通しはじめます。表を参照にして首のチャクラ（この例では）には他になにが関わっているかを読みましょう。表でその日に気になったことはすべてあなたの意図に加えましょう（たぶんそのページを読むと、「完璧主義」、「感情を表現できない」が目に留まるかもしれません）。あなたの完璧主義を解放し、やわらげ、できる限り自分の感情が表現できるように、中央脈管とつなげて首に息を通しましょう。あなたの次の進化にとってなにが必要かをあなたのからだが明かしてくれているのです。

・就寝時の感謝

夜ベッドに横になるときに私はいつも「ああ、ベッドが大好き」と私は言います。あなたもベッドが大好きでしょう？　ベッドのなかはこのワークをするのに最適なコクーンです。安全で保護されていると感じられるので、他のどこよりも回路が構築しやすいからです。最も効果的なのは**愛の存在の状態と呼吸の活用**です。愛はあなたの潜在意識と顕在意識の間のトラップ・ドアを開ける波動です。存在とはマインドを完全にフォーカスさせた気づきの状態です。そして呼吸はエネルギー、言い換えればスピリットを体内で動かします。快適なベッドの中で、とくに理由がなくても愛に行ける能力を育てましょう。

マインドフルで思考レスな存在という朝の日課と対で完璧な就寝時の日課は247ページのハートのコードの愛の存在を生み出すエクササイズです。朝の日課と同様、眠りにつく直前、ベッドに横たわった状態でしましょう。あなたの全身を愛と深い感謝の気持ちで満たし、中央脈管を通した呼吸であなたのエネルギー・フィールドにその波動を安定させます。中央脈管のどこかで流れが滞ったのを感じたら、眠りに落ちながら回路構築のワークをしましょう。
ベッドに入る前にmパワー・ステップを両側最低一回すれば、このエクササイズの効果が高まります。

感謝の気持ちが重要だとは誰もが言いますが、私はあなた自身の人生の創造者として生きる上での感謝の気持ちの重要さについて述べておきます。上記のようなエクササイズをすれば、感謝の感覚を生み出す物事を意図的にマインドにもたらせます。外界のなにかからの帰結ではなく、感謝の感覚をどう「する」のかを学べるようになるのです。魂で満たされた自己の波動（喜び、愛、感謝と存在）に見習うために私たちは感謝を表現するのです。最終的には常にそれを自分のために生み出せるようにするのです。私たちがありがたく思うなにかを考えることによって感謝の波動を生み出せるようになれば、次は、とくに特別な理由がなくても感謝の感覚を生み出せるようになります。それが「今日私の人生でなにがあってもかまわない。私は感謝している。これについて誰もなにもできない！」という態度になる役に立ちます。外界の状況にかかわらず、内側の体験のマスターになれば、本当に自分を知り感じるパワーが得られます。

✣十分間の日課

毎日十分間、エネルギー・コードの実践法に費やせるなら、極めて統合的な方法に時間を使うやり方がいくつかあります。コードの実践法にすっかり慣れて、どれをするか思考するマインドで選ぶのではなく、なにが必要かを真の私たちであるエネルギーがマインドに指示するようになるのが理想的です。すべての実践法に親しめば親しむほど、私たちのツールボックスから呼ばれたものを選んでその日に使いやすくなるのです。いずれにしても、いくつかの異なる日課が可能で、ほとんど時間をとらずに、体系化したサポートをあなたに与えてくれます。

・マインドフル、思考レス、中央脈管呼吸の十分間

マインドフル、思考レスの存在の実践法では、過去や未来に気をとられて走り続けるマインドをストップさせ、いま現在にマインドを完全に意識的に集中させます。自動操縦の反対になるのです。期待せずに可能性にオープンになって毎日、毎瞬間に新たに踏み出し、私たちの前と内側で展開することをただ観察します。

これを十分間はできるようになるよう努力しましょう。とくにマインドが駆け巡る多忙な日の日中に効果的ですが、いつやっても恩恵があります。まず安定させる四つのポイントを関与させてから中央脈管呼吸を足します。ただエネルギーが体内を上下するのをイメージするだけではなく、中央脈管

を流れるエネルギーになりましょう。魂で満たされた自己としての自己認識を始めるには、あなたの意識をすべて集中させて、他のなにも考えずに、すべてのフォーカスをエネルギーの内側に置いて中央脈管に到達します。

ですから、こう自分に挑戦しましょう。「私はマインドをリラックスさせて、安定させる四つのポイントを使って私の中央ラインを見つけ、筋肉をすべて解放させながらそのラインのコアの存在にフォーカスし続け、この中央脈管の状態で呼吸できるかしら？　十分間、これができるかしら？」

・十分間のチャクラ呼吸法

呼吸のコードは古代の伝統（「呼吸のコントロール」を意味するプラーナヤーマ）をベースとしています。意識について学ぶヨギや修行者は存在の層を統合し悟りへの道を加速させる方法としてこうした修行をします。積み重ねるこうした個々の呼吸は身体の内側の気づきを構築し、究極的には魂で満たされた自己として真に覚醒できるのです。ですから、ただ深呼吸するよりずっと重大なものなのです。

一回十分間の日課で六つの基本的なチャクラの呼吸法を実践できます。各実践法に九十秒ちょっと（五〜十呼吸）使えばよいのです。簡単に実践法を復習しておきましょう。

1　中央脈管呼吸（第一から第七のチャクラ）　ムーラ・バンダを活性化することから始めます。ハートを引き締めて、喉を引き締めて、目をそっと上目づかいにします。そして中央脈管を通じて息を上下させます。

2　壺の呼吸（第二のチャクラ）　中央脈管呼吸の最後で息を吸いながら、お腹をできる限り前方に膨らませます。息を吸い続けながら、ムーラ・バンダで引き締めている筋肉に対して吸った息を押しつけます。ブッダのお腹の呼吸、またの名を壺の呼吸では、次に息を吐きながら、お腹を背骨の方に引っ込めます。

3　太陽神経叢呼吸（第三のチャクラ）　次に太陽神経叢呼吸に移ります。上半身と下腹部を引き締めて、次に、個人のパワーのための第三のチャクラの領域を孤立させ、肋骨がちょうど分かれるあたりで「ベースボール、グレープ・フルーツ、ベースボール、グレープ・フルーツ」の呼吸をします。

4　ハートの整合性の呼吸（第四のチャクラ）　太陽神経叢の呼吸から息を大きなブッダのお腹に再び吸い込んでから、太陽神経叢を通じて息を吸い続け肺の上部と胸まで吸い込みます。大きな呼吸でお腹と肺の上部に同時に息を吸い込むのです。息がからだを超えて広がるまで息を吸い続け、巨大な球の全方向に向けて息を吐きます。次にその巨大な球からお腹に息を吸い込み、肺の上部まで満たされるまで息を吸い続けます。これであなたの愛と喜びが活性化できます。

5　実現の呼吸（第五のチャクラ）　ハートの整合性の呼吸から息を完全に吐ききってから、息を吸います。喉から下のからだをすべて引き締めます。口を閉じたままにしてあくびをしたいときのように喉はオープンにしながら、注意を喉に集中させて喉のチャクラにしっかり息を吸い込みます（このように息を吸うことで喉がオープンになります）。息を頭頂から吐き出します。次に前回同様、喉はオープンにして、今度は反対に頭頂から喉に息を吸い込み、全身を通して地中に息を吐きます。このエクササイズは中央脈管呼吸に似ていますが、息を吸って吐く交換のポイントがコア、ハート、お腹のあたりではなく、喉になっています。

6　ビジョナリーの呼吸（第六のチャクラ）　目を上目づかいにして、目の後ろ側の緊張を感じ、第六のチャクラをみつけます。その場所を覚えておきます。フォーカスする対象（キャンドルの炎、お守り、シンプルな石や花、その他あなたのスペースにあるもの）を選び、あなたが座っている場所から六十～九十センチくらい前方に置きます。その焦点から脳の中心に一直線を引くように呼吸します。まるで息を吸うと焦点が第六のチャクラ、第三の目に近づくようにします。そして頭の後ろ、六十～九十センチくらいのところに向かって息を吐きます（そう想像します）。次に反対に脳の中心の後方から息を吸い込んで、前方に息を吐きます。次のビジョナリーの呼吸とおなじみの中央脈管呼吸をつなぎますが、今回の場合には吸う息と吐く息の交換のポイントは脈管の下部ではなく第三の目になります。

この日課は一日をすごす間に容易にできます。仕事の合間の十分間の休憩に、ランチで誰かを待つ間、子供の空手のクラスが終わるのを待っている間、または通勤の電車を待つ間にもできます。言い換えれば、一人で座ったり、目を閉じたり、公衆の前で見せられないようになにかにフォーカスする必要はないのです（おかしな顔はしないようにしましょう！）。安全で統合的なので、あなたは高い機能性を保てます（もちろん、あなたの仕事が重機を動かしたり手術をすることなら、仕事中には勧めませんが、それ以外は大丈夫でしょう）。このエクササイズがもたらす新たな波動のパターンにしっかりグラウンディングする支えが必要なら、新たな回路を統合するために、ちょっと歩いてからそれまでの作業に戻るとよいでしょう。

・十分間の脳のヨガ

頭の中央の重要な高次脳中枢を活性化させるための脳のヨガの実践法（333ページ参照）では、頭は動かさず目を時計回りに動かし中央脈管を通して呼吸します。この十分間の日課では、最初の六～七分間で脳のヨガをすることをお勧めします。その間に少なくとも一回ずつ、時計まわりと時計の反対まわりに目を動かせるでしょう。そして残りの三～四分間で安定させるコードのヨガのポーズで中央脈管呼吸を数回します。脳のヨガは高次脳中枢を活性化を促進するテクニックなので、この一連のエクササイズは重要です。ですから、からだ全体でしっかりグラウンディングしてから変革を統合させたいのです。少しでもクラクラするようなら、これは自宅で実践してください。実践しているうちにたやすくいつでも一日中できるようになります。

・十分間のシダの葉の呼吸

シダの葉の呼吸を五分間から十分間してから中央脈管呼吸と安定させるコードのヨガのアーサナをいくつかしましょう（シダの葉の呼吸のやり方の詳細は293ページ参照）。このエクサイズは丹田（エネルギーの主要な保管場所）を関わらせ、背骨のエネルギーの流れを統合します。この精巧な統合の調整は、あなたがすべてのエネルギー・コードを利用して成し遂げる変革を持続させるための鍵となります。

✣三十分間の日課

繰り返しますが、最も有益なのはあなたのからだが必要としていることに注目して、それに見合うものをすべてのエネルギー・コードの実践法から選び、三十分間の毎日の日課にすることです。それにより変革をよりパワフルに素早く導けます。ですからあなたが三十分間それに集中でき、回路構築を効率的に効果的にする助けになる系統だったエクササイズがしたいなら、下記の三十分間の日課もお勧めします。

・呼吸法と瞑想のコンボ

このコンビネーションは瞑想だけよりずっと高い統合効果があります。この日課ではあなたの主要な学習スタイル（視覚、聴覚、または運動）をベースとして、あなたにとって最も自然な瞑想のスタイルを選びます。まずチャクラの呼吸法を実践します。これには重要な理由があります。瞑想の前にプラーナ、つまりエネルギーをあなたのシステムで動かせば、回路構築の突破口となる瞑想の効果を大いに高められるのです。

この「生きた瞑想」は過去十七年間の私の瞑想のクラスの中心になっています。これにより私たちは魂で満たされた自己の体感を毎日の生活にもたらし、毎日が、ウォーキングしながらの、表現豊かで統合的な瞑想体験になるのです。これは私の患者やクライアント、生徒たちに深遠な効果をもたらしてきました。他の方法で瞑想すれば、内側と外側というふたつの異なる世界の差を増大させるように私は感じます。ここではそのいずれも除外することなく、一緒にして天地を体験するのです。

この組み合わせの日課は瞑想の初心者にとってもベテランにとっても、瞑想の最大効果を得る役に立つので、瞑想での素晴らしい体験を神経系に吸収させることができます。

そのやり方は次の通りです。

1　椅子に座るか、床かヨガマットの上に足を組んで座ります。

2　十分間のチャクラの呼吸法の日課を実践します（395ページ参照）。

3　次の五分間、「頭蓋骨を輝かせる呼吸」と翻訳され、火の呼吸としても知られているプラーナヤーマのバージョン、カパラバティ呼吸法を実践します。本質的には他の呼吸法と同じですが、より速いペースでします。あなたの電磁波のシステムを清掃する効果があります。粘着物を燃やすエネルギーの掃除のようなものです。

お腹を背骨の方に引っ込めながら、鼻から完全に息を吐きます。次にお腹の力を抜き、自然にお腹に息が入るようにします。鼻からふたたび、勢いよく息を吐きます。この反復でスピードを上げてください。実際には勢いよく息を吐くことだけにフォーカスしていることに気づくでしょう。吸う息は、息を吐いたあとでお腹の筋肉を緩めた反射で自然に吸うようにします。この呼吸のエクササイズを終了させるには、数回のゆっくりとした中央脈管呼吸で呼吸を中央脈管とつなげます。中央脈管呼吸は脳のバランスをとる片鼻呼吸法（ナディショダナ）でも結構です。やり方は下記のリンクにあります（https://drsuemorter.com）。

4　次に規則的な呼吸のパターンをやめ、全身の筋肉の緊張を解き、次の十五分間から二十分間はあなたの好みのスタイルの瞑想をします（私のウエブサイトにある短い誘導瞑想もご利用になれます）。

5　瞑想を終えるときには、片側ずつからだをねじって緩める背骨のツイストを両側各二回します。いまからだが体験したことを統合し記憶する役に立ちます。床に仰向けに横たわります。

膝を曲げ、背骨と首を回転させて首とアゴは右に向けて、そっと左側に膝を下ろしながら、中央脈管を通じて息を上下させます。反対側も同じようにします（なんらかの理由で床に横たわることができなければ、椅子に座ってもできます。椅子の背を使い、膝は前方を向け、背骨と首とアゴをまず右に、次に左に回転させます）。

床に横たわっている間に（または椅子に座って）脊椎屈曲する際にはからだの前部を引き締めて、できるかぎりきつく両膝を胸に寄せて、ボールのように丸まります。脊椎延長にはラクダのポーズ（やり方は233ページのクリアリングのコードを参照）を利用するか、または床にうつぶせに横たわり、腕は両側で頭上の方向に伸ばし、胸を持ち上げます（または、背が低い椅子に座り、腰を守りながら、胸を引き上げることもできます）。

ヨガも積極的にからだ中にエネルギーを動かすのに役立ちます。けれど、よいヨガのクラスがあっても、たいがいは、最後に数分間シャバーサナ（屍体のポーズ）で終わり、座り直してクラスは終わりで、私たちは帰ります。けれど、シャバーサナをしてからそこでしばらく瞑想すれば、ヨガマット上でした素晴らしいワークをより統合できるのです。ヨガスタジオではそれは実践しにくいかもしれませんが、クラスが終わって帰る前に、どこか静かなところでしばらく静かに座っていることを私はとくにお勧めします。この存在の素晴らしい状態で十分間余分にあなたの深い内なる自分に意識を下ろせば、あなたのからだの回路構築に大いに役立ちます。帰宅する前にはしっかり意識を覚醒させましょう！

ボディアウェイク・ヨガのポーズ

第一のチャクラ	•椅子のポーズ（ウトゥカターサナ） •戦士のポーズ１（ヴィラバドラーサナ） •ピラミッド（パールシュヴォッターナーサナ） •木のポーズ（ヴルクシャーサナ） •立位の前屈ポーズ（ウッタナーサナ）
第二のチャクラ	•舟のポーズ（ナヴァーサナ） •一本足の鳩の王のポーズ（エーカ・パーダ・ラージャカポタアーサナ） •自転車こぎのポーズ（ドゥイ・チャクリカーサナ） •半魚王のポーズ（アルダ・マッツェンドラーサナ） •頭蓋骨を輝かせる呼吸（カパラバティ・プラーナヤーマ）
第三のチャクラ	•ラクダのポーズ（ウシュトラアーサナ） •弓のポーズ（ダヌラーサナ） •体の前側を強く伸ばすポーズ（プルヴォッタナーサナ） •三日月のポーズ（アンジャネーヤーサナ） •頭蓋骨を輝かせる呼吸（カパラバティ・プラーナヤーマ）
第四のチャクラ	•三角のポーズ（トリコーナアーサナ） •針穴のポーズ（スチランダアーサナ） •魚のポーズ（マツヤアーサナ） •仰向けでねじるポーズ（スプタ・マツェンドラーサナ）
第五のチャクラ	•コブラのポーズ（ブジャンガーサナ） •鋤のポーズ（ハラーサナ） •橋のポーズ（セツ・バンダーサナ） •音によるトーンニング（オー、マー、ハー）
第六のチャクラ	•下向きの犬のポーズ（アド・ムカ・シュヴァナーサナ） •ショルダースタンド・肩立ち（サーランバサルヴァンガーサナ） •子供のポーズ（バーラ・アーサナ） •高貴な戦士（第４の戦士）のポーズ（ヴィパリータ・ヴィラバドラーサナ） •バランシング・ポーズ
第七のチャクラ	•屍体のポーズ（シャバーサナ） •ヘッドスタンド（シールシャーサナ） •ウサギのポーズ（ササンガサナ） •立位の開脚前屈ポーズ（プラサーリタ・パドッタナーサナ）

・三十分間のボディアウェイク・ヨガ

ヨガはそれだけでかなり統合的ですが、エネルギー・コードのマインドフルな呼吸を取り入れればさらに効果が高まります。各コードごとに各チャクラをオープンにして流れを良くするために役立つ基本的なヨガのポーズをお教えしました。こうしたヨガは本書で紹介した順番にやってもよいですし、またはすべてのチャクラをつぎつぎ活性化させていくよう、あなたの日課に取り入れてもよいでしょう。ここに最も影響があるチャクラごとに、すべてのポーズをリストにしました。

あなたが防衛的人格をプログラムし直して魂で満たされた自己を活性化させる助けとなる短いけれど極めて効果的なボディアウェイク・ヨガの日課をここで紹介しておきます。実際の流れは下記のリンクのビデオをご参照ください（https://drsuemorter.com）。

・三十分間の癒しの呼吸法

あなたが怪我していたり身体上の弱みや痛みがあったり、または健康上の問題がある場合には、あなたのからだの領域にはエネルギーの阻害や流れの不足がある証拠なので、毎日三十分間、その患部のための癒しのパターンの呼吸をするとよいでしょう。たとえば、尿道炎によくかかったり、なかなか治らなかったりする人は、下記のリンクのビデオを参照に三十分間、深く意図的に第一のチャクラと第二のチャクラを通して呼吸するとよいでしょう。症状が感じられるときにはからだに持っていければよいのです。またしつこい問題の背後にありがちな未解決の感情による潜在意識の干渉をクリアーにするためにB・E・S・Tを実践するのもよいでしょう（たとえば、未解決の怒りは尿道炎の要因になることがよくあります）。解決策は有機的に展開される場合もあるので、どの感情をクリアーにすべきか自分のからだに聞きましょう。膝が痛むなら、ビデオのように関節のあたりに息を吸い込みながら呼吸法をする間、膝の感覚を強めるために適度な圧力が膝にかかるようにしましょう。一日に一回から三回、短い時間、様々なからだの部分に働きかけるのも完璧な時間の使い方です。どんな症状でも過程は同様であることを覚えておきましょう。この方法なら同じテクニックを頭痛、首の痛み、肩の痛み、胃の障害やつらさ、息切れ、からだのいたるところの緊張、その他の症状に応用できます。

エネルギーは統合しようとして常に上向きに動きます。だから、反応がなかったり痛い部分で滞るのです。呼吸のパターンで働きかけるときには、下から上にその部分を息が通過するようにするのが最も効果的です。呼吸法の実践の最後には常に全体を含み、千の微小なストローの呼吸で終わりましょう（ビデオが役立ちます！　https://drsuemorter.com）。

この章の実践法のすべてが、魂で満たされた自己を拡大します。統合はからだにとって気持ちがよいのです。からだは流れが回復することを望んでいるからです。からだは魂で満たされた真の本質と元のデザインに戻るように自己治癒、自己制御でき、自分自身で輝けるようにできているのです。言い換えれば、からだはいま私たちがするように頼んでいることをするようにデザインされているのです。少しマインドと意図の助けが必要なだけで、そうすれば自分で加速できます。私たちの仕事はそれを助け、あとは自然な流れに従うことなのです。私たちが求めているのは変化ではなく流れだという見方をすれば、より分かりやすいかもしれません。防衛的なマインドは変化より流れの方が受け入れやすいからです。自分を防衛的人格として認識している限り、変化は難しくなります。けれど、魂で満たされた自己として自分を認識すれば、変化を感じ、それを流れと感じ、流れをとても気持ちよく感じます。からだのコアでこの流れを許せば、胃痛は消えてしまいます。首の痛みも消えます。からだ中の生命力の流れに力を与えるので、からだの弱みも強くなりはじめます。「変化」が起きていることに私たちは気づきますが、それは変化ではなく流れなのです。流れが捗るようにすれば変化は自動的に起きます。裏扉から忍び入るのです！　これは素晴らしいことです。

――――

魂で満たされた自己として自分を認知して生きるための回路構築に必要な、実行しやすい実践法とテクニックをあなたはしっかり学びました。次に、いったんそうした回路が構築できたら人生はどんなふうになるかを探訪してみましょう。量子の転換の後の、覚醒モデルの表面の人生です。

第十二章　覚醒モデルの表面の人生
魂で満たされた自己として生きる

魂で満たされた自己（ソウルフル・セルフ）へのダイナミックなオープニングから七年後、私は友人の友人からコロラド州コッパー山の女性会議での講演に招聘されました。講演の後で観客の一人が近寄ってきて、翌年開かれる講演者会議で講演しないかと誘われました。私はそれに同意することの重大さを知らずに「もちろん」と答えました。

その後すぐに講演者会議のオーガナイザーから私の講演内容が分かるビデオはないかと聞かれました。既存のビデオはありませんでしたが製作中でした。トニー・ロビンズの組織から彼らのコーチのチームに講演する可能性に向けてビデオが見たいと頼まれていたからです。それで私は急いでビデオを完成させて送りました。返事はすぐ来ました。ただ講演するだけではなく主賓講演者としてイベントの朝一番に講演してくれと頼まれたのです！

このチャンスに心弾ませて私はなにをどう話そうかと考えはじめましたが、驚いたことに、そして困ったことに、なにも頭に浮かびませんでした！　考えれば考えるほど、頭のなかは白紙になりました。私はその年の最大規模のイベントである米国講演者協会の年次会議で二千人のプロの講演者の前で講演することになっていたのです。この「なにも頭に浮かばない」状態ではどうにもなりません！　私の古い回路にはなにもプランがないことを確信し、私は考え続けました。どう考えるべきかで私のマインドはガチガチになりすぎ、他の進め方が全く思いつかなかったのです。

会議はまだ数カ月先だったので、私は何日かおきに座って考えようとしました。けれど、紙を前にペンを握ってもなにも浮かびませんでした。このように数週間、数カ月が過ぎました。座っていないときもその過程について考えてしまい、そのたびにテンションが上がりました。紙とペンが問題なのだと決めてコンピューターに向かいました！　それでもなにも浮かびません。

すぐに会議は二週間後、一週間後に迫りました。それでもなにを話すべきか決められずにいました。一つだけ話したいことがありましたが、それでは十五分くらいにしかなりません。七十五分間講演しなければならないのにです！　私は会議の地に早く行って「日常から逃れて」、頭をクリアーにすることにしました。けれど、一日半ホテルの部屋にいてもなにも浮かびませんでした。講演の前夜にも私はまだ努力していました。ひらめきを期待して夜中まで起きていて、翌朝早く起きました。「シャワーを浴びよう！　あらゆる天才のひらめきはシャワーの最中に浮かぶのだし！」と私は楽観的に自分を説得しようとしました。そこで最後のあがきをしましたが、行く時間になるまでなにも浮かびませんでした。その朝、着替えて、エレベーターに向かって廊下を歩きながら、私は自分のキャリアが始まる前に終わったように感じていました。それまでの人生で最も痛ましい歩みでした！

カーテンの後ろからライトの下に踏み出したとき、私の内側をなにか巨大なものが乗っ取りました。頭の上からナイアガラの滝が流れ混んできたようでした。私にできることは、洪水のように私を通して流れるものを言葉にするために全力を尽くすことだけでした。床に触れてさえいないような感じで私は巨大なステージの端から端まで飛び回りました。観客を見れば、彼らがしっかり聞いているのは確かでした。最後の言葉を語り終えて時計を見ると、驚いたことにちょうど講演を終了すべきタイミングでした。エクササイズを終えたばかりで観客は立ち上がり、歓声をあげていました。すべてが終わるとき、彼らは私にスタンディング・オベーションしてくれたのです。楽屋に戻り息をしはじめると、協会の会長が涙を目に浮かべて走って来て、私の講演は「彼女の期待よりずっと良かった」と語り、「今後の講演の水準を引き上げた！」と言いました。

会議の後には、私の講演から深遠な影響を得たというメールや手紙を受け取りました。その分野の識者の名を挙げて、彼らから私が学んだのか、という問い合わせもいくつかありました（そうした識者の名前は私は聞いたことがありませんでした）。それだけスムーズにいくのは講演の構成を研究して、何度も何度もリハーサルしたのだろう、と彼らは言いはりました。私の思考するマインドが考えつく以上の出来だったのです。その日私を通じてやってきたのは純粋な存在でした、それはフロー、流れでした。それが私と私ができることを内側から変えたのです。

私は他人も変えました。七年後に米国講演者会議に戻ったときには、人々に廊下で呼びとめられ、私が七年前にした講演でどれだけ影響を得たか、とうれしそうに言われました。

流れが彼らをも変えたのです。私に起こった以上に、それは確かなことでした。それ以来、私は自分の直感的なマインドに責任とリードを任せ、そのときの観客に対応して内側から出現する流れに任せるようになりました。これが魂で満たされた自己によるオペレーションなのです。知性だけでは予測できない全体性とより偉大な知にアクセスできるのです。

この素晴らしい体験（最後の瞬間までの私の抵抗にかかわらず）は私たちの意識の進化が向かう道

を示しています。エネルギー・コードによって、誰もが純粋な存在がよどみなく流れ込み、流れ出し、私たち自身や他人の人生を魔法のように変革する漏斗のようになれるのです。この流れをいったん確立してその流れを許し、私たちを通過する存在が真の自分なのだと認識すれば、過激で包括的な量子の転換を起こしはじめられます。

私は自分の真髄たる本質の真実を自発的に奇跡的に垣間見ることになりましたが、私が最初の高貴の体験を経たように、私が魂で満たされた自己をフルに体現し、日々の生活を生きるためには、回路の構築がまだ必要です。それでよいのです！　そういうものなのです。完全ですべてをカバーする完璧性の最終目的地に突然到着するよりも、たくさんの花びらをもつ蓮の花が開花するように、少しずつ、私たちは本当のわたしたちに向かって自分を開いていくのです。豊かに完全に各段階で自分を癒しはじめ、深遠な美しさと偉大さに広がっていくのです。

この最後の章では、魂で満たされた自己がよどみなく流れる漏斗に私たちが本当になりはじめると、人生がどうなるかを垣間見ていただきましょう。覚醒モデルの表面の人生はそれぞれの個人の表現によって独自になりますが、全体的な見方と相互関係には共通点があるのです。

✣覚醒モデルの表面の人生　広い見方

覚醒モデルの表面の生き方の最も重大な特徴は、自分をマインドとして自己認識するのをやめて、魂で満たされた自己として自己認識することです。私たちは外側、第三者として「私の魂」ではなく

「私のマインド」について語ります。マインドは自然に観察者、促進者としての役割に落ち着くので、もはや私たちはマインドをマスターしようとはしなくなります。ここでは、私たちは異なる状態の存在で、宇宙、流れの状態との信頼関係にあります。

覚醒モデルの表面に来れば、私たちの内側の世界が現実世界で、外界はその反映にすぎないことに絶対的な確信が持てます。だから、なにが起きても「大丈夫」なのです。マインドは背後に引き下がり、考えすぎることはなくなり、ただ私たちは私たちが認知する真髄で、その展開と競うのではなく、それに仕えていることを認識します。なにも「する」ことはなく、ただ真の自分でいればよいのです。

私たちの想いはより偉大なる善に沿ったもので、来るもののすべてにより偉大なる善が見出せます。すべてが私たち、そして誰もの広がりの役に立つことに疑いはなく、なにが起きても「すべては私たちの味方」だと分かっています。そのため、愛は自動的になります。判断したり拒否することはなくなり、グラウンディングし統合された完全な受容と慈愛がただあるだけです。

私たちは自分の欲望を信頼できるようになります。それが愛のフィルターを通したものであることが分かっているからです。主張したり実現することを恐れることもなくなり、大胆で愛に満ちた行動で自分のビジョンを実現します。自分が善でできていることが分かっているので、自分の欲望や行動も躊躇なく信頼できます。予約は必要なく、私たちは誰もが中に入れるのです！　思ったよりだいぶ違うように見えてもです。少なくとも私たちが部分的にこの星で生まれる用意ができていなければ、特定の波動を欲しがることはないことが分かっているからです。

物事がどうなるかについての考え方には執着しなくなります。すべての物事が究極的には私たちの最善のためになる天地に私たちはグラウンディングしているからです。

私たちが自分の欲望、ビジョン、そしてパワーを持つようになると、人々は私たちの強さと存在を体験し認知しはじめ、私たちの近くに来たくなります。私たちが言うことに耳を傾けるようになります。それを決して求めて始めたわけでないのに仕事で昇進したり、キャリアが前進したり、ビジョナリーとしての役目を担うようになります。この章の冒頭の私の逸話が示すように、人生が私たちを通して流れ、夢にも見なかったことが起こるようになるのです。

バス停での私たちの究極の目標は私たちの神性、神性な愛を体験することだったことを思い出しましょう。そのためには、理想的には最も偉大なサポートを体験するために試練があったほうがよいのです。家族関係、お金、仕事などのすべてが私たちの回路に関わり、バス停で私たちが要請した基本的な課題を提供してくれるのです。

「ただ愛する」ことを選び、それを自分の人生で本当に働かすことができるとは信じがたいこともあります。けれど、お試しになるよう再びお勧めします。私たちのほとんどは（私も含めて）「ただ愛すること」が賢い、または可能だとは学んできませんでした。けれどあなたの自由意志のパワーをこのようにして受け入れれば、自分自身がこの世界におけるパワフルな愛の存在であることを経験しはじめられます。あなた自身の意識的な選択以外にはどんな条件もなく体験できるので、その愛は真に無条件です。あなたの人生の筋書きのシーンの裏側に真の真髄として棲む本当のあなたになることが、川の中の岩を溶かし、飛散したあなたを統合させ、あなたとあなたの周囲の人の人生を変革し、宇宙のパワーとして体現する力を持つ人生を実現するためのレシピに必要な材料なのです。

✣目的の道筋　覚醒モデルの表面のインパクトを世界にもたらす

私たちは自分の人生の創造者、自分の現実のマスターとしてここにいます。この人生のすべてはエネルギーで、つまり、あなたにないものはなにもないのです。あなたが体験し人生で出合うことのすべてはあなたの内なる世界の完璧な反映で、つまり、あなたの内なる天地を決定し明かすのはあなた自身なのです。より大量の輝きがあなたに流れるようにするための回路を構築することによって、あなたが偉大であることを認識し、それを内側から展開させるようにするのがあなたの使命です。

エネルギー・コードを使ってからだという自分の住処に戻り、内側からの真実を感じることをあなたは学びました。大きな愛の許容力を広げるにつれ、魂で満たされた自己から生きられるようになることを学び、あなたは自分のコアに自分を確立しました。自分の真の創造の可能性に目覚め、自分の細胞によりたくさんの息を吹き込み、その間を活性化させました。そしてついに、あなたは自分が愛でできていて、この人生のすべてがあなたのために起きているという真実を体現することで完全にスピリットとつながり、あなたのシステムをオープンにしてより偉大なバージョンのあなた自身を受け入れました。

バス停からここに着地した瞬間からのどんな瞬間、状況、体験も、愛への気づきが深まるよう進化するために必要なことを、人生があなたに与えてくれているのであり、それはあなたがこの地球上にいる限り続きます。世界は愛で創造されたもので、あなたの人生の目的は内なる創造性を発見することで、あなたはそれが展開していく道を歩んでいるのです。

あなたが生命の息そのものなので、魂で満たされた自己に生き生きと元気でいて欲しければ、外界に向けてよりももっと、生命の息を魂で満たされた自己に吹き込まなければなりません。あなたがそれを行い、あなたの注意を尊敬の念で真摯に一生懸命、内側に向けて、中央脈管全体を通して息を上下させれば、あなたは実際には社会と人類全体にも甚大な貢献をしていることになります。

世界に最大の影響を与えるのに、付き従う人はいりません。なにか壮大な外界に向けた目的や使命もいりません。ただ本当のあなた、魂で満たされた自己にもっとなればよいのです。そこからすべてが始まります。

あなたの注意を完全に内側に向ければ、変革には長い時間はかかりません。あなたが目覚めさせようとしている自己は時空を超越しているからです。たとえば、実現には五年はかかると言われたプロジェクトが一年でうまく起動に乗り、冨をもたらします。突然、インスピレーションが湧き、リソースが得られ、あなたは本来の道を前進できます。複雑な状況は簡単に関係者すべてに有益なように解決できます。誰もが勝利するのです。

あなたの内なる愛と平和と豊かさと調和の波動でもっとあなたが生きれば、あなたの環境にも同じ資質を見出しはじめます。見聞きし感じることのすべてがなにかに役立つ「よい」ことであるテレビ局にチャンネルを合わせるようなものです。なにがどうであれ「愛する」許しを自分に与えれば、外界は無条件の愛のイメージを反映するしかなくなるのです。これには少し時間がかかるかもしれませんが、起こります。起こらざるを得ないのです！　あなたを含めたすべての人が歓迎され、すべての人が感謝し、祝い、喜ぶスペースに生きれば、創造者のバージョンの人生をようやく生きられるようになり、ここに来た目的が果たせます。

魂で満たされた自己は「つながった自己」だと考えましょう。私が講習で言うように、「私たちにないものはないのです」。私たちがそうしたスペースに生きれば、自動的につながりの波動から物事を見はじめられます。実際、防衛的人格が始まった瞬間から私たちが求め続けていたのが、このつながりなのです。私たちは生涯を通じて、人間関係、活動、さらには期待としてこのつながりを見つけようとしていましたが、結局はそれは不可能だと学びました。外界はいかに私たちが内側に「つながりの波動」を体現できるかの反映にすぎないからです。魂で満たされた自己を自分自身として活性化させることを唯一の任務として努力すればするほど、私たちの人生と世界でその存在性が焦点となってきます。探し続けていたつながりが見つかるのです。それはずっとここにあったのです。それが天地と呼ばれるものです。それは私たちが創造者としてすべての可能性を体験し、自分自身の本来の表現として生きるラジオ局です。これ以上に意義深く目的意識に満ちたものがあるでしょうか？

これで私たちの旅路の（このパートは）終わりに来ました。もう一つだけ、あなたがここで学んだことを世界に連れていく上で役立つ重要なことをお伝えしておきます。それは、深く親密になることです。あなたの内側で深く自分を晒すことを許しましょう。まずあなたがなにに対処する必要があるのかを内なる自分に聞き、それに判断を下したり筋書きにすることなく、対処しましょう。あなた本来の魂で満たされた自己とのこの親密なつながりにより、あなたのどこに働きかければ最も効果的かが分かり、より本質的なレベルで世界での表現に関わり始めるあなたへのサポートが得られます。

物事が進む道と神聖な関係を築きましょう。宇宙のがどのように表現するかはあなたが受け入れることのできる最も深いものの一つです。なぜならあなた自身が宇宙だからです。

最後になりましたが、どうぞ、しっかりエネルギー・コードを実践してください。できるだけ頻繁に、楽しみながら、心から実践しましょう。あなたが地球上にいる間にする作業のなかで文字通り、最も重要な作業なのですから。

他の人々にもこのワークをシェアしたければ、この本をあげて、豊かで意義ある会話をしてください。私たちが支え合って成長すれば愛に満ちた信頼関係が築け、この世界で起こるべき外界の体験、私たちを偉大にしてくれる展開が創造できます。

一人の人間が自分自身の本来の自己に合意することのパワーは決して過小評価できません。いまこそが人生体験を選択するときなのです。あなた自身の覚醒があなたの周囲の領域を活性化します。あなたの波動の共鳴には地球規模のインパクトがあるのです。神性の愛のエネルギー体としてのあなたのパワーを認識することは、あなたの運命だったのです。あなたがそれを許しさえすれば、天地はいまここに実現するのです。あなたはそれに合意しますか？

このワークは私からあなたへの贈り物ではなく、あなたから世界への贈り物です。あなたがしっかり関わり体現すれば、あなたは創造者としてのパワーをフルに発揮し、その結果、全世界が恩恵を受けることになります。

魂で満たされた私のハートから、偉大なる愛を込めて。

ドクター・スー

Tarcher, 1981.

Sills, Franklyn. *Craniosacral Biodynamics.* Rev. ed. Vol. 1. Berkeley, CA: North Atlantic Books, 2001.

Snell, Richard S., MD, PhD. *Clinical Neuroanatomy for Medical Students.* Boston: Little, Brown, 1980.

Solomon, Eldra Pearl, and P. William Davis. *Understanding Human Anatomy and Physiology.* New York: McGraw-Hill, 1978.

Storrs, Carina. "Stand Up, Sit Less, Experts Say; Here's How to Do It." CNN. August 7, 2015. Accessed January 2018. http://www.cnn.com/2015/08/06/health/howto-move-more/index.html.

Taylor, Jill Bolte, PhD. *My Stroke of Insight: A Brain Scientist's Personal Journey.* New York: Viking, 2008.

Van Auken, John. *Edgar Cayce's Approach to Rejuvenation of the Body.* Virginia Beach, VA: A.R.E. Press, 1996.

Van Wijk, R. *Light in Shaping Life: Biophotons in Biology and Medicine*. Geldermalsen, Netherlands: Meluna, 2014.

Wapnick, Kenneth, PhD. *Forgiveness and Jesus: The Meeting Place of a Course in Miracles and Christianity.* 6th ed. 1998. Reprint, Temecula, CA: Foundation for A Course in Miracles, 2004.

Yukteswar Giri, Swami Sri. *The Holy Science*. 8th ed., 1990. Reprint, Los Angeles: Self-Realization Fellowship, 2013.

参考文献

Addington, Jack Ensign. *The Hidden Mystery of the Bible.* Camarillo, CA: DeVorss, 1969.

Alder, Vera Stanley. *The Finding of the "Third Eye."* Rev. ed. 1968. Reprint, New York: Samuel Weiser, 1970.

Anderson, James E., MD. *Grant's Atlas of Anatomy.* 7th ed. 1978. Reprint, Baltimore: Williams & Wilkins, 1980.

Ardekani, Ali Mirabzade. "Genetically Modified Foods and Health Concerns." *Iranian Journal of Biotechnology* 12, no. 2 (Spring 2014). doi:10.5812/ijb.19512.

Babbitt, Edwin D. *The Principles of Light and Color.* New York: Babbitt & Co., 1878.

Becker, Robert O., and Gary Selden. *The Body Electric: Electromagnetism and the Foundation of Life.* 1985. Reprint, New York: William Morrow, 1987.

Bhagavati, Ma Jaya Sati. *The 11 Karmic Spaces: Choosing Freedom from the Patterns that Bind You.* Sebastian, FL: Kashi, 2012.

Bohm, David. *Wholeness and the Implicate Order.* London: Routledge and Kegan Paul, 1980.

Brennan, Barbara Ann. *Light Emerging: The Journey of Personal Healing.* New York: Bantam Books, 1993.

Brookie, Kate L., Georgia I. Best, and Tamlin S. Conner. "Intake of Raw Fruits and Vegetables Is Associated with Better Mental Health than Intake of Processed Fruits and Vegetables." *Frontiers in Psychology* 9 (2018). doi:10.3389/fpsyg. 2018.00487.

Bryant, Edwin F., trans. *The Yoga Sutras of Patanjali: A New Edition, Translation, and Commentary; with Insights from the Traditional Commentators.* New York: North Point Press, 2009.

Burr, Harold Saxton. *Blueprint for Immortality: The Electric Patterns of Life.* London: Neville Spearman, 1972.

Childre, Doc, and Deborah Rozman, PhD. *Transforming Depression: The HeartMath® Solution to Feeling Overwhelmed, Sad, and Stressed.* Oakland, CA: New Harbinger Publications, 2007.

Chopra, Deepak, MD, and Menas C. Kafatos, PhD. *You Are the Universe: Discovering Your Cosmic Self and Why It Matters.* New York: Harmony, 2017.

Condron, Daniel R., DM, DD, MS. *Permanent Healing.* 3rd ed. Windyville, MO: SOM Publishing, 1995.

de Vendômois, Joël Spiroux, François Roullier, Dominique Cellier, and Gilles-Eric Séralini. "A Comparison of the Effects of Three GM Corn Varieties on Mammalian Health." *International Journal of Biological Sciences* 5, no. 7 (2009): 706–26. doi:10.7150/ijbs.5.706.

Diamond, Harvey, and Marilyn Diamond. *Fit for Life.* New York: Warner Books, 1985.

Easwaran, Eknath, trans. *The Upanishads.* 2nd ed. Tomales, CA: Nilgiri Press, 2007.

Ganong, William F., MD. *Review of Medical Physiology.* 10th ed. Los Altos, CA: Lange Medical Publications, 1981.

Gerber, Richard, MD. *Vibrational Medicine: New Choices for Healing Ourselves.* Santa Fe, NM: Bear, 1988.

Gray, Harry, FRS. *Gray's Anatomy of the Human Body.* Edited by Charles Mayo Goss, AB, MD. 29th American ed. Philadelphia: Lea & Febiger, 1973.

Greenblatt, Matthew, ed. *The Essential Teachings of Ramana Maharshi: A Visual Journey.* 2nd ed. Carlsbad, CA: Inner Directions Foundation, 2003.

Guyton, Arthur C. *Textbook of Medical Physiology.* 6th ed. Philadelphia: Saunders, 1981.

Hawkins, David R., MD, PhD. *The Eye of the I: From Which Nothing Is Hidden.* West Sedona, AZ: Veritas, 2001.

———. *Transcending the Levels of Consciousness: The Stairway to Enlightenment.* West Sedona, AZ: Veritas, 2006.

Hay, Louise L. *You Can Heal Your Life.* 1984. Reprint, Carson, CA: Hay House, 1994.

Holmes, Ernest. *The Science of Mind: A Philosophy, a Faith, a Way of Life.* Rev. ed. 1938. 1st Trade Paperback ed., New York: Tarcher, 1998.

Hunt, Valerie V. *Infinite Mind: Science of the Human Vibrations.* Malibu, CA: Malibu Publishing, 1995.

Iyengar, B. K. S. *Light on Yoga: Yoga Dipika.* Rev. ed. New York: Schocken Books, 1979.

John, Da Free. *The Yoga of Consideration and the Way that I Teach.* Clearlake, CA: Dawn Horse Press, 1982.

Kandel, Eric R., and James H. Schwartz, eds. *Principles of Neural Science.* 1981. Reprint, New York: Elsevier, 1983.

Kelder, Peter. *The Eye of Revelation: The Ancient Tibetan Rites of Rejuvenation.* Edited by J. W. Watt. Booklocker.com, 2008.

Khalsa, Dharma Singh, MD, and Cameron Stauth. *Meditation as Medicine: Activate the Power of Your Natural Healing Force.* New York: Fireside, 2002.

Leeson, Thomas S., MD, PhD, and C. Roland Leeson, MD, PhD. *A Brief Atlas of Histology.* Philadelphia: Saunders, 1979.

Lipton, Bruce H., PhD. *The Biology of Belief: Unleashing the Power of Consciousness, Matter and Miracles.* Santa Rosa, CA: Mountain of Love, 2005.

Maghari, Behrokh M., and Ali M. Ardekani. "Genetically Modified Foods and Social Concerns." *Avicenna Journal of Medical Biotechnology* 3, no. 3 (July 2011): 109–17.

Maximow, Alexander A., and William Bloom. *A Textbook of Histology.* 6th ed. 1952. Reprint, Philadelphia: W. B. Saunders, 1953.

McTaggart, Lynne. *The Field: The Quest for the Secret Force of the Universe.* New York: HarperCollins, 2002.

Moore, Keith L., PhD, FIAC. *Clinically Oriented Anatomy.* 2nd ed. Baltimore: Williams & Wilkins, 1985.

Morter, M. T., Jr., DC. *An Apple a Day?: Is It Enough Today?* Rogers, AR: B.E.S.T. Research, 1996.

———. *Correlative Urinalysis: The Body Knows Best.* Edited by John M. Clark, DC. Rogers, AR: B.E.S.T. Research, 1987.

———. *Dynamic Health: Using Your Own Beliefs, Thoughts and Memory to Create a Healthy*

Body. Rev. ed. Rogers, AR: B.E.S.T. Research, 1997.

———. *The Healing Field: Restoring the Positive Energy of Health*. Rogers, AR: B.E.S.T. Research, 1991.

———. *The Soul Purpose: Unlocking the Secret to Health, Happiness, and Success*. Rogers, AR: Dynamic Life, 2001.

———. *Your Health, Your Choice: Your Complete Personal Guide to Wellness, Nutrition and Disease Prevention*. Hollywood, FL: Frederick Fell, 1990.

Myss, Caroline, PhD. *Anatomy of the Spirit: The Seven Stages of Power and Healing*. New York: Harmony, 1996.

Netter, Frank H. *The CIBA Collection of Medical Illustrations*. vol. 4, *Endocrine System and Selected Metabolic Diseases*. 1965. Reprint, Summit, NJ: CIBA Pharmaceutical, 1981.

New, Susan A. "Intake of Fruit and Vegetables: Implications for Bone Health." *Proceedings of the Nutrition Society* 62, no. 1 (November 2003): 889–99. doi:10.1079/ pns2003352.

Oschman, James L. *Energy Medicine: The Scientific Basis*. 2nd ed. Philadelphia: Elsevier, 2016.

Oschman, James L., Gaétan Chevalier, and Richard Brown. "The Effects of Grounding (Earthing) on Inflammation, the Immune Response, Wound Healing, and Prevention and Treatment of Chronic Inflammatory and Autoimmune Diseases." *Journal of Inflammation Research*, 8 (2015): 83–96. doi:10.2147/JIR.S69656.

Percival, Harold W. *Thinking and Destiny: With a Brief Account of the Descent of Man into This Human World and How He Will Return to the Eternal Order of Progression*. 1946. Reprint, Dallas: Word Foundation, 1987.

Pert, Candace B., PhD. *Molecules of Emotion: Why You Feel the Way You Feel*. New York: Scribner, 2003.

Pusztai, A., PhD. "Genetically Modified Foods: Are They a Risk to Human/Animal Health?" *American Institute of Biological Sciences* (2001). www.actionbioscience.org.

"The Puzzling Role of Biophotons in the Brain." *Technology Review* (blog). December 17, 2010. www.technologyreview.com.

Rahnama, Majid, et al. "Emission of Mitochondrial Biophotons and Their Effect on Electrical Activity of Membrane via Microtubules." *Journal of Integrative Neuroscience* 10, no. 1 (March 2011): 65–88. doi:10.1142/s0219635211002622.

Rinpoche, Sogyal. *The Tibetan Book of Living and Dying*. Rev. ed. Edited by Patrick Gaffney and Andrew Harvey. New York: HarperCollins, 1994.

Rolf, Ida P. *Rolfing: Reestablishing the Natural Alignment and Structural Integration of the Human Body for Vitality and Well-being*. Rochester, VT: Healing Arts Press, 1989.

Rose, Colin, and Malcolm J. Nicholl. *Accelerated Learning for the 21st Century: The Six-Step Plan to Unlock Your Master-Mind*. New York: Dell, 1997.

Schiffer, Fredric, MD. *Of Two Minds: A New Approach for Better Understanding and Improving Your Emotional Life*. London: Pocket, 2000.

Schimmel, H. W. *Functional Medicine*. Heidelberg: Karl F. Haug Verlag, 1997.

Sheldrake, Rupert. *A New Science of Life: The Hypothesis of Formative Causation*. Los Angeles:

謝辞

『エネルギー・コード』は祝福された道のりを経て実現しました。まずこの原稿をサイモン&シュースター社に紹介してくれたソロー・リテラリーのボニー・ソローに感謝します。本書と私への彼女の信頼が本当に人生を変えてくれました。なによりも彼女の友情は私にとっての祝福です。

どんな本にも出版チームが必要ですが、『エネルギー・コード』は優れた人材に恵まれました。まず素晴らしい編集者のサラ・ペルツは明晰で親切な専門家で、この分野とコードのテーマに詳しい共同編集者、レズリー・メレディスとチームを組んでくれました。レズリーの洗練された科学知識と素晴らしい編集過程により、本書の制作はハートとマインドと魂の美しい錬金術になりました。この二人の驚異的な女性がその才能で貢献してくれたことを光栄に思います。

私が最初に目覚めた瞬間から聖なるスペースを守ってくれたエンジェルたちの親密なサークルに深く感謝します。一日目から本を書くように奨励し情熱をもって導き、内容の充実を手伝ってくれたマルシ・シモフの愛と光。彼女は私のエンジェルで、奇跡の創り手です。スザンヌ・ロウローは私の人生にとって揺るぎない存在で、神聖な愛の体現した信徒で真実の保持者。そしてすべては可能だという高みの視点をもつアレクサンドラ・レズリーにも感謝します。

ライターとコンテンツ・エディターの才能は計り知れないもので、私は伝統とインスピレーション、東洋と西洋の見方、先進とオーセンティックなケアの融合に必要なメッセージに最適な人材に恵まれました。ブルックス・ノールグレンはその天才的なスキルで私の談話から『エネルギー・コード』を構成し本書にまとめてくれました。世界をよりよくするために、稀有な献身でこのコンテンツを理解しシェアできるようにしてくれたことに私は胸を打たれました。彼女のクラウンに千の祝福を贈ります。ブリーナ・ヘインズからも叡智、献身、準備周到さと編集の知識という祝福を受けました。

私は旅が多いので、私の人生を生きるには「村が必要」です。モーター・インスティテュートの素晴らしい私のチームは自分たちに「村人」という愛称をつけています。友であり愛すべきチームを得た毎日が祝福です。クリス・コンリンは細かなことから組織的なことまで任せられる私の右腕で、献身的な編集仲間です。彼女の誠実と力強さに感謝します。彼女の才がなければ本書は実現できませんでした。アンドレア・スタンプは書く手伝いと本書のイメージのモデルとしてこのプロジェクトをすべての側面でより良くしてくれました。彼女の明るいスピリットと善良さを愛するこころに永遠に感謝します。モニカ・ターナーには本書のアートワークを担当してくれた素晴らしい才能と献身、そして変わらぬ友情に感謝します。モーター・インスティテュートを切り盛りし、私の面倒をみてくれたグリニス・ピアス、長年常に私のためにいてくれたブリーズ・ウッドブロックにも感謝します。

私の最初のスピリチュアル・ジャーニーと「光線」の目覚めは私の人生で最も貴重な時期で魂が目覚めはじめた時期でした。魂の友として当時私を支えてくれた人々は私のハートに永遠に刻まれています。メラニー・ミルズ、メリー・アン・シュリグ、ドクター・レベッカ・アンダーソン、アリエル・アジーズ（ピンキー）、ビル・シラス、ドクター・マイケル・ヘルマン、キース・シャオン、ウインディ・ウッドランド、そして今は亡きジュリア・モーゼスです。

私が愛する師の多くはもうこの星にはいませんが、その教えと私の献身を通じて、彼らは毎日生き続けています。言葉にならないほど感謝しています。マ・ジャマ・サティ・バガヴァティは私の人生の無条件の愛のグル、最も美しい師で、私にサラスワティ・マ・ジャヤというスピリチュアル・ネームをくれました。科学とアートの橋渡しという意味で、それが私の運命と知るずっと前のことでした。私は深く頭を下げます。シルディ・ババ、ニーム・カロリ・ババ、ラマナ・マハルシ、ヴァージニア・エッセン、そしてアンジェレス・アリエン。あなたたちの物理的で幻想的な導きなしでは今の私は存在しなかったことでしょう。

マイケル・ベックウィズ尊師には高次の領域で私に会い、私が知ったことが真実であることを認め、出現し明かすよう奨励してくれたことに感謝します。リン・マクタガートとドクター・ジョー・ディスペンザにはこの大きなプロジェクトでメッセージを世界に伝えるよう奨励してくれたことに感謝します。

ドクター・ヴィッキー・ナプケと三十年来の親友のドクター・スコット・クーパーにはB・E・S・Tとモーター・インスティテュートへの愛と私への変わらぬ友情、思いやりと旅の合間のケアに感謝します。

私のヨガの研究開発に長年スペースを与えてくれたヨガスタジオはこのワークの欠かせない一部で、ボディアウェイク・ヨガのクラスやコースを教えるたびに思い出します。ヨガセンター、ヘザー・トーマスとカレン・フォックス、シティヨガスクール・オブ・ヨガ&ヘルス、デイヴ・シムズ、マーシャ・パパス、ニッキー・マイヤーズ、ブルーミング・ライフ・ヨガスタジオ&スクール、リリー・ケスラー、ありがとうございました。

本書の資料としてヨガの実演を撮影させてくれたドクター・ラジ・マトゥリとケーシー・ストッカンプに感謝します。そして完璧にクリエイティブでプロフェッショナルなビデオを撮ってくれたライアン・ペニントンに感謝します。本書の瞑想用の音楽を提供してくれたクリスタル・ケイデンスのジェラリン・グラス、ミュージック・オブ・ザ・ハートに感謝します。

このメッセージを伝える役に立つ逸話を提供してくれた多くの患者、クライアントと生徒、そしてその答えがエネルギー・コードになるような多くの質問をしてくれた無数の患者と生徒に感謝します。

家族は常に私たちの目覚め、体現と解放のルーツです。私たちの起源と選択の両方がここでの私たちの魂で満たされた目的を明らかにしてくれるのです。母と父へのより良い感謝の方法は最高の自己で生きることでしょう。「お母さん、お父さん、あなたの子供だったことは祝福です」と言う以上の言葉はないでしょう。私の兄弟であるドクター・テッドとドクター・トム、彼らの妻たち、愛しい義姉妹のジャンナとアンナには長年にわたり父の仕事の夢を守り、私を愛してくれていることに感謝します。彼らをとても愛しています。

そして、もちろん、愛するドクター・エリザ・ジンバーグには旅ごとに、決定ごとや発見のたびに常に共に歩み、ソフィーとグレーシーをしっかり愛し、重要な無数のすべてのことをケアしてくれていることに感謝します。私の永遠なる愛と心の底からの感謝をルーシーに捧げます。

訳者あとがき

コロナ感染予防のための出勤・外出規制や自粛が長期化したアメリカでは、ウェルネスやスピリチュアルの分野で活躍する著名人の多くが立ち上がりました。フェイスブックやズームを通じて、自分や近親者の健康脅威や行く先への不安に怯える一般の人々を励まし、健康維持に役立つワークショップなどを無料で提供しはじめたのです。

ドクター・スー・モーターもそのひとりでした。二〇二〇年四月中旬から三カ月月近くにわたって、週二回、ときには週三回も、本書でも紹介されているボディアウェイク・ヨガのオンライン・クラスを開催し、さらには月一回には遠隔ヒーリングもオンラインで提供するようになったのです。

私が住むシアトルでもコロナ規制で必須の用事以外には外に出られない状況で、運動不足になりがちでしたし、ちょうど本書の翻訳でボディアウェイク・ヨガのいくつかのポーズのやり方も学んだ後でしたので、私も彼女の無料のオファーをしっかり毎回利用させていただくことにしました。

私のメインの健康法は気功ですが、お気に入りのハタ・ヨガの先生もいましたし、以前から気功と並んでヨガも毎朝、自分なりに実践していたのですが、呼吸とエネルギーの流れを焦点としたドクター・スーのヨガは学ぶ価値あるものでした。

ドクター・スーはエネルギー・メディスンの先駆者にもなったカイロプラクティックの名医の娘と

して生まれ自らもカイロプラクターになりながら、先天性脊椎側弯症や偏頭痛で長年苦しんでいました。ところが、ヨガや瞑想でスピリチュアルな目覚め、一瞥体験を得た後に、睡眠中に自発的にからだが動き出し、その結果として曲がっていた背骨が自然矯正されたのだそうです。その驚異的な体験から、彼女はヨガの本来の意図であったはずのエネルギー・ワークとしての価値を再認識し、独自のボディアウェイク・ヨガを開発し、教えるようになったのです。

常に天と地のエネルギーとつながり、体内のエネルギーの流れをよくするための彼女のヨガは、魂で満たされた自己として目覚め、人生の可能性を全開させるすべとして彼女が提唱するエネルギー・コードの重要な要素です。ポーズとしてはヨガ体験者にはおなじみのポーズですが、ポイントは呼吸と共にエネルギーを取り込み、からだが必要としている部位の脈管にエネルギーを通すこと。みなさまも試されれば、そうすることで、精神的にもグラウンディングでき、芯が通り、からだも柔らかくなり深くポーズに入れることが実感できるでしょう。

人は永遠なる自分の魂の修行の場として自分自身で人生の筋書きを決めて生まれてきます。ですから起きる出来事のすべては究極的には自分のためになるとして自分で計画したことなのだから克服できないはずがない、というのがドクター・スーのメッセージです。あなたが本書をいま手に取られているのも偶然ではないのです。

エリコ・ロウ

✣訳者紹介

エリコ・ロウ　Eriko Rowe

在米ジャーナリスト、著作家、翻訳家。バイオ・エネルギー・トレーナー。長年にわたり取材と実践で世界の伝統療法を学び、ドクター・ニダの直伝でユトク・ニンティク修行中。著書には『キラキラ輝く人になる』(ナチュラルスピリット)、『アメリカ・インディアンの書物よりも賢い言葉』、『死んだ後には続きがあるのか』(以上扶桑社) など、訳書には『ワン・スピリット・メディスン』(アルベルト・ヴィロルド著)、『悟りはあなたの脳をどのように変えるのか』(アンドリュー・ニューバーグ著)、『カルマムードラ：至福のヨーガ』(ドクター・ニダ・チェナグサン著)(以上ナチュラルスピリット) などがある。

✣ 著者について

ドクター・スー・モーター　Dr. Sue Morter

国際的な講演者、バイオ・エネルギー医学のマスター、そして量子フィールドのビジョナリーであるドクター・スー・モーターは体現と呼ぶ過程を通して神経系の再訓練とからだの微細エネルギー・システムについて教えている。独自のエネルギー・コードとボディアウェイク・ヨガのセミナーとリトリート、そしてボディアウェイク・ビデオ・シリーズを通じて彼女は量子の思考、エネルギー医学の関係、マインドと深い呼吸法を利用してからだから神経信号のパターンを変えることによる癒しに光をあてる。彼女は脳を再訓練し、古い記憶のパターンをシフトさせ、どう脳を超えて持続可能な癒しをもたらすかを教える。彼女の究極の目標と人生の目的は人類に内なる神性を目覚めさせることだ。そのために彼女はメキシコ、バリ、ペルー、エジプト、インド、アイルランド、そしてイースター島や全米各地でヨガ、瞑想と自己治癒のリトリートを開催している。

ドクター・スーは "The Opus, The Cure Is……"、"Discover the Gift"、"Femme." など数本のドキュメンタリーにも登場している。彼女は30年以上にわたり専門家の認定委員会やヒューマン・サービス団体の役員を務めてきた。彼女の専門分野では著名で、自然医療や変革へのリーダーシップの分野で数多くの優秀賞を受賞している。

彼女は量子科学とエネルギー医学、意識の上昇と人生のマスターに基づく自己治癒テクニックと新たな生き方へのアプローチを人々に教える専門組織、「バイオエナジェティックスのためのモーター研究所」の創始者でビジョナリー。モーター研究所は1980年代から継続してコースワークや治療を提供しており、世界からの数十万人に癒しとウエルネスの教育を提供してきた。ドクター・スーは彼女の父親が開発し、世界の医療関係者に教えてきたパワフルなエネルギー医療の癒しの手法であるバイオ・エナジェティック・シンクロニゼーション・テクニック（B.E.S.T.）のマスター・ティーチャー。

彼女は30年以上にわたり数万人の患者につかえてきた医師としての体験を生かし、古代の瞑想法の実践中に起きた人生を変える覚醒体験からインスピレーションを得て、また生命そのもののコードを解読するための個人的な情熱に導かれてきた。彼女は科学、スピリットと人間の可能性の世界の橋渡しとなり、科学、スピリチュアル、医療関係の観客を刺激する。30年以上にわたり、彼女は自分の発見をライブやオンラインで数十万人の人々に伝えることを最大の喜びとしてきた。

セルフヘルプ医療の分野では長い間、講演者、ファシリテーターとして知られてきたドクター・スーは現在、1年に250日以上は舞台に立ち、教え、ワークショップを開催し、主賓演説その他のプレゼンテーションをしている。数十のCD、DVDやオンラインの教材も用意している。

トランスフォメーショナル・リーダーシップ・カウンシルの積極的な会員で、多くのパワフルな講師、ヒーラーやリーダーたちとよりよい世界の創造に向けて協力している。

講演の合間にドクター・スーはインディアナ州インディアナポリス郊外で平穏な家庭生活を彼女のパートナーと2匹のミニチュア・シュナウザーと楽しむ。彼女はまたニューヨーク州ロングアイランドでもときどき暮らしている。

モーター研究所、バイオエナジェティックスによる治療プログラム、ドクター・スーのエネルギー・コードのコースワーク、ボディアウェイク・ヨガ、ボディアウェイク・ヨガ講師育成訓練と世界中の聖地に意識的な旅をするジャーニー・アウェイクの詳細は下記を参照。

https:/ /drsuemorter. com

エネルギー・コード

●

2021年12月12日　初版発行
2023年1月15日　第2刷発行

著者／スー・モーター
訳者／エリコ・ロウ

装幀／中村吉則
編集／結城美穂子
DTP ／山中 央

発行者／今井博揮
発行所／株式会社 ナチュラルスピリット
〒101-0051 東京都千代田区神田神保町3-2 高橋ビル2階
TEL 03-6450-5938　FAX 03-6450-5978
info@naturalspirit.co.jp
https://www.naturalspirit.co.jp/

印刷所／創栄図書印刷株式会社

ISBN978-4-86451-387-6 C0011
落丁・乱丁の場合はお取り替えいたします。
定価はカバーに表示してあります。

●新しい時代の意識をひらく、ナチュラルスピリットの本

波動の法則

足立育朗 著

形態波動エネルギー研究者である著者が、宇宙からの情報を科学的に検証した、画期的な一冊。宇宙の仕組みを理解する入門書。

定価 本体一六一九円＋税

スピリチュアル・ヒーリングの本質
言葉と思考を超えた意識へ

ジョエル・ゴールドスミス 著
髙木悠鼓 訳

ヒーリングを為すのは神である。この気づきこそが癒しを起こし、「内なる神の存在に気づいて生きる」ことで、「問題」が解消していくのだ。

定価 本体二三八〇円＋税

魂は語る
身體の言語

ジュリア・キャノン 著
岩本亜希子 訳

なぜ病気になるか、痛みは何を語っているのか？ ハイヤーセルフが肉體を通して、どのようにメッセージを送ってきているのかがわかる本。

定価 本体一六〇〇円＋税

新・ハトホルの書
アセンションした文明からのメッセージ

トム・ケニオン 著
紫上はとる 訳

シリウスの扉を超えてやってきた、愛と音のマスター「集合意識ハトホル」。古代エジプトから現代へ甦る！

定価 本体二六〇〇円＋税

癒しのマスター・キー
内なる力が目覚める！

アラン・コーエン 著
赤司桂子 訳

世界的ベストセラー作家、アラン・コーエンが語る「癒しの秘訣」とは？ すべての癒しの源泉へとつながる、本質的なヒーリングガイド。

定価 本体二三〇〇円＋税

古代エジプトのセレスティアル・ヒーリング

トレイシー・アッシュ 著
鏡見沙椰 訳

波動を上昇させ、想像をはるかに超えた変容を解き放ち、新たな超意識と地球レベルの平和への道を開くソースコードとは。

定価 本体二三〇〇円＋税

オルハイ・ヒーリング

サヤーダ 著
采尾英理 訳

チェロキー族の血を引く、サイキック・シャーマンが、東方カウンシルのスピリチュアルガイドから伝授されたヒーリングの知識とテクニック。

定価 本体一四〇〇円＋税

お近くの書店、インターネット書店、および小社でお求めになれます。